中央大学社会科学研究所研究叢書……11

現代中国の階層変動

園　田　茂　人　編著

中央大学出版部

まえがき

本書は、二〇〇〇年九月二一日から二二日にかけて、中央大学社会科学研究所で開催された国際シンポジウム「中国の都市改革と社会変動――階層構造の変化と中間層の台頭」に提出された論文を中心に収録・編集されたものである。

このシンポジウムは、同研究所内の研究チーム「アジアの国際化と合弁企業」が主催したもので、ここ最近、急速に変化している中国の階層構造を、実証的・経験的データを用いて議論することを目的に開催された。

近年、アジア各地で階層問題が人々の関心を集め、研究成果も徐々に蓄積されつつあるが、多くの地域を対象に一度に議論をしてしまうと論点が散漫になり、議論が雑駁になりがちである。編者が以前参加したいくつかのシンポジウムでも、結局は個々の国における階層問題が質疑応答の中心となり、複数の国に関する報告が同時に行われたことのメリットがはっきりしなかったという経緯がある。そのため、本シンポジウムは対象地域を中国に絞り、アプローチの多様性を認めながらも、インテンシブな議論を行うことを心がけた。

シンポジウムの開催にあたって、中国大陸から四名、香港から一名研究者を招聘したが、彼(女)らは天津、上海、重慶、広州で階層調査を実施した責任者であり、各地の社会学研究をリードする研究者である。彼(女)らの多くは階層研究のエキスパートではないが、各地で同じ調査を行った研究者が一堂に会してのシンポジウムは、前例のないものだろうと思う。

現在、中国国内でも中国社会科学院社会学研究所を中心に大規模な階層調査が準備されており、アメリカでも中国の階層問題に対する関心は高まっているが、まだ本格的なデータに基づいた議論は行われていない。本書の刊行は、その意味でもタイムリーである。

もっとも、本書を充実したものにするため、シンポジウムに提出されなかった論文（第一章、第四章、第五章）も収録されている。また、論文を編集するにあたって、原文や訳文のレベルで、日本語表記として落ち着くよう手が入れられており、図表の入れ替えや文章の構成に工夫が施されている。この点、ご承知おき願いたい。

＊

本書は三部、合計八本の論文から構成されている。

第一部（第一章のみ）は、香港・台湾を含めた中国の階層研究の概要を解説したものである。中国の階層研究は、ちょうど日本における階層研究がそうであるように、欧米化と土着化のメカニズムの中で育まれ、近年注目に値する研究が出されつつある。

第一章は、こうした研究の流れを概観し、研究の知見を紹介しながら、今後の中国の階層研究が歩むべき方向性を示唆したものである。特に比較研究を進めるに当たって留意すべき点が、細かく議論されている。

第一章がサーベイ論文であるのに対して、第二部（第二章から第四章まで）は、中国の中産階級を対象にした論文である。

第二章は、中国の新興自営業層の特性を論じたものである。天津社会科学院の潘允康は、天津市における中産階級を対象に行った調査のデータを用い、社会の側の自営業層に対する評価と自営業層自身の自己認識を対比させながら、社会主義中国における自営業層の位置づけを考察しているが、そこから、自営業層に対して向けられている視線がアンビバレントなものであることが明らかにされる。

これに対して、第三章はホワイトカラーを対象にした考察を深めている。ホワイトカラーは中国語で「白領」と表記されるが、筆者の呂大樂によれば、中国語の「白領」には独特な意味づけがなされているという。同時に呂は、みずからが上海で行ったインタビュー調査の結果をもちい、「白領」が統一的なアイデンティティを作りえない原因を、いくつかの側面から考察している。

第四章は、自営業層を旧中間層、ホワイトカラーを新中間層と捉え、広く中間層が他の社会階層と比べてどのような特徴を示しているかを考察したものである。実際には、自営業者、国有企業で働くホワイトカラー、外資系企業で働くホワイトカラーの三つの類型を準備した上で、彼らの属性や政治的態度を分析し、中間層が西洋型の市民社会を生みだすとする議論が正鵠を射ていないことを指摘している。

第三部（第五章から第八章まで）には、中国の四都市で実施された調査データをもちい、それぞれの視点から分析の知見をまとめた論文が収録されている。

厳善平は、第五章で天津市のデータをもちい、職業移動や地域移動の現状とメカニズムを分析している。その結果、ホワイトカラー化が進行していながら、これが地域移動をともなわなかったこと、世代間移動は生じているものの、父と子が職業威信の近い職業につく傾向がみられることなど、興味深い知見が開陳されることになる。

重慶社会科学院の兪萍は、第六章で重慶市のデータに依拠しつつ、改革・開放の中で社会的流動性が高まりつつあるとはいえ、国家セクターの相対的な重要性が変化していないなど、職業間の社会的地位には大きな変化がみられないこと、また「官本位」が強く支配し、行政部門での世襲傾向が強いことなどを指摘する。

上海大学の仇立平は、第七章で上海市のデータを利用し、調査対象者の世代内移動と世代間移動が基本的に上昇移動を示していること、またこれが構造移動によってもたらされ、階層間によってイデオロギーや価値観に違いがみられることを指摘している。

第八章は広州市のデータから、回答者の階層帰属意識として「中」が大きな割合を占めているものの、これ自身、回答者の属性によってはなかなか説明されないことを明らかにしている。筆者の鄭晨は、説明力の弱さに戸惑いをみせているが、このこと自身、中国の階層変動を考える際の一つのヒントたりうる。

＊

なお、第二章と第四章、第五章の基礎となる天津調査、および第六章の基礎となる重慶調査は、「現代中国における『中間階級』の生成に関する共同研究」プロジェクト（一九九七～九八年・文部省科学研究費補助金・国際学術研究、研究代表者・園田茂人）の一環として実施され、第七章の基礎となる上海調査と第八章の基礎となる広州調査は、それぞれ「東アジア比較階層研究――上海の事例」プロジェクト（一九九八年・日本経済研究奨励財団、申請者・園田茂人、一九九八年・中央大学特殊研究費）と「東アジア比較階層研究――広州市の事例」プロジェクト（一九九八年・日本証券奨学財団、代表研究者・園田茂人）によって財政的に支援されている。

こうした大規模調査を実施するようになったのは、編者がほぼ同時期に、「現代日本の社会階層に関する全国調査研究」（一九九四～九七年、文部省科学研究費補助金・特別推進研究、研究代表者・盛山和夫）と「現代中国の構造変動」（一九九六～九八年、文部省科学研究費補助金・特定領域研究、研究代表者・毛里和子）という、二つの大きな、しかし直接には接点をもたないプロジェクトにたまたま参加することになったからである。

日本で半世紀以上の歴史をもつ実証的な階層・階級研究も、中国ではここ一〇年ほどの歴史しかもたない。改革・

開放後の中国の階層構造を論じるには多くの困難が存在しており、現在でも、こうした状況は基本的に変わっていない。しかし、経験的なデータを用いて中国の階層問題を論じることの重要性は、誰もが認めるところでもある。社会主義・中国の将来を占う上で、階層問題は避けて通れないというのが一般的な認識であるからだ。

他方で、日本の階層研究は既存の調査データが存在する欧米との比較はなされることがあっても、他のアジア地域との比較はほとんど行われてこなかった。また、アジアの階層研究の成果から日本の階層研究者が「学ぶ」機会はほとんどなく、地域研究と階層研究の間で「快適な棲み分け」が行われてきた。

本書のもとになるプロジェクトは、こうした現状を打破したいという意思によって進められてきたのであって、本書の刊行は、これから始まる同種の試みのファースト・ステップとなるだろう。

最後に、シンポジウム終了後に本書の刊行を勧めてくださった川崎嘉元・社会科学研究所所長と、出版部への掛け渡し役を粛々とこなされた高橋繁雄・同担当副課長に感謝したい。

二〇〇一年七月二四日

研究チームを代表して　園　田　茂　人

目　次

第四章　中間層の台頭が示す新たな国家・社会関係　園田茂人……69

I　階層研究の現在

第一章　中国の階層研究

——今後の比較研究のために——

園田茂人

一　はじめに

日本の階層研究を代表するＳＳＭ（Social Stratification and Mobility）調査は、第一回調査が行われてから四〇年目にあたる一九九五年に、第五回目の全国調査を行ったが、この調査に参加した社会学者は、大学院生レベルを含めると一〇〇名を超えている。筆者の知る限り、これほど大規模な階層研究のプロジェクトは、少なくとも東アジアには存在しない。

現在、中国社会科学院社会学研究所を中心に進められている全国規模での階層調査でも、人員や資金、調査技術の点で多くの問題を抱えている。これだけ階層研究に人的資源を集中的に動員できるというのは、調査経費が潤沢である以上に、日本の研究者がそれだけ階層・階級問題に関心を払ってきた証拠だろう。

もっとも、日本人研究者がＳＳＭのデータをもちいて国際比較を行ったケースは、さほど多くはない。第五回のＳＳＭ調査が「階層の国際比較と日本の社会構造」を探究課題の一つとしてきたとはいえ、実際に国際比較を試みたペーパーの提出はわずかで、最終報告書にあたる『日本の階層システム』全六巻（二〇〇〇年、東京大学出版会）に収録された論文六〇本のうち、国際比較を本格的に展開しているのは石田浩の論文一本のみである。

本書が扱う中国の階層構造の場合、日本人研究者が関心を抱いたとしても、日本語による情報が入手しにくく、地域研究と社会学の間に不幸な棲み分けがなされていることもあって、実際には研究に着手しにくい状況が存在している。(1)

もちろん、日本で中国における階級・階層の問題にまったく関心が抱かれていないわけではない。それればかりか、「発展する中国」をより実利的側面から捉えようとする人々——市場調査や購買力調査などに関心をもつ民間の調査機関や、中国の現実を紹介しようとするマスコミなど——の中には、中国の階級・階層問題に関心を抱いている者も少なくない。(2)

問題は、こうしたニーズに応えるための本格的な受け皿ができていない点だろう。特に階層・階級研究をリードしてきた社会学の中で、中国の社会問題に肉薄するだけの準備がなかったことは決定的である。

本章は、こうした現状を少しでも改善するために、日本人研究者を読者と想定し——というのも、少なくとも現地語による自国の研究概況に関するレビューが存在しているからなのだが——、今まで行われてきた中国の階層研究を概観し、今後の比較研究にとって重要と思われる知見を指摘することを目的としている。

なお、筆者は以前、改革・開放後の中国の階層研究に関する簡単なレビュー論文を発表したことがあるが（園田1989）、本章で紹介される内容は、基本的にそれ以降の状況をフォローしている。また、本章でいう「中国」には、香港・台湾が含まれている。

まずは、香港・台湾における階層研究の概要をみてみよう。

二　台湾・香港における階層研究――欧米化と土着化の狭間で

輸入学問としての階層研究

日本における階層研究がそうであったように、台湾・香港における階層研究も、最初は輸入学問としてスタートした。現在でも、そうした特徴は顕著にみられ、階層研究者の多くが欧米、特にアメリカで社会学を修めていることが、これを傍証している。

ところが、台湾と香港は、階級政治の伝統をもっていない。「大陸反攻」と「祖国統一」というイデオロギーを掲げ続けてきた国民党による一党支配が長く続いた台湾では、「本省―外省」という出生地や「祖国統一をどう考えるか」といった政治的オリエンテーションなどによって、その政党支持が長く決まってきた。一九九七年七月一日、中国に「回帰」した香港も、文化大革命期に社会運動が吹き荒れ、パッテン総督のもとで部分的な民主化が推進されたとはいえ、香港政庁という植民地政府のもとでは、労働者の利益を代表する団体が政治的な勢力を獲得することはなかった。

こうした現象は、一九五〇年代から七〇年代にかけて東アジアを覆っていた冷戦という名の国際秩序を反映したものであるが、そのため欧米から流入する階級・階層に関する理論や方法は、長い間「学習」されはしても、現実社会を分析する有効なツールとして広く認識されるには至らなかった。

ところが、一九八〇年代になって、これらの地域の発展が広く世界の注目を浴びるようになり、徐々にではあるが、民主化も進展するようになる。産業化と民主化、それにこれを媒介とする中産階級。これらの概念によって、個々の社会の構造やその変動のありようを、広く国家・社会関係の中で理解することに、欧米ばかりか現地の研究者の関心が集まることで、初めて階級・階層問題が「発見」され、実証的な基盤をもつ研究が進められることになった。

ＥＡＭＣプロジェクトの誕生

一九九二年、ハワイ大学のＨ・クーやＡ・ソー（現・香港科技大学）、台湾・中央研究院の蕭新煌を中心に、東アジア中間階級（East Asian Middle Class：略称ＥＡＭＣ）プロジェクトが実施されるようになったのも、こうした文脈から理解することができるだろう。

ＥＡＭＣプロジェクトに参加した研究者は、それぞれの国や地域を代表する社会学者であり、それぞれの地域の階層・階級研究の発展とともに歩んできた人たちである。そうであるがゆえに、このプロジェクトの進め方の中に、以下のような階層研究の欧米化と土着化のダイナミズムが示されており、興味深いものがある（園田 1995）。

第一に、プロジェクト参加者のすべてはアメリカやイギリスで学位を取得しており、会議やコアとなる質問票の作成は英語で行われている。また、研究のベースとなる基礎的な認識も、欧米からやってきている。たとえば、階層・階級を構成する基本的なユニットを個人とし、その階層的・階級的位置を、個人がつく職業によって規定されるものとみなしている。Ｊ・ゴールドソープやＥ・Ｏ・ライトの階級分類はほぼそのままの形で使われ[3]、階層・階級の「東アジアらしさ」とでも形容すべき諸現象――たとえば家族ネットワークの強さに起因する関係的資源の重要性や儒教の伝統に基づく「士農工商」意識の存在など――は、基本的に議論の対象とはなっていない[4]。

ところが、第二に、実際に使われた調査票はそれぞれ現地の言葉で作成され、しかもそれぞれの地域の特徴が活かせるような変更がなされている。しかも、学歴や従業上の地位が、それぞれの地域に合うようにカテゴリー設定されているだけではなく、各調査時点の特徴や研究者の問題関心を色濃く反映する質問が加えられている。台湾の場合、階級・階層を規定する主観的な尺度や、移民に対する意識が質問されているし、香港調査でも、中国返還後の行動や予想が質問されているなど、バリエーションも少なくない。

そして第三に、サンプリングやカントリー・ペーパーの作成、データの管理など、それぞれが各地域の研究者の強いイニシアチブのもとに行われ、入手しうるペーパーを読んでも、どこまでが東アジアの共通点として議論ができ、どこまでが各地域ごとの特性を反映した現象であるのかがわからないようになっている。

このように、「輸入学問」として出発した台湾・香港の階層研究も、実際には各地域の個別状況を反映した研究蓄積があり、これを無視しては、比較研究も成立しえない。以下、この点をもう少し詳しくみてゆくことにしよう。

台湾——調査研究の隆盛と問題意識の分散化

台湾の社会学にとって、マルクス主義の影響は実に小さいものだった。階層・階級研究者でマルクス主義の文献に親しんでいる者は稀で、アメリカの理論や方法、問題意識をそのまま台湾にもち込んだ類の研究が多い。ただ、台湾の階層・階級研究に関しては、近年、以下のような変化が生じている。

第一に、全国規模での調査研究が行われるようになり、東アジアでは、実質的に日本に次ぐデータ蓄積がなされている。

楊國樞や瞿海源を中心に「社会変遷基本調査」が全国規模で展開されるようになったのが一九八四年のことで、質問票の中には、回答者の階層的地位を測定することが可能な諸変数が含まれている。その後、蔡淑鈴らが全国規模で職業威信スコア調査（一九八八年）を行ったり、許嘉猷らを中心にした台湾全土での「階級構造と階級意識に関する調査（一九九二年）」や、蕭新煌らを中心にしたEAMCプロジェクト台北調査（一九九二年）が実施されたりと、台湾の階層研究は質・量ともに飛躍的に向上する。同時に、その問題関心も徐々に分散化し、方法論的には精緻でありながら、あまりに細かなイシューを追いかけた研究成果も発表されるようになった(5)。

第二に、すでに指摘したように、一九八〇年代の後半から、中産階級の存在に多くの人々の関心が集まるようになり、その政治的なオリエンテーションや価値観、生活様式などに関わる研究が増えるようになった（瞿海源 1996：87)。その中心的な人物が蕭新煌である。

蕭は、一方で台湾における中産階級研究をリードしながら、他方でEAMCプロジェクトや東南アジア（タイ、マレーシア、インドネシア、フィリピン）における中産階級を対象にした調査プロジェクトを主催したり、筆者が主催する中国での中産階級調査（後述）に参加したりと、国際的にも活躍している。

また、マルクス主義的なオリエンテーションが強い許嘉猷や、マイノリティ問題に関心をもつ張茂桂など、個性豊かな研究者が中産階級問題に関する研究を進めている。センサスデータを再分析することによって、農業セクターからの急速な中産階級への流入傾向を指摘した許の議論が、後述するソーらの「第一世代仮説」を導くなど、中産階級に係わる研究は急速に自己展開しており、今後の成果が期待される。

そして第三に、従来、階級・階層問題とは無関係に論じられてきたいくつかの問題——たとえば社会運動や政党支持、中台統一問題など——が、階層研究と接点をもちながら議論が展開されるようになっている。階級・階層研究以外の領域でも各種の調査が実施されるようになり、その調査項目の中に階層的地位を測定する変数が入れられるようになったのである。

たとえば、台湾人アイデンティティの台頭現象を考えてみよう。戦後の冷戦構造の中で封印されてきた台湾独立問題は、近年大きな政治問題として取り上げられ、台湾内部の政治的な凝集力を規定する大きな力となっている。ところが、台湾独立を心情的に支える台湾人アイデンティティについては、労働者階級、中産階級、資本家階級の順で強く抱かれており、しかも中産階級内部でも、商店主を中心にした旧中産階級は労働者に、ホワイトカラーと中心にした新中産階級は資本家に近い傾向をみせるなど、政治的な資源動員力と逆相関の関係にあることが指摘されている（蕭新煌 1995：71）。とすれば、資源動員力の平準化が進めば、台湾アイデンティティが力を増し、結果的に台湾独立の世論を高めることになると予想される。

こうした新しい研究成果は、台湾における階層研究の土着化を示すものであるが、他方で地位達成に及ぼす教育の効果、社会経済的地位の尺度化、職業の世代間移動を評価する方法論的検討、職業移動を規定する「分断化された」労働市場の存在の有無など、台湾人研究者によって扱われているテーマは、日本人研究者のそれと実に似ている。また、スウェーデンやアメリカとの比較研究はなされていても、日本や韓国との比較研究が少ないといった傾向もみられるが、皮肉なことにも、この点でもまた、台湾と日本は似た特性を示している。

香港――階級・階層問題に対する冷めた眼差し

香港の社会学は、圧倒的なイギリスの影響のもとに育まれてきた。ところが、香港の階級・階層研究にイギリス流のマルクス主義階級論の影響をみいだすことはむずかしい。そればかりか、「移民社会」香港における関心が、絶えず香港への人口の流入と香港からの流出に向けられていたからであろう、香港社会のもつ「流動性」と「開放性」に強い関心が寄せられてきた。その結果、階級・階層問題は、不思議なほどに看過され続けてきた（李明堃 1996：69）。

Leung（1996：29）によれば、こうした状況に変化がみられるようになるのが一九八〇年代初頭だというが、李明堃や劉兆佳といったパイオニアは、香港社会で階級が意味をもたない現実を指摘することから研究に着手した。たとえば劉は次のように述べ、香港社会のもつ「非階級性」を指摘している。

「上昇移動の機会が開かれていると認識され、成功を収めた人間が賞賛されるような時代においては、階級意識や階級的な敵意は低くなる。……要するに、人間関係や政治行動を規定する構造的な力としての社会階級は、香港では相対的に意味をもっていないのである」。（Lau 1982：98）

ところが一九八〇年代も後半になると、こうした「常識」に対する挑戦が試みられるようになる。黄偉邦や、本書の第四章を執筆している呂大樂など、両親が中国大陸からの移民で自身が二世となる香港人研究者が、従来のこうした認識に対抗し、「非階級性」のイデオロギーを問題視したのである。

彼らは、香港社会におけるコミュニティ研究から出発し、出身地を共有する者同士の交流が活発である現状を分析する過程で、実は世間一般で論じられるほど階級間の流動性は高くなく、特にソーシャル・サポートを必要とする層では上昇移動がみられない事実を「発見」する。そして、香港社会における階級・階層問題の重要性を認識するようになる。

こうして「イデオロギー論争」から、経験的な研究が生まれることになるが、その第一線に立ったのは、呂や黄といった若手研究者であった。彼らは一九八九年に、香港で最初の大規模な調査（サンプル数九四三）を行い、一九九二年にはＥＡＭＣプロジェクトに参加して、二度目の大規模調査（サンプル数五九〇）を実施する。そこで彼らが発見したのは、彼らが実証研究に着手する前に抱いていた仮説、すなわち地位達成の機会が必ずしも各階層に平等に拡がっておらず、香港にも不平等が存在するという考えが正しいことを裏づける諸事実であった。

しかし、こうした事実の発見にもかかわらず、香港の社会学界が広く階級・階層問題を論じるようにはなっていない。それればかりか、現在に至るまで香港の階級・階層研究は呂や黄の独壇場といった印象が強く（呂大樂・黄偉邦 1988 = 1998）、彼らが作り上げたデータを利用した二次分析が断片的に発表されているにすぎない。

もちろん、台湾でみられたような中産階級に関する議論も起こったものの、この論争の中心的人物であった黄偉邦が指摘するように「ほとんどすべての人が、似たような上昇志向をもっている」（Wong 1993 : 295）ため、当地における不平等問題への関心が薄く、特に中産階級の不満は「移民」という名の退出（exit）をはけ口としてしまうこともあって、人々の関心が向かっていないというのが現実だろう（呂大樂 1995）。

興味深いことに、李明堃ら（1993）が広州市社会科学院社会学研究所と共同で中国本土の階級・階層問題に着手するようになったことに象徴されるように、香港の研究者は、香港内部の階級・階層問題以上に、中国——とりわけ華南地域——でみられる階級・階層問題に関心を移すようになっている。香港大学や中文大学などは、現在、大陸からの社会学者を多く受け入れ、徐々に中国研究のセンターとなりつつある。

「移民社会」である香港は、流入者の故郷である中国と移民先である欧米や東南アジアを媒介する役目を果たし、冷戦時代の欧米研究者は、香港を通じて中国を理解しようとしてきた。とりわけアメリカの中国研究にとって香港は欠かすことができない存在であったが、皮肉なことに、呂や黄らの香港社会に根ざした研究は次世代に継承されないまま、香港の研究者は再び香港から中国を見始めている。

一九九七年の香港の中国返還は、このように、香港の階級・階層研究にも影響を与えているのである。

表１―１　中産階級にみられる労働者寄りの心情（単位：％）

	台湾			香港		
	新中産階級	旧中産階級	周辺的中産階級	新中産階級	旧中産階級	周辺的中産階級
大企業は力をもちすぎだ	86	77	85	86	93	88
労働者はもっと政治力をもつべきだ	57	65	63	60	60	70

（注）　各数値は、「まったくそうだ」と「どちらかといえばそうだ」と回答した割合を足し合わせたものである。

出典：So, A.Y. & H.H.M. Hsiao, 1994, “The Making of Middle Classes in East Asia : Some Tentative Hypotheses,” Paper presented for International Conference on East Asian Middle Classes and National Development in Comparative Perspective, Institute of Ethnology, Academia Sinica, Taiwan, p.24を一部修正。

消失点としての比較研究――ソーらの仮説と今後の展開

以上で述べてきたように、欧米化と土着化の狭間にありながら、それぞれ独自の発展を遂げてきた台湾・香港の階級・階層研究は、依然として東アジア内部の比較へと関心を拡げていない。もともと比較が可能な形で計画が立てられたＥＡＭＣプロジェクトが、まだカントリー・ペーパーのレベルで終わっているのが、その何よりの証拠である。こうした状況が、東アジアの比較階層研究を困難なものとしているのだが、仮説のレベルではいくつか興味深いものが出されている。たとえば、ソーと蕭は、暫定的だとしながらも、アジアＮＩＥｓにおける中産階級を特徴づける仮説として、以下の五つの仮説を提示する（So and Hsiao 1994）。

第一に、現在の中産階級が世代間移動によって生じたとする「第一世代仮説（first generation hypothesis）」。ソーらによれば、アジアＮＩＥｓは急速な社会変動と世代間移動を経験したため、中産階級が急速に肥大化したという。そして、それが階層帰属意識の曖昧さや労働者寄りの心情を生みだしていると指摘する（表１―１参照）。

第二に、現在の政治経済体制の既得権益者である中産階級は、みずからの豊かさを保護してくれる既存の体制に異議を唱えようとしない

「豊かさ仮説（affluence hypothesis）」。出身背景が農民や労働者であるものの、みずからの豊かさを守るために政治体制に異議を唱えようとしないため、アジアＮＩＥｓの中産階級はブルジョワ的側面をもち、日和見的な政治意識をもっているという。

第三に、アジアＮＩＥｓの発展を支えた中心的な位置に中産階級がいたとする「上昇階級仮説（ascending class hypothesis）」。ただ、中産階級の自己認識としては「民主主義の橋頭堡」としての意識が強いものの、実際にさまざまな民主化の運動に参加しているかといえばそうではなく、「豊かさ仮説」で示されているような矛盾した側面をもっているという。

第四に、中産階級が多様な要素から成り立っているとする「中産階級複合仮説（middle classes hypothesis）」。一概に中産階級といっても、多様な職種や出身から成り立っているために単一の階級を形成しているとはいえないとする指摘は、アジアＮＩＥｓでも一般的である。しかし、他方で、労働者寄りの心情や行動レベルでの政治的保守主義など、共通した特徴もあることから、必ずしも共通性がないとはいえず、どの側面で議論するかによって仮説の妥当性が異なってくる。

そして最後に、国によって中産階級の性格が異なるとする「国民文化仮説（national culture hypothesis）」。実際、さまざまなデータを見比べてみると、韓国と香港とでは、韓国の中産階級の方がより「革新的」で、台湾がその中間に位置するといった構造をもっているように思える。他方で、「中産階級複合仮説」同様、変数によってはきわめて共通した特徴がみられるため、すべてを国家や国民文化の違いによって説明することはできない、とソーらは指摘する。

これらの仮説は、今後の比較研究を見据えると、実に重要な問題提起を含んでいる。しかし他方で、中産階級の置かれた国家・社会関係のあり方や、個々の社会における「伝統」の影響を議論の射程に置いていない点で、まだ完全なものとはいいがたい。

日本の階層研究との対比でいえば、もう少し詳細な職歴分析や移動分析が行われれば、意味ある発見が可能となるかもしれない。チャンらは、EAMCプロジェクトによる香港データを用いて、香港における世代間の移動パターンは日本よりスウェーデンに近いと結論づけているが（Chan et al.1995）、こうした指摘はSSM研究者と台湾や香港の研究者の交流が進むことによって、今後ますます増えるものと期待される。

三　中国本土の階層研究――社会主義市場経済をどう捉えるか

階級・階層研究の政治性と私的経営層の台頭

中国本土における階層研究も、基本的には台湾・香港と同じメカニズムによって進められてきた。改革・開放を境に、従来「ブルジョワ科学」として忌避されてきた欧米の社会学理論も積極的に吸収され、経験主義的な研究も進められるようになった。パス分析やログリニア・モデルなど、階層研究に関連する数量分析手法も導入され、階層研究は盛り上がる機運にある（許欣欣 2000）。

ところが、社会主義・中国の場合、プロレタリアを前衛とした国家建設を行ってきたこともあって、台湾・香港とは異なり、階級・階層をどう理解するかが政治的に大きな意味をもっていた。とりわけ、第七期五カ年計画（一九八六～九一年）の重要科学研究項目の一つとして階級・階層問題が取り上げられ、当時の社会学研究所所長・何建章を中心にプロジェクトが進められるようになると、個体戸（生産手段をみずから有し、七名以下の従業員を雇用する者）や私営企業家（生産手段をみずから有し、八名以上の従業員を雇用する者）などの私的経営層の台頭をめぐる議論が活発に行われるようになった。

李強（1994）の整理によれば、この議論の形態には以下の三つのタイプがあるという。

一つは、これを資産階級（ブルジョワジー）とみなし、資本主義体制下の資本家とおおむね同じ性格をもつとする議論。社会主義体制下といえども、生産手段を有し、労働者を雇用してそこから剰余価値を創出しているといった点から、資産階級と同定する立場である。

二つめは、私的経営層は必ずしも資産階級ではなく、いってみれば「半資産階級」といった性格をもっていると指摘する議論。生産手段は有しているものの、その拡大再生産が社会主義体制に貢献し、彼（女）らの経営が社会主義の生産力向上に寄与しているのだから、資本主義下の資本家階級と同一視してはならない、とする立場がこれである。

そして三つめは、これを資産階級とは呼ばず、社会主義下の労働者階級、あるいは管理者階級とみなす議論。私的経営層といっても、その多くが農村で生活している有能な人々、あるいは幹部・党員たちであって、雇われている者も、資本主義体制下の労働者とは異なり、みずからが主人公である社会主義下の労働者である。こうした特殊性を理解すれば、私的経営層も従来の労働者階級の一変種としてみなすことができるといった議論が、この第三の立場である。

この三つの立場は、その時々の政治的な状況の中で、さまざまな形で提示されてきた。私的経営層をどう理解するかは、社会主義の根本問題にもかかわる大問題であるから、この種の議論はこれからも続いていくであろう。

もっとも、私的経営層を対象にした調査も行われ始めており、単なるイデオロギーだけで議論ができにくくなっていることも、また事実である。

たとえば、一九九三年に一、四四〇名の私営企業家を対象に行われた全国調査によると、都市では管理職や労働者からの転出組が多いのに対して、農村では農民から私営企業家になったケースが多いことが明らかになっている。また、その創業動機や資源の調達ルートなどから、国家社会主義体制下で資源の再配分に従事しえたエリートたちが私営企業家の主な発生母体となっていることを指摘する議論が出るなど（李路路 1997）、近年興味深い研究が進められつつある。

中国における「中産階級」――研究の必要性とむずかしさ

私営企業家の台頭とともに、改革・開放の中国を象徴するのが、大量の人口移動の発生と、海外との接点を多く持つ上層ホワイトカラーの誕生である。特に後者については、私営企業家の台頭と相まって、中国における中産階級の生成・誕生を示唆するものとして、多くの研究者が関心を向けている。(6)

ところが、中産階級研究に関しては、上述の政治的な事情もさることながら、以下で挙げるようないくつかの条件が重なりあうことによって、理論的・実証的な研究が進めにくい状況に置かれてきたことも、また認めなければならない。

第一に、中国社会における急速な社会変動の進展が、中産階級の概念化をむずかしくしている。

従来の欧米における中産階級概念は、資本家と労働者という二つの階級の中間に位置する雑多な人々の総称として提示されたという経緯があるが、急速に社会が変化し、人々の職業移動・地域移動が急速に進んでいる状況にあっては、どのような社会層が形成されているかを把握するのは容易な作業ではない。

たとえば、盧漢龍によれば、上海市の市民サーベイでも、階層帰属意識に関する設問では一五％近くが無回答になってしまうという。(7) 盧によれば、これは調査対象者が政治的な事情を考慮して答えなかったというより、設問自身の意味を理解できない人々が多くいるために、こうした結果が得られたのだというが、こうした急速な社会変動が人々の中に明確な階層イメージを作り上げ切れていないところに、中産階級概念を中国に適用することのむずかしさがある。

これは第二のポイント、すなわち、社会主義体制下で市場経済を導入しているために、何をもって「階級」なり「階層」のメルクマールとすべきかが混沌としているといった事情とも関連している。

再び盧によれば、調査を行う際にいつも問題になるのが、回答者によって「階級」なり「階層」のイメージがバラバラであるために、統一的な視点からの調査研究がむずかしい現実だという。本来、上層の帰属意識をもっていてしかるべき人間がそういった意識をもっていない。また、下層に近い生活をしているにもかかわらず、国有企業で働いているために切迫した危機感をもたず、中間層に帰属しているといった意識をもっている労働者も少なくない。実際、主観的な帰属意識は、収入や資産、学歴といった変数とは有意な相関関係になく、実態としての中産階級は摑みにくいという。(8)

これには、社会主義制度のもとでできあがった「単位《タンウエイ》（日本語でいう職場）」による労働力の囲い込みという事態も大きく関与している。

李路路（1995）によれば、一つには、対外的な威信評価の大きなメルクマールとなり、どの「単位」で働いているか、あるいは働けるかが個人や世帯の評価に大きく関与しうるという点で、また一つには、「単位」内部における階層的分化が人々に強く認識されず、個人なり世帯といったレベルでの階層意識が生じにくい原因となっているという点で、「単位」は階層状況に大きな影響力を与えているという。しかも、本業以外の副業の収入が多いケースなど、市場経済化の過程における地位決定プロセスは、実にわかりにくい構造となっている。

こうした労働者の囲い込みをどう理論化してゆくか、社会的な地位をどのように測定するのか。中国を対象にした階層研究には越えるべきハードルが多い。

「関係主義」社会における階層研究

しかも、「関係的資源」の重要性といった中国的状況が、事態を複雑にしている。

中国の場合、個人のもつ政治的な動員力もさることながら、特定の人物との人間関係が、階層的な位置づけにとって決定的な要因となっている。個人としては政治的権力をもち合わせていなくても、親戚に高級幹部がいれば特権の一部を享受することができる。また、世帯収入は少なくても、友人に財力をもつ人物がいれば、そこからの借入金を元手に個体戸を興すことができる。こうした濃密な人間関係をもつ社会にあっては、その社会独自の階層イメージを摘出しなければならない。さもないと、中国の現実を見誤ることになってしまう。最近になって、こうした点に対する認識が社会学者の間でも強く意識されるようになり、特に「関係《グアンシ》」の特徴とその社会構造に及ぼす影響といったテーマも一般化しつつある。

たとえば張宛麗（1996）は、中国の社会階層を理解する際に、地位の非一貫性がみられ、非制度的な要因――たとえば「関係《グアンシ》」――が人々の階層的位置に強い影響を与えていることを考えると、単純な西洋モデルの適用を慎まねばならないとしている。

では、「関係主義」（園田 2001）社会における中産階級は、どのような特徴をもっているといえるだろうか。どのような調査を行えば、こうした中産階級の特徴を摑むことができるのか。このように、欧米での議論を直接中国にもち込むことができないところに、中国における階層研究のむずかしさがある。

その典型的なケースが、前述の何建章を中心にした調査プロジェクトをめぐるエピソードだろう。

黄平によれば、この調査プロジェクトは都市と農村に分けて実査がなされたものの、調査メンバー個々人の著書や論文は発表されても、調査グループ全体による報告書は依然として完成していないという。(9) というのも、何建章は伝統的なマルクス主義のモデルで階層・階級問題を考え、所有関係をメルクマールとした階級・階層カテゴリーを作成したために、調査データを得たのはいいが、意味ある分析ができなかったからだという。また、メンバーからも階層・階級カテゴリーをめぐってさまざまな意見が出され、結局これらを統合した見解が提出されるに至らなかったため、グループによる成果発表をあきらめたという経緯があるようだ。

社会主義市場経済の進展が、従来のマルクス主義的な分析を無効にしている――何とも皮肉な現象である。

始まる調査研究――中国と香港・台湾との比較

もっとも、こうした困難も、徐々にではあるが、克服されつつある。筆者を中心とした研究グループは、現代中国における諸階層――とりわけ中産階級――の特性を析出する調査項目を考えながら、質問票調査を行った。(10)

本書に収録された多くの論文は、これらのデータを利用して執筆されているが、香港や台北の結果と単純集計レベルで比べてみると、その独特な国家・社会関係からか、いくつかの「中国的特性」が浮かび上がってくる。

第一に、社会的成功をもたらす要因として、「個人の努力」を指摘する声が相対的に低くなっている。中国調査とEAMCプロジェクトとでは選択肢の数が違っているため、単純な比較はできないが、香港で六二・〇%、台北で五

表1—2　社会的成功をもたらす原因（単位：%）

	中国	香港	台北(台湾)
家族背景	13.4	24.4	32.5
個人の努力	38.1	62.0	56.7
幸　運	14.2	11.5	3.9
その他	34.3	2.1	6.9

六・七%の回答者が「個人の努力」を社会的成功の原因と考えているのに対して、中国（天津・重慶・上海・広州）の場合、三八・一%にすぎない（表1—2参照）。

もっとも、家族背景を成功の原因と考えている割合も、香港や台北ほど大きくない。その分、中国調査の場合、それ以外の要因、特に「手にしている権力や資源」（一五・五%）に回答が集まった格好になっている。「社会主義市場経済」という名の「国家官僚資本主義」の道を歩んでいる中国の一面を照射していて興味深い。

第二に、香港や台湾のような「外来政府」に比べて、自国の政府に対する強い「信頼感」がみられる。図1—1は、「（党や）政府は人民にとって何がもっとも重要であるかを熟知している」とする文章に対する反応を尋ねた結果を示しているが、中国調査では、「そうだ」と「どちらかといえばそうだ」を足し合わせた割合が七八%弱で、台北に比べても三三ポイント以上強くなっている。

もちろん、こうした数字の大小そのものを、それぞれの政府の正統性に結びつけてしまうことに慎重でなければならない。こうした「信頼感」の表明が、正統性をめぐる二重心理の存在を示唆するからだが、少なくとも国家に対する社会の側の自律性・対抗性という観点からみれば、中国は台湾や香港ほど強くはないことを示唆しているといえる。

第三に、とはいえ、階層帰属意識という点に限定してみれば、こうした国家・社会関係の独自さは弱まり、台北で中間的な回答が若干多く、中国で「下」とする意識が比較的強く現れているものの、総じて中国も台北・香港と似た分布を示している。[11] これは、以前からも指

図 1 — 1　「(党や) 政府は人民にとって何がもっとも重要であるか知っている」

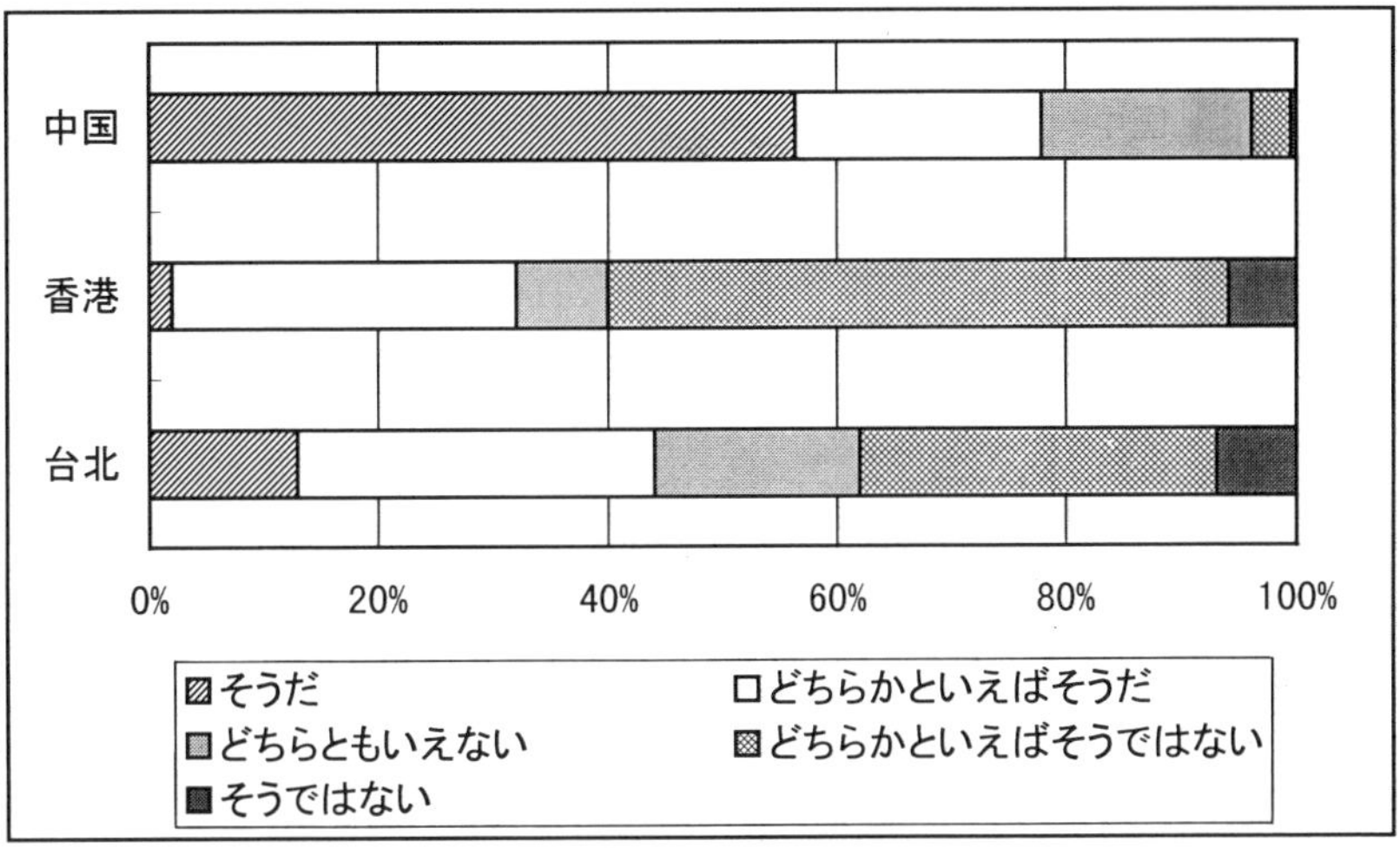

図 1 — 2　中国・香港・台北における階層帰属意識

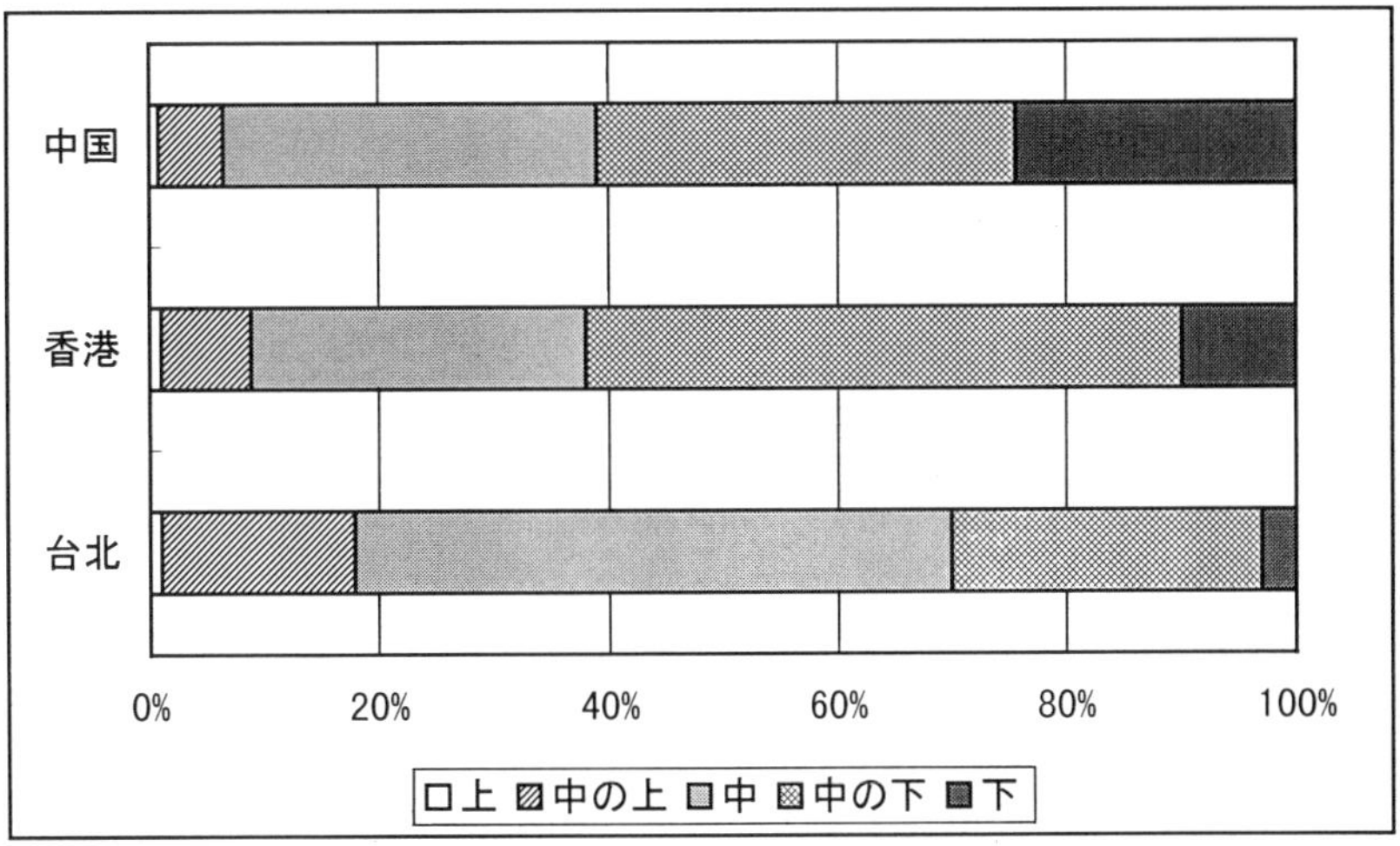

摘されてきたことだが、経済発展のレベルや政治経済体制の違いにもかかわらず、どの社会も似たような階層帰属意識の分布を示している。この点、中国であれ香港・台湾であれ、その例外ではない（図1―2参照）。

こうした同質性と異質性の析出から、新しい比較の軸を作りだし、これによって比較研究を進めてゆくこと。中国の階層研究は現在、多くの課題を抱えている。

四　おわりに

本章を通じてみてきたように、香港・台湾を含めた中国の階層研究は、独自な欧米化と土着化のメカニズムの中で展開され、みずからの自己認識のツールとして経験的な研究が深められてきた。それゆえ比較研究が不足しており、今後いっそうの発展の可能性を有しているといって過言ではない。

特に、中産階級をめぐる比較研究の重要性は、今後ますます重要になるだろう。

ＳＳＭ調査の流れをみると、中産階級をめぐる議論は、一九七〇年代末あたりで一段落ついた感もあるが、中国研究の成果を視野に入れると、次のような疑問も湧いてくる。

なぜわれわれは中産階級を問題にするようになったのか。社会の富裕化の結果、中産階級が誕生したとすれば、これは既存の国家・社会関係にどのようなインパクトを与えてきたのか。そもそも、中国圏を支配していた「士農工商」意識は、中産階級の台頭によって、どのように変容したのか。富裕化した人たちの中に、どのような教育投資上の戦略がみられたか。この点で、日本は他の地域に比べて「特殊」だと表現することができるのか。もしできるとすれば、なぜなのか。

他方で、日本を比較のレファランスとした場合、中国の各地域はどのような階層構造をもったものとして捉えることができるか。いわゆる近代化とともに、似たような構造がみられるとする「収斂理論」はあてはまるか。あてはまらないとすれば、それはどのような理由によるのか。

これらの問題意識を、どのように実証的な比較研究に結びつけてゆくか。今後、われわれに残された課題は大きいといわなければならない。

＊本論文は、『東アジアの階層比較（一九九五年ＳＳＭ調査シリーズ19）』に掲載された論文「東アジアの階層比較――過去、現在、そして将来の展望」をもとに、一部データを入れ替えるなど大幅にリライトして収録したものである。

（1）　こうした傾向については、階級・階層研究だけでなく、広く社会学全般にみてとることができる。この点についての指摘は、園田（1993）を参照されたい。もっとも、比較研究がむずかしい理由としては、データの利用可能性がボトルネックとなっている点を指摘しなければならない。筆者は一九九二年のＥＡＭＣ調査の責任者と交渉を重ね、比較研究を進める土台作りをしてきたが、そこで問題となったのがデータの公開がどの程度認められるかといった問題であった。東アジアの中で「データ・アーカイブ」を共有する発想が少なく、個々の研究者がそれぞれのデータを管理している状況にあっては、比較研究の進展は望みにくい。特に中国におけるデータ・アーカイブ問題については、拙稿（園田1996a）を参照されたい。

（2）　たとえば『日本経済新聞』は、一九九六年六月五日から九日までの五回連載で「熱風アジア・第一部・台頭する中間層」とする特集を組み、その中で上海の事例を紹介している。また、ニッセイ基礎研究所（1997）は、将来の生保マーケットとしての「中間所得層」にスポットをあてた調査を、上海、マニラ、バンコク、ジャカルタで行っており、電通総研（1996）は「ビジネスリーダー」に、電機連合（1995）は「電機労働者」にそれぞれ限定して、その生活価値観の比較を日本、韓国、中国の間で行っている。これらの調査項目の一部は、ＳＳＭ調査のそれと重複しているが、こうした動向をみる限り、日本における中国の階級・階層問題への関心が低いとは決していえないであろう。

（3）もっとも細かくみると、各研究者によって細かな修正を加えられている。たとえば、Ａ・ソーら（So and Hsiao 1994）は、中産階級の分類に「周辺的中産階級（marginal middle class）」という新しい概念をもちいており、呂大樂（Lui 1994）は上層と下層の間に「サービス階級（service class）」という分類をもちいて議論をしている。

（4）以前、筆者が組織した岩波書店の『世界』での討論会で、ベトナム研究の坪井善明が「ＮＩＥｓという枠で調査をするという意図が、内発的なのか、外来的なのか」（中嶋他 1995：83）と発言したのは、ＥＡＭＣプロジェクトに東アジアの固有性を探求しようとする態度が欠けていたからだと思われる。

（5）台湾の社会学者と交流が深い若林正丈によれば、台湾の社会学会で報告される研究成果は、徐々に数理モデルを使ったテクニカルなものが多くなっており、ペーパーを一読しただけではどこに問題のポイントがあるのかわからないケースも少なくないという。研究蓄積の充実が、こうした逆説的な状況を生みだしているとする指摘は貴重である。

（6）たとえば中国の階層研究をリードする李培林（1995：38-40）は、その編著書の中で中国における中産階級の重要性を指摘しているし、筆者が一九九六年に行った一連のインタビューの結果から、実に多くの中国人研究者が中産階級問題に関心を抱いていることがわかっている（園田 1996b）。

（7）一九九六年九月一日におけるインタビューによる。

（8）実際、本書の第八章に収録されている鄭晨論文によると、階層帰属意識を属性変数によって説明するのはむずかしいという。詳細については、第八章参照のこと。

（9）一九九六年九月八日におけるインタビューによる。

（10）中国での調査は天津、重慶、上海、広州の四都市で行われた。天津での調査が最初に行われたが、一九九七年の六月に質問票の作成を行い、一九九七年の九月から一一月にかけて実査が行われた。天津のみで中産階級だけを対象にしたサンプリングを行い、一般サンプル一、二〇〇、中産階級サンプル八〇〇を集めた。

中産階級調査は、天津市でもっとも栄えている和平区を中心に、工商業者連合会や個体戸労働協会、学校、企業、病院などで働く月収八〇〇元（日本円で一二、〇〇〇円相当）以上の人物を対象にサンプルが集められており、一般サンプル調査の場合、天津市内にある六つの市区（和平区、河西区、河東区、河北区、南開区、紅橋区）でそれぞれ一つずつ街道（都市行政の最末端単位）を選び、合計一七の居民委員会を対象とした。各居民委員会にある名簿をもとに、それぞれ平均六七サンプルになるよう等間隔法によるサンプリングを行った。調査対象者が外出していたり、回答拒否をしたりといった理由で調査協力が得られなった場合、その前後のサンプルによって代替し、選びだされた世帯については、ＩＤ番号が奇数の場合には戸主を、偶数の場合にはその配偶者を調査対象とした。天津以外の地域では、予算的な制約から中間階級調査は行っていない。

重慶での調査は、一九九八年の九月に実査が行われ、実施にあたっては、都市間の比較可能性を担保するため、質問票からサンプリング方法まで天津と同じくなるよう心がけた。ただ、重慶の場合、五つの市区（渝中区、九龍坡区、沙坪垻区、江北区、南岸区）のうち、中産階級が集住していると予想される渝中区だけから二つの街道を選び、残りの四つの区からは一つの街道を選んだ上でサンプリングされている。それぞれの街道から三つの居民委員会を選びだし、一居民委員会あたり五七サンプル、合計一、〇二六サンプルを獲得した。

上海調査と広州調査も、基本的に上記の二つの調査と同様の手法をとっており、それぞれ一、〇〇〇を目標にサンプルを集めている。調査過程については、それぞれ本書の第七章と第八章を参照されたい。

(11)　中国調査の場合、「上層」「中上」「中層」「中下」「下層」といった表現をもちいているのに対して、香港と台北の場合「上層」「中上階級」「中産階級」「工人（労工）階級」「低下階層」といった表現をもちいている。こうした表現の違いは、回答の分布に何らかの影響を及ぼしているかもしれない。

II　台頭する中間層

第二章　新興自営業層にみられる中国的特質
――天津市のケースから――

潘　允　康

一　はじめに

改革・開放を境に中国の社会構造には大きな変化が生じ、その結果、自営業層が誕生することになった。自営業層の生成・発展は、中国の社会構造にみられる変化を解読する鍵となる。改革が進む過程で私営経済が発展し、現在では飛躍的に発展・成熟しているが、これも中国の特殊な歴史的環境のもとで出現したものにすぎない。

本章では、自営業層が抱える問題を議論するが、これは中国の経済発展と社会構造の調整を論じる際の重要な視座を与えることになるであろう。

二　自営業層誕生の歴史的経緯

社会階層とは、一定の基準から人々を上下に位置づけたものである。

「階層（strata）」とは、もともと地質学者が地質の構造を分析する際にもちいる概念で、異なる地層を意味している。ところが社会学では、階層によって個々の人間なり集団が分かれ、上下の秩序をもつものと解釈される。社会学の階層理論には、さまざまな学派が存在する。K・マルクスは経済的な要因を重視し、生産関係によって階層・階級が分類されると考えたのに対して、M・ヴェーバーは経済的指標である財、社会的指標である威信、政治的指標である権力という三つの要因によって階層が出来上がると考えた。W・L・ウォーナーらはいくつかの基準から六つの階層を析出し、T・パーソンズらは職業によって階層が形成されているとした。

このように、社会階層は、社会を構成するいくつかの階層をめぐる主観的な認識の結果存在するものであると同時に、それぞれの階層は客観的に存在している。しかも評価基準や理論的基盤が異なれば、その具体的な区分は異なる。

改革・開放以降、中国で自営業層が誕生したのは、以下のような事情による。

第一に、彼らは一般の人々とは異なり、生産手段をもつようになった。

中華人民共和国が成立してからというもの、大規模な社会主義改造が推し進められ、農業や手工業では合作化が行われた。また商工業部門では、「公私合営（私営企業と国家との共同経営）」が進められ、短期間のうちに私有制が消滅した。この高度に公有化された世界では、人々は生産手段と基本的に同じ関係をもつようになった。

改革が始まり、生産力の増加を目指すようになると、まず農村で「聯産承包責任制（連合責任請負制）」が実施されるようになった。土地を請け負った農民は、所有権がないために自由に売買・賃貸出来ないものの、土地の経営権をもつようになった。今日でも、土地を請け負った農民を個体戸（小規模自営業者）と呼ぶことはないが、これが自営業者の生まれる社会的な素地を作ることになった。

農業で土地が請け負われるようになると、手工業や工業、商業などで個体企業が大量に出現するようになり、そこから私営企業家が大量に誕生するようになった。みずからの生産手段をもつ新たな階層の誕生である。

第二に、この階層は機器や建物、設備、生産や再生産のために必要な資金（資本）や土地を手に入れたため、他人とは異なる生産手段・生産様式をもつようになり、その結果、生産の対象や手法、収益の配分方法などに関する決定権を獲得するようになった。これらの点で、国有企業や集団企業に勤務する人々とは決定的に異なる。また、規模に応じて従業員を雇うようになったため、雇用―被雇用関係が生じ、一部で搾取―被搾取の関係が生じるようになった。

第三に、これら二つの変化が生じた結果、自営業者の生活水準やライフスタイルが、一般の人々と異なるようになってきた。また、その心理状態や社会に対する意見・評価に、一般の人々にはみられない特徴が現れるようになってきた。

そして第四に、改革・開放初期には自営業層の占める比率はさほど大きくなかったものの、近年、その人数・規模も目を見張るほどになった。

国家工商業行政管理局の統計によれば、一九九九年六月末現在で、登記済みの私営企業家――すなわち私営企業に投資している者――の数は全国で二八一万人、その登録資本総額は八、一七七億元に達し、従業員は一、五〇三万人で、その業種は多種に及んでいる。

一九八九年から九八年にかけて、全国レベルでの私営企業の数、従業人数、登録資本総額は、それぞれ一一倍、九・四倍、八四・七倍に増えている。(1) また同期間における経済成長率をみると、私営経済の成長がもっとも速い。私営企業家の予備軍たる個体戸も、同様に顕著な成長をみせている。一九九八年末ベースで、全国に登記された個体戸は三、一二〇・二万戸で、従業員数は六、一一四・四万人。登録資本総額は三、一二〇・三億元で、前年度末に比べ、それぞれ九・四五%、一二・三六%、二一・二二%増加している。

個体戸は成長の速度が速いだけでなく、経営規模もまた拡大の一途をたどっている。一戸あたりの平均登録資金をみてみると、一九九八年には一万元に達しており、九一年時点(三、四四五・四元)の一・九倍となっている。個体戸が規模を拡大すれば、土地の収用や家屋の建設、従業員の雇用が容易に認可されるようになり、登録資本額では私営企業家に近づくことになる(汝信他 2000:225–233)。このような生産手段の変化によって、中国では自営業層が生みだされているのである。

しかし、特殊な社会的・歴史的条件から誕生したこともあって、中国の自営業層は現在、特殊な問題に直面している。経済成長の恩恵を受けているかと思えば、みずからの将来に不安を感じており、そこにこの階層特有の心理的なねじれが存在している。

以下、この点について、詳細にみてゆくことにしよう。

三　自己イメージにみる自営業層の「心理的なねじれ」

自営業層の自己イメージ

「自己イメージ」とは、個人ないし集団の自己に対する評価であり、自己がもつ特徴に対する了解・認識のことである。C・H・クーリーは「自己イメージ」を「鏡の中の自分（looking glass self）」と表現し、鏡の前に立つ自己のようなものだと述べているが、この鏡こそ、社会における個人に対する認識・評価の主体に他ならない。

自己イメージには、個人の認識や経験が総合されている。たとえば、われわれは容姿や服装を鏡の前で細かくチェックし、一定の基準からみずからの美醜を判断しようとするが、美醜の基準と自己評価が一致すれば溜飲をさげ、一致しなければ落胆する。このように、われわれが他者の目に映ったみずからの容姿、行為様式、性格特性などを判断する際、みずからの喜怒哀楽を表出し、感情体験を表面に出す可能性が高い。

総じて、自己イメージは他者が自分をどうみているかに対する感覚であり、個々人がもつさまざまな感情――自尊心や自己卑下の感情――の表出物である。

天津市における二七一名の自営業層に関するデータを分析した結果(2)、この階層が独特の心理を抱いていること、すなわち、自信をもち自己肯定感が強いものの、現実や未来に対して不安・心配を抱いており、自己イメージの中に心理的ねじれがみられることが明らかになっている。

自己イメージの中の肯定意識

自己イメージに関する肯定的な意識とは、具体的には自営業層の社会的貢献に関する自負や、みずからの社会的地位に対する認識、改革・開放下での変化に対する肯定的感情を意味している。

改革・開放下では、中国の自営業層は社会・経済が発展する過程で生まれ、社会・経済の発展に大きな貢献をしてきた。

実際、調査の中で「自営業層は中国の経済発展に対して大きな貢献をしてきた」とする文言に対して、調査対象となった自営業層の七一・六%が「まったくそうだ」か「どちらかといえばそうだ」と回答しており、大多数を占める。「どちらともいえない」という回答は一九・四%で、「あまりそう思わない」という回答は九%にすぎない。この点では、世間一般の評価と似ており、一般サンプル調査では、「まったくそうだ」か「どちらかといえばそうだ」と回答した割合が七〇・一%となっている。(3)

自営業層は社会に対して貢献しているだけではなく、その分の見返りをもらっており、発展の恩恵を受けている階層でもある。月収ベースでみると、自営業層の平均は一、一九二・八三元で、一般サンプル平均の五四一・四一元の倍近い。(4)

また自営業層のもつ耐久消費財や金融商品の所有率をみても、カラーテレビと冷蔵庫、洗濯機以外の高級耐久消費財や金融商品では、一般的な水準をはるかに凌駕している(図2—1参照)。

自営業層も、このことを十分に承知している。調査の中で「この五年の間、あなたの生活水準にはどのような変化が生じましたか」との質問に対して、「向上した」が三〇・六%、「まあ向上した」が四五・三%で、合計七四・一%がよくなったと答えている。

図2―1　自営業層と一般サンプルにみる消費財の所有率（単位：%）

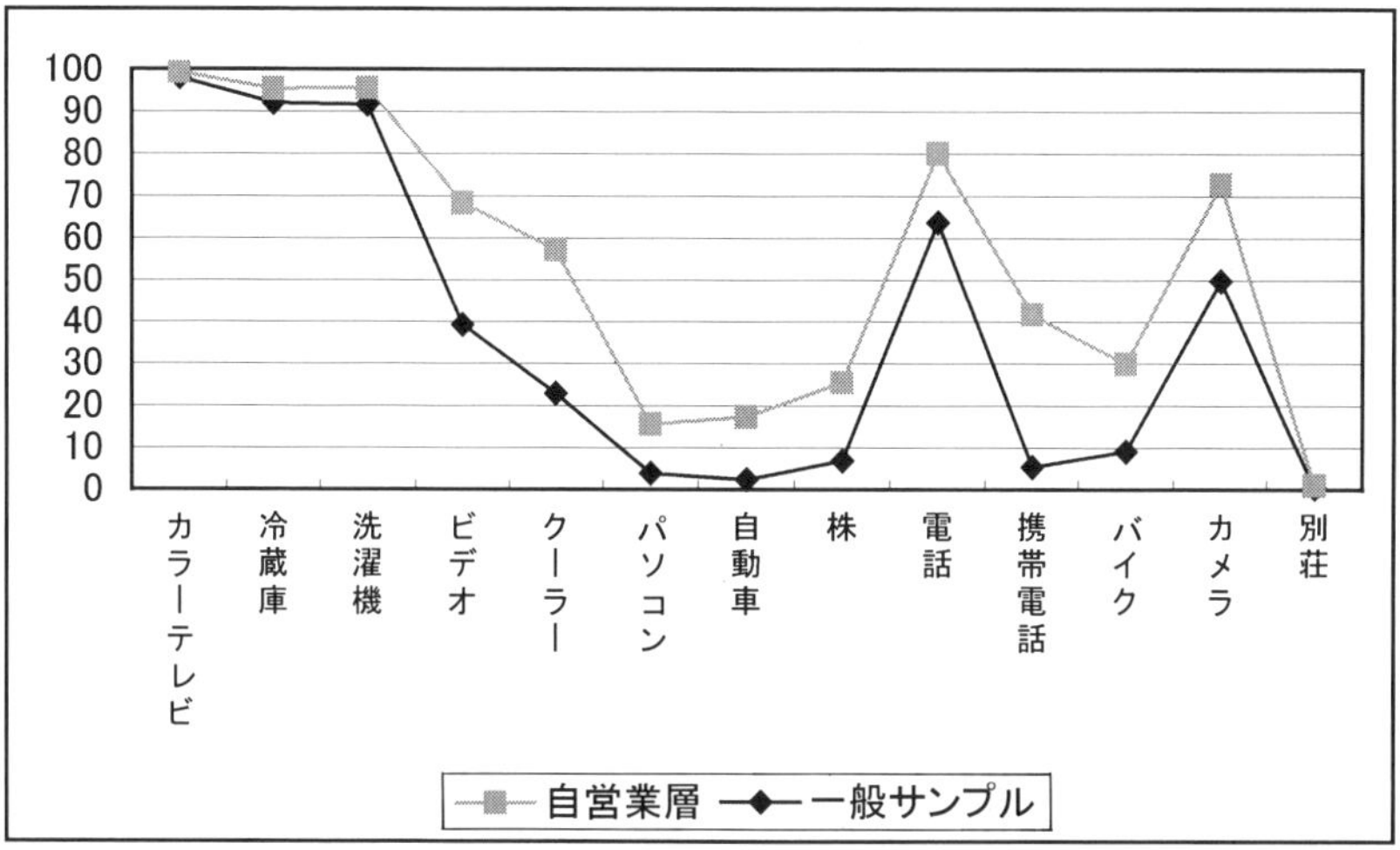

顕著な中流意識

この二〇年ほどの間、社会経済的地位が変化する過程で、自営業者の階層意識は徐々に強くなってきており、他の社会階層に比べても、この点顕著である。

中間層――あるいは中産階級――は、現代の先進諸国で大きな社会層を形成しているが、中国の自営業層も、その大多数が現在「中」に属していると考えている。

調査の中で「今日の社会を以下の五つの階層に分けるとすれば、あなたはどの階層に属すると思いますか」という問いを設けたが、自営業者の中で「上」と回答した者はいなかったものの、「中の上」が七%、「中」が過半数の五四・二%、「中の下」とする回答は二八・九%で、「下」と回答した者は一〇%であった。社会全体の平均でみると、「上」とする回答が〇・二%、「中の上」が五・二%、「中」が三三・八%、「中の下」が三三・八%、「下」が三一・四%と、明らかに下の方にシフトしている。これからも、自営業層が中間層としての意識を強くもっているといえる。

もちろん、自営層の中には経済的な側面からみた場合に「上」

に属する人たちが少なからずいるはずだが、みずからを「上」に属すると考えている者がいないということは、一つには彼（女）らが、階層秩序が経済以外の複数の要因——たとえば政治的地位や権力、文化水準、社会的名声など——から出来上がっていると考えているからであり、また一つには、彼らが特殊な歴史的環境の中から誕生した新興階層であるため、時に自己卑下や自己否定の感情が支配するからである。

これが、「心理的なねじれ」の正体である。

自己イメージの中の否定意識

自営業層は現在、自己肯定的な意識とともに、自己否定的な意識ももち合わせており、これが将来に対する不安感に繋がっている。

たとえば調査の中で、「自営業者は十分に高く評価されている」という文言に自営業層で「そう思う」と回答したのは五％で、「どちらかといえばそう思う」が一八・四％、二三・九％が「どちらともいえない」、四六・八％が「どちらかといえばそう思わない」、六％が「そう思わない」と回答しており、否定的な回答が過半数を占める。自営業層は自分たちの貢献を高く評価していながら、周囲から高く評価されていないと感じているのである。

自営業層はまた、社会的な公平性について、自分たちには十分な自由がなく、他者と平等に競争する機会が与えられていないと考える傾向にある。社会的な公平感については、人それぞれに異なる感覚をもっているのだが、相対的にいって自営業層は否定的な見方をしがちである。

調査の中で、「一般的に言って、あなたは現在の社会がどの程度公平だと思いますか」との問いに対し、一般サンプル調査では「公平だ」とする回答が一・六％、「まあ公平だ」とする回答が四四・七％、以下「まあ不公平だ」が三四・七％、「不公平だ」が一〇・七％、「どちらともいえない」が八・三％と続く。これに対して自営業者の場合、「公平だ」とする回答が一・五％、「まあ公平だ」とする回答が二八・九％、以下「まあ不公平だ」が五三・七％、「不公平だ」が一五・四％。「どちらともいえない」が三・五％となっている。

不公平を感じる対象をみると、「収入」で九一・六％、「職業」で八四・六％、「学歴」で七八・六％、「地域」で七〇・一％、「出身」で六三・二％、「財産」で七二・七％となっており、これが彼らの実生活で経験した事実と大きく結びついている。

自営業層は大きく成長を遂げ、蓄積もたくさんあるが、彼らは依然として不安感を抱いている。誰かが自分たちを出し抜き、今まで手に入れてきたものを失ってしまうかもしれないと思っているのである。事実、「私は努力して獲得してきたものが無くなってしまうかもしれないと、いつも不安である」という文言に対して「そうだ」と回答した者が一三・九％、「どちらかといえばそうだ」と回答した者が三〇・三％と、両者をあわせて半数近くになる。

とはいえ、自営業層が社会に失望しているかといえば、そうではない。全体としてみると、彼らは依然として国家を信頼しているのだ。

たとえば、「党と政府は何が国家と人民にとって最良・最善かを知っている」という文言について、「そうだ」と回答した者は四〇・三％、「どちらかといえばそうだ」と回答した者が三二・三％と、両者をあわせれば過半数となり、「どちらともいえない」と回答した二三・九％、それ以外の回答をした三・三％に比べれば大きな割合を占めている。

では、どうしてこうした心理的なねじれが生じたのだろうか。

四　「心理的なねじれ」が生じる社会的背景

自営業層のこうした自己イメージは、彼らの独自な心理状況を反映しているだけではない。現実の社会状況が彼らの自己評価に滑り込んでいるのだ。

たとえば調査で、「自営業層は中国経済の発展に多大な貢献をしている」とする文言を提示してみたところ、一般サンプルの七〇・一％が「そう思う」か「どちらかといえばそう思う」と回答しており、肯定的な評価を示しているかと思えば、「自営業層は十分に高く評価されている」という文言に「そう思う」「どちらかといえばそう思う」と回答した者は全体の二〇・八％にすぎず、七一・一％が「そう思わない」「どちらかといえばそう思わない」と回答している。

これは社会的評価の側にも一種のねじれがあることを示しているが、こうしたねじれが「鏡」の機能を果たし、自営業層の自己イメージに大きな影響を与えている。こうした現象が生じる原因を解明するには、私営企業の特性を分析するとともに、中国の中でどのように私営経済が成長してきたかを明らかにしてゆく必要がある。

一九四九年に中華人民共和国が成立し、一時期私営経済は存在していたものの、農業合作化と社会主義改造の進展にともない、私有制が消滅し、公有制が実現した。

文化大革命が吹き荒れた時期には、私営経済は資本主義と同一視され、「資本主義の尾っぽ」と称されて、切り捨ての対象となった。

一九七九年の共産党第一一期三中全会以降、改革・開放政策がとられるようになると、農村から始まった生産責任制は改革のメルクマールとなり、私営経済が復興するきっかけとなった。しかし、経済的な制度は変化しても、人々の認識は必ずしも同じように変化せず、一種の「文化的ラグ」が存在した。長く左傾思想の影響を受けていたため、個体戸や私営企業家に対する偏見はなかなか消えなかった。

実際、一九八〇年代初期、私営経済が台頭し始めた際、世間では大きな議論になった。中央政府は「三年状況をみてみよう」とする方針を出し、「奨励せず、公に宣伝しないが、急いで取り締まりもしない」方針をとった。五年後、その方針は「存在を認め、利を採り、弊を押さえ、管理を強化して徐々に引導しよう」に変わった。

それ以降、中国共産党大会は私営経済を徐々に高く評価するようになり、第一四回大会では、「個々の所有制経済に市場への参加・競争に平等な機会を与えるべく、さまざまなタイプの企業を同一に扱わなければならない」とするアピールが採択された。同時に、現在の自営業者と過去の商工業者を単純に対比・同一視してはならず、社会主義改造の対象としてはならないとするアピールも採択された。

第一五回大会になると、「公有制経済の経済的な意義について、全面的に認識しなければならない」とされる。公有制を主としながら、多種多様な経済要素の共同発展を目標とし、社会主義初期段階の基本的な経済制度として公有制を位置づけつつも、私有経済など非公有制経済を社会主義市場経済にとって必要不可欠で、代替不可能な重要な要素として位置づけるようになったのである。つまり、私営経済は存在意義の薄い、公有制経済にとっての補助的要素ではなくなったのだ。

こうした認識や政策の変化の中に、自営業層に対する肯定的意識と否定的意識がみられることからも、自営業層が心理的ねじれを抱くのも当然である。

また、私営経済のここ二〇年の発展の軌跡からみても、自営業層が特殊な歴史環境と社会的条件のもとで生まれてきたため、人々が自営業者に対する「偏見」をもっていた事実を指摘しなければならない。

たとえば「不三不四干個体（ろくでもないから自営をする）」といったいわれ方は、あたかも自営業層が就職にあぶれ、解雇されたような人間で、身持ちも悪く、教育程度が低いかのような印象を与える。私営経済で搾取がみられるために、公有制経済下で働く人たちが不平感・後退感を抱くようになる。

また自営業層が最初に豊かになった階層であることもあって、他の階層との貧富の格差が生まれ、多くの人に相対的な剥奪感を抱かせている。違法経営をしたり、偽ブランド商品を生産して消費者をだます者がいるため、自営業層全体が悪いイメージで捉えられ、社会的に低く評価されるということもある。

以上のような事情から、自営業層の中に心理的なねじれが生まれているのであって、これも必然の産物である。

五　自営業層の成長効果と成長を阻害する要因

自営業発展の社会・経済的効果

ともあれ、今日の中国において自営業層が地歩を固め、社会・経済の発展に大きな力を発揮している事実は否定しえない。これは以下のような側面に如実に現れている。

第一に、前述のように、近年、政府が私営経済を発展させる方針を打ちだしていることもあって、自営業層が増えている。浙江省や福建省の経験が示しているように、沿海部の経済発展は私営経済の発展に負うところが大きく、中国全体の発展戦略にとっても重要である。

第二に、私営経済は産業構造の調整にとって重要な役割を果たしている。自営業比率がもっとも高いのが第三次産業で、このセクターの発展スピードがもっとも速い。

一九九〇年代、第三次産業に占める私営企業の比率は徐々に高くなっており、九〇年に二八・二%、九二年に三四・七%だったのが、九九年六月時点では、第三次産業に属する私営企業の数は七二万、従業員数八〇二・五万人、登録資本額は五、〇四八・三億元である。これは、それぞれ前年比二四・三%増、二三・五%増、一九・六%増にあたり、それぞれ全体の五六・三%、四五・〇%、六一・七%を占める（汝信他 2000：228）。このように、私営経済の発展は第三次産業比率を高め、国民経済の向上に寄与している。

第三に、私営経済の発展は、所有制構造の調整にとって有利である。

従来の社会主義路線においては「一大二公（大きく公有であることがよい）」とされ、公有制を徹底するあまり、私有制は消滅してしまった。そのため、現在の所有制構造の調整は、「公有制」企業の調整をも意味している。

実際、所有制構造の調整を促進するには、私営経済を発展させ、自営業者に国有企業や集団企業の改革に参加させるのが有効である。

一九九〇年代、浙江省は郷鎮企業の制度改革を行い、自営業層に国有・集団企業の改革に参加させた。また多くの小規模郷鎮企業を吸収・合併や株の売却、資本参加などによって非公有制企業に転換させた。現在でも「ニセ郷鎮企業」は存在しているが、新たに私営企業として登録したものも多く、省全体の所有構造の調整と経済発展の推進に大きな役割を果たしている（汝信他 2000：231）。

第四に、私営経済の発展によって社会移動が発生し、レイオフされた労働者が多くの就業機会を得ることになるため、社会的安定にとって有利である。

大中規模の国有企業改革が進む過程でリストラが進行し、レイオフされる労働者が急激に増加しているが、彼らの就業問題は社会問題化している。私営経済の発展は、彼らの就業問題を考える上でも重要な役割を果たしている。

多くの従業員がリストラされた後に個体戸となり、たとえば大都市で商業やサービス業、飲食業などの経営に従事したとすれば、都市生活が便利で快適になるだけでなく、彼らも新しい就業ルートを獲得することになる。

自営業の発展を妨げるもの

今日、自営業層は数量的に増加しているが、その供給源にも大きな変化が生じている。構造調整とリストラのあおりを受けて自営を始めた者もおり、彼らが受けた教育水準、身に付けた技能、社会的な責任は総じて高い。大学や大学院を卒業した後、みずからビジネスを立ち上げ、ハイテク産業に従事している者も増えている。

もっとも、自営業層に対する人々の認識も徐々に高まっているとはいえ、自営をする上での障害については、人によって認識が異なっている。

興味深いことに、調査の中で「自営業層は十分な自由を得ていない」とする文言を設けたところ、一般サンプルは二三・六％が賛成したのに対して、自営業層の場合には思いあたる節があるのだろう、五五・二％が「そうだ」と回答している。つまり、回答者の半数以上が十分な自由を得ていないという感覚をもっており、この点への注意が必要だろう。

実際、すでにみたように、政策そのものは明確に定められているものの、自営業の発展にとっては依然として障害となることがあり、彼らは平等な競争を行いえていないと感じている。

たとえば、一部の官僚は中央政府の政策を捻じ曲げ、みずからの権力を利用して金銭を得ようとしている。こうした腐敗現象は依然として存在しており、その分、自営がやりにくくなっている。

また、自営業者に対する社会的な偏見も依然として存在している。一部の国有企業が依然として「国営」の看板をおろさないのは、自営業者に対する偏見と蔑視が残っているからである。

もちろん自営業層にとって、自業自得といわざるをえない部分もある。「勢い余って」偽ブランド品を作る者もいれば、違法行為を行い、贈賄をして利益を得ようとしている企業もある。生産量は上がったものの品質がともなわず、企業規模は拡大したものの、経営手法が未熟で経営効率が上がらないといった問題もある。これらはみな、自営業層拡大にとっての制約条件となる。

六　おわりに

中国の改革・開放の過程で、自営業層が出現・発展したのは「自然な歴史的過程」であり、意図的に作りだされたものではない。これからも、自営業層は今後とも大いに増大すると考えられる。

社会主義公有制を主とし、大中規模の国有企業を活性化させると同時に、良好な条件を整えて私営経済を発展させることは、結果的に国力を増強させることになる。われわれが私営経済の健全な発展を保証する環境を作り、自営業層自身も不断の経営努力を重ねることによって、社会・経済はより健全な方向へと向かってゆくだろう。

私営経済には発展の余地があり、今後とも経済成長の牽引車であり続けるだろう。自営業層は、こうした経済成長の過程で、徐々に階層として成熟してゆくのである。

（1）登録資本額の値は、物価上昇分の要因を除去する前の数値である。

（2）データは中産階級調査の中から、個体戸か私営企業で勤務している者を抜きだしたものである。

（3）一般サンプル調査にはさまざまな職業や年齢、性別が含まれており、本章で「平均」という場合、この一般サンプル調査の結果を示すものとする。

（4）この二つの数字は、調査の過程で自己申告によって得られたもので、実際の数値よりも低いものと予想される。

（園田茂人訳）

第三章　白領《ホワイトカラー》の形成とそのアイデンティティ

――上海市のケースから――

呂　大　樂

一　はじめに

経済改革の結果、現代中国で中産階級が台頭している事実をめぐって、アカデミズムのみならずジャーナリズムでも盛んに議論が行われている(1)。

本章では、計画経済から市場経済への移行過程で台頭しつつある中産階級――中国語では「白領《パイリン》」と呼ばれている――について論じることにする。具体的には、管理職、専門職、行政職に就く五〇名を対象に行った集中的なインタビューから得られた知見をもちい、社会主義中国でもっとも重要でモダンな都市、上海における中産階級の形成を議論する。

本章の論議は三つの部分から成り立っている。

最初に、社会主義社会の階級分析に関する簡単な文献レビューを行う。その結果、社会主義社会の階級構造を首尾よく説明できる理論がなく、階級形成のプロセスに関する分析が不足している点を指摘することになる。

第二に、調査対象となった上海の中産階級のキャリア・パスが多様であり、こうした多様性が中産階級の形成プロセスに大きな影響を与えている点を議論する。

そして第三に、こうした移動経験が上海における中産階級のアイデンティティ形成にどのような意味をもっているかについて論じる。

詳細な議論を始める前に、まず上海の経済的・社会的な条件について一瞥することにしよう。

二　上海の経済的・社会的条件

改革下の上海

中国の経済改革は一九七八年、広東に始まるが、これは農村部から大都市圏、中国全土へと徐々に拡がって行った。

上海で市場経済化への動きが始まったのは比較的遅かったものの、ここ数年の変化は劇的である（表3―1、表3―2参照）。

三つの直轄都市の中でも、[2] 上海の経済力は突出している。

GDP、一人当たりGDP、全固定投資資産額、全従業員数のいずれにおいても、上海の値がもっとも高い。GDPに関する公式統計によれば、北京では第三次産業比率が高いものの、上海の場合、依然として第二次産業比率が高く、急速に第三次産業比率が高くなっている。全従業員数の統計をみても、同様の傾向がみられる。また興味深いことにも、上海は一人当たり可処分所得額と年間貯蓄額が中国国内でもっとも高い。

表３—１　上海と他の直轄都市との主な指標による比較（1998年）

	北　京	天　津	上　海
年度末人口（万人）	1,091.50	905.09	1,306.58
全従業員数（万人）	622.16	508.10	836.21
うち第一次産業（%）	11.48	10.40	12.44
うち第二次産業（%）	36.32	51.63	46.03
うち第三次産業（%）	52.19	37.97	41.53
ＧＤＰ（億元）	2,011.31	1,340.70	3,688.20
うち第一次産業（%）	4.30	5.82	2.13
うち第二次産業（%）	39.12	49.08	50.08
うち第三次産業（%）	56.58	45.10	47.79
一人当たりＧＤＰ（元）	18,478	14,041	28,840
全固定資産投資額（億元）	1,115.34	575.86	1,964.83
地方税収（億元）	227.33	101.40	392.22
年間貯蓄額（億元）	2,287.19	1,020.14	2,372.94
小売り業者数（万軒）	18.05	16.06	17.67
年度末海外投資総額（億米ドル）		107.89	246.81
一人当たり可処分所得額（元）	8,471.98	7,111.00	8,773.10
一人当たり居住面積（㎡）	10.03	8.26	9.70

出典：『上海統計年鑑』1999年度版。

表３—２　企業タイプ別従業員数（1988年度末）

	全　国	北　京	天　津	上　海	広　東
都市部の従業員数（万人）	20,678	463.3	253.9	446.8	1,104.4
うち国有企業（%）	43.81	66.50	54.23	53.40	42.98
うち集団企業（%）	9.49	11.01	14.30	10.59	12.56
うちその他の企業（%）	5.21	10.73	7.17	10.56	6.47
うち私営企業（%）	4.71	0.99	7.56	11.75	11.45
うち香港・マカオ・台湾系企業(%)	1.42	2.83	3.15	3.78	8.96
うちそれ以外の外資系企業(%)	1.42	4.58	7.17	7.90	3.50
うち自営業者（%）	10.92	3.35	6.34	1.97	14.03

出典：『上海統計年鑑』1999年度版。

表３―３　主な年別にみた全従業員数とその産業別構成（1980～97年）

	1980年	1985年	1990年	1992年	1995年	1997年
全従業員数（万人）	730.77	775.53	787.72	806.91	794.19	847.25
うち第一次産業（%）	29.02	16.35	11.08	9.59	9.85	12.71
うち第二次産業（%）	48.56	57.43	59.29	58.34	54.47	49.10
うち第三次産業（%）	22.42	26.22	29.63	32.07	35.68	38.19

（注）　1996年に上海市は郊外の地域を合併したため，1997年時点で第一次産業比率が上昇している。

出典：『上海統計年鑑』1996年度版、1998年度版。

表３―２が示しているように、三つの直轄都市すべてで国有企業従業員の比率が高い。国有企業従業員比率は、すべての都市で半分を超え、全国平均を上回っている。集団企業に勤務する従業員の割合も、全国平均より高い。

海外、特に香港と台湾からの投資が多い広東と比べても、上海における外資系企業の従業員比率は高い。私営企業に働く従業員の比率も、他の都市に比べて高いといった特徴がある。

上海では、改革期に入ってから第三次産業が発達し、農業部門が衰退していった。市場改革が始まる以前の段階で、上海はもっとも工業化が進んでいた。一九八〇年代、農村工業化が進展する過程で、第二次産業での雇用が拡大し、第一次産業の労働力を吸収していったのである（表３―３参照）。

雇用構造の変動と「白領」の誕生

工業化によって生じたのは、産業構造の変化だけではない。異なった所有形態の企業や組織の間で、大量の労働力移動が生じるようになった。国有セクターは依然として最大の労働力を吸収しているものの、市場改革が始まってから、特に一九九二年以降、非国有セクターも雇用吸収力を急速に拡大させている。

国有企業や集団企業における雇用吸収力の低下にともない、一九九〇年代になって非国有セクターが多くの労働力を吸収してきたことは、図３―１からも明ら

図３―１　所有形態別にみた従業員数の変遷（単位：万人）

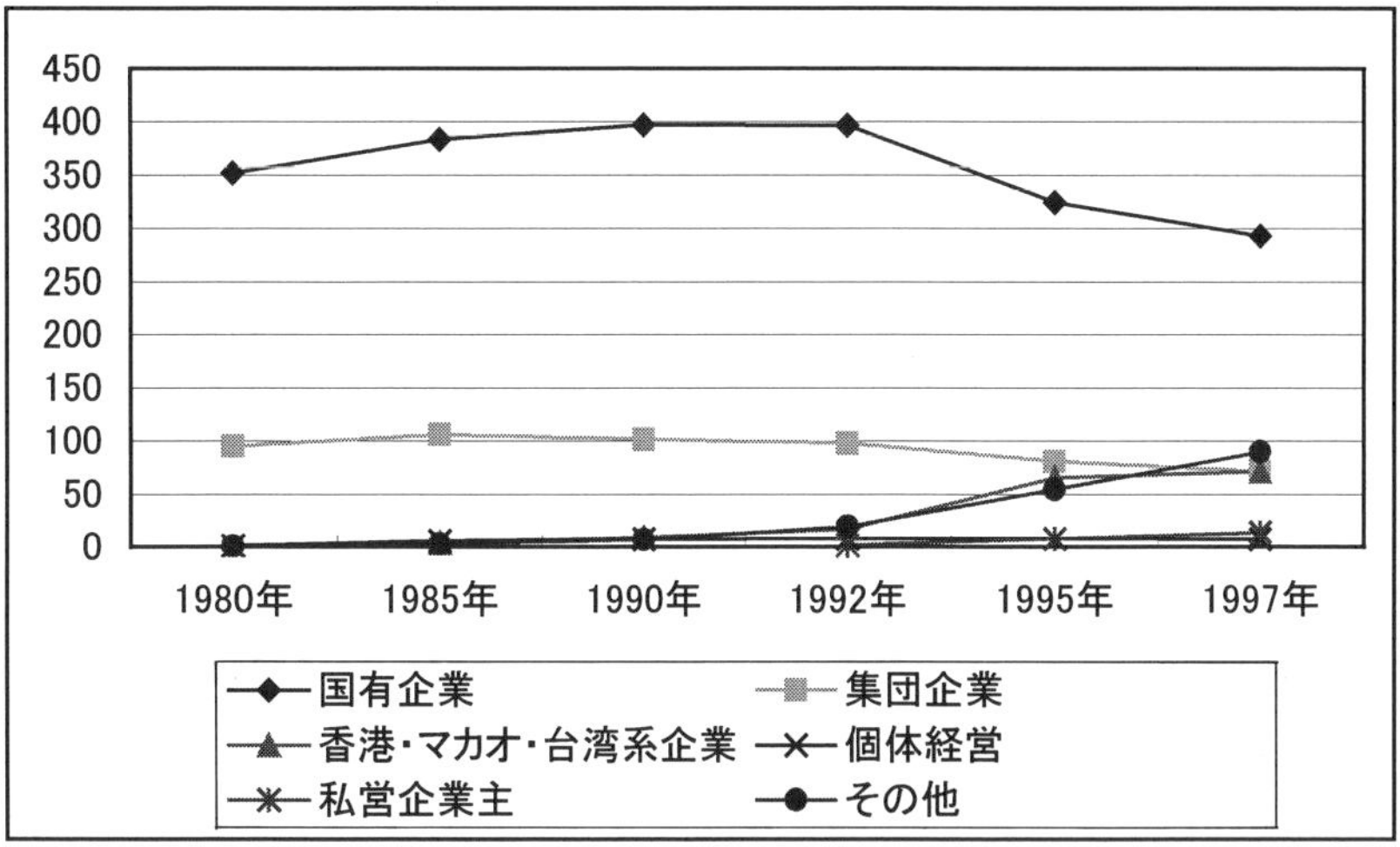

出典：『上海統計年鑑』1996年度版、1998年度版。

図３―２　所有形態別にみた新規採用者数の変遷（単位：万人）

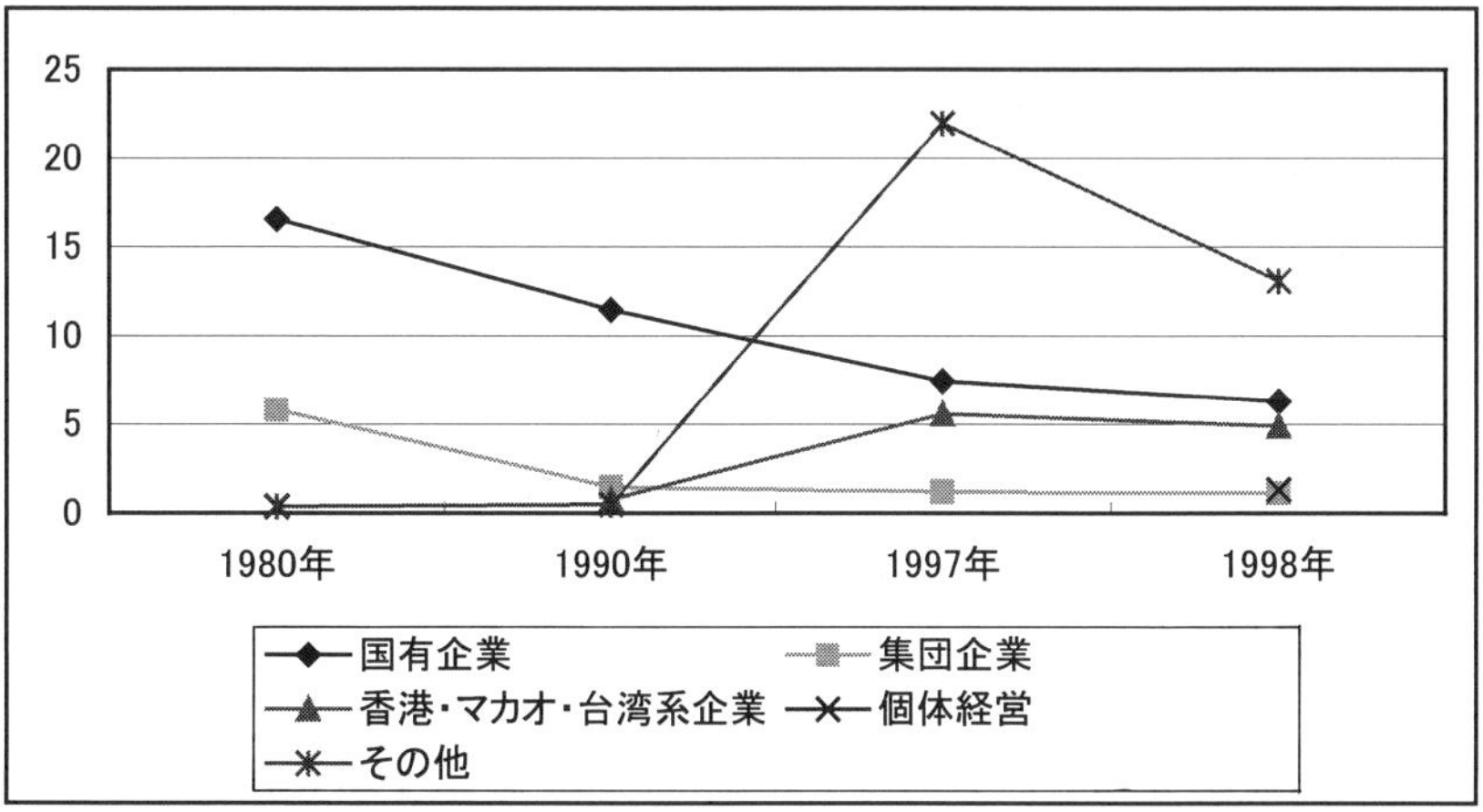

出典：『上海統計年鑑』1999年度版。

表3—4　セクター別にみた従業員一人当たり平均年収（単位：元）

	全　体	国有企業	集団企業	外資系企業	うち香港・マカオ・台湾系企業
工　　業	10,404	10,408	10,300	12,526	10,260
運輸・輸送	15,833	16,570	8,872	24,976	16,152
小　　売	22,959	15,035	14,894	28,486	28,300
銀行・金融	23,785	22,503	18,053	34,127	32,338
教　　育	13,816	13,834	10,690	14,239	14,239
放送・映画	18,362	18,720	12,669	12,653	16,232
政府・組織	15,151	15,159	12,798	—	16,019

出典：『上海統計年鑑』1999年度版。

かである（もっとも、自営業者比率はここ数年若干低下しているが）。市場化されたセクターの役割が徐々に増しているのである。

図3—2の統計数値をみてもわかるように、上海の市部では国有企業の従業員比率は低下しており、その代わりに私営セクターが急速に上昇している。ここで、国有企業以上に外資系企業で働く従業員の賃金が、相対的に高い点に注してておきたい（表3—4参照）。

このような雇用構造の変動によって、中国語で「白領《パイリン》」と呼ばれる新しい階級が出現することになった。この階級は、現地の新聞や定期刊行物では、「ゴールドカラー」と表現されている。

彼らは、減少しつつある国有企業の「老」幹部とは対照的だ。賃金は高いし、労働条件もよい。生活様式も西洋風である。

ともあれ、中国におけるホワイトカラーの誕生を議論するにあたって、上海は格好の対象となっている。

三　社会主義社会における階級構造

「新しい階級論」批判

本来階級分析は、社会主義イデオロギーにとってきわめて重要である。しかし、階級分析は——多分、トロツキストを除いて——社会主義以前の社会に関わるものであって、社会主義革命は搾取をなくし、階級格差の廃絶を目指すものだと解されていたため、社会主義社会で階級分析の理論的考察が行われることはなかった(3)。

ところが東欧の社会主義社会では、主に反体制的な人物や亡命者によって階級分析が試みられ、時に国家社会主義に対するイデオロギー的な武器となってきた。「新しい階級論」は、こうした階級分析の一類型である(4)。

もっとも新しい階級をどう捉えるかについては、いくつかのアプローチがある（Szelenyi 1986-87, 1987）。新しい階級論は、基本的に政治エリートの構成とその役割を分析するものであって、知識人が「知識の名のもとに」支配を行うものと仮定している。その意味で、新しい階級論は階級分析の理論ではなく、支配エリートの分析である。

たとえばジラス（Djilas 1957）は、労働者によって生みだされた余剰がいかに官僚によって私物化されているかを問題にする。セレニーらは知識人の地位と役割を探っていながら、彼らも、(1)社会主義社会における階級構造の構造化過程（知識が階級間の不平等を生みだすのはなぜか、そしてどのようなプロセスを通じてか）(5)や(2)階級間関係の特質（官僚は労働者階級を搾取しているのか、再分配経済がどのような社会経済的メカニズムによって搾取—被搾取の関係を生みだしているのか）、(3)政治領域における階級利害の表出などを議論の対象としていない。

この新しい階級論は、市場経済への移行過程にある社会主義経済を分析する理論としては説明力に乏しい。しかも中産階級の台頭を理解するにあたって、ほとんど効力を発揮しない。

中国における階級分析の歴史

もっとも中国の場合、若干事情が異なる。社会主義革命後、とくに毛沢東主義が失墜するまで、中国では階級分析が政治的イデオロギーとして大きな役割を演じてきた(6)。一九四九年以降、階級分析の用語は、(1)旧ブルジョワジーや地主、国民党員を攻撃する共産党、(2)党内で新たな特権階級として台頭してきた人々を攻撃する毛沢東主義者、(3)「特権層」の存在を隠蔽しようとする党官僚たち（Kraus 1977 : 59）によって武器として使われてきたのである。

ところが鄧小平が復権し、経済改革が始まってからというもの、毛沢東主義者を含むマルクス主義者たちは、政治の表舞台や学術調査の中で階級分析をしなくなってしまった。階級分析——あるいは労働者階級にとっての階級敵を特定化すること——は極左によるイデオロギー工作とみなされるようになり、文化大革命が公式に否定されてからというもの、社会科学者は階級分析を行わなくなってしまったのだ。

一九九〇年代になって、中国で再び階級分析が行われるようになったが、これは経済改革と市場経済化が進行する過程で社会的不平等が増大し、私営企業家や外資系企業の管理職など、新たな集団が台頭してきたことを反映していると思われる(7)。

市場経済化と「単位」制度の変容

もっとも、市場経済化の中でどのように社会構造が変化してきたかをみる前に、市場改革が社会主義制度に及ぼす「二重の」インパクトについて言及しておく必要があるだろう。

市場経済化によって、一方で従来の硬直した「単位《タンウェイ》（職場）」制度——都市の労働者は経済的、政治的、社会的にこの「単位」に依存してきたのだが——が再組織化されるようになった。「単位」は資源の配置を行う重要な窓口であり、住宅や子どもの教育など、資源の配分を通じて個人の生活機会に大きな影響を与えてきた。この「単位」制度は多くの点で人々の生活を変えるものであった（Bian 1990；Walder 1986）。

第一に、すでに述べたように、労働者は「単位」に従属するようになった。第二に、労働者階級のために平等主義的な社会システムが作られたとはいえ、皮肉なことに、能力や仕事への貢献度によってではなく、身分——国有企業で働いているか否か——に基づく階層システムが出来上がることになった。社会主義社会が身分制社会へと転換したことで、個々の願望を実現する機会が狭められることになったのだ。

ところが市場経済が導入され、国有企業や雇用制度が再編成される過程で、国家や政治によっては全面的に管理されない、新たな機会と就業構造が生みだされることになった。このような社会構造の変動は、「身分から契約へ」（朱光磊編 1994）と表現されている。

多くの知識人や評論家がこの過程を肯定的に捉えている理由を理解するには、こうした背景を押さえておかなければならないだろう。市場経済化に端を発した社会の再組織化は、旧い社会主義制度に吹き込まれた新鮮な空気のようなものとみなされているのだ。

「政治資本」の脆弱化と新たな階層の誕生

市場経済化によって生じた社会変動を考えるにあたって、第二に、社会的ネットワークや政治との結びつきといった「政治資本」が個人の人生にとって決定的ではなくなりつつある点を指摘しておく必要があるだろう。(8) 市場経済化の過程で、「単位」制度の中でみられたパトロン—クライアント関係が、徐々に力を失ってきているのである。

しかも、官僚の腐敗に代表される社会的・政治的な結びつきが依然重視されているとはいえ、市場経済化の過程で、幹部が「政治資本」を利用してみずからの権益を守ろうとする必要性は徐々に薄れてきている。この点については多くの議論がなされているが[9]、重要なのは、従来の国家社会主義ががっちりした階層制度をもっていたのに対して、市場経済化は国家による管理を弱める過程とみなされている点だ。

第三に、国有セクターを改革し、私営経済を創出したことで、個体戸や私営企業家、非国有セクターの管理職など新しい階層が形成されている。

この新しい階層は、今までにない価値観や世界観をもつものとされている。たとえば、みずからの階級的な利益を追求するため国家から自律的であろうとし、経済的な利益を追求するために、今まで以上に個人の自由を得ようとしているといわれるが、これこそ社会主義中国に市民社会を生みだしている勢力にほかならない。

また、この階層はみずからの利益を追求するために法や契約を重視している。彼らの利益や行為戦略は、権威主義国家に依存している国有企業労働者とは異なっている。

この「新興富裕層」がどの程度階級たりえているかについて、研究者の意見は一致していない（李培林 1995）。しかし、この新興階層が社会主義下の社会構造を理解する上で新しい問題を投げかけているとすることに、異論をさしはさむ研究者はほとんどいない。

市場化の過程で資源分配のメカニズムが変化していることを典型的に示すこの階層は（Li 1999）、改革を支持し、国家のもつさまざまな権限の削減を主張しているものとされる。しかし、国家は依然として経済領域で重要な役割を演じ続けており、私営企業家のかなりの数が、さまざまなレベルの党幹部出身者である（ibid : 152）。

一部の市場経済論者による主張とは異なり、中国における市場改革は国家権力を縮小させていないし、自律的な民間セクターを生みだしてもいない。むしろ国家の側が、官僚組織を巧みに利用しながら、民間セクターの活力を積極的に利用していると理解すべきだろう。その結果、民間セクターは多くのルートを通じて国家との結びつきを維持し、政治的、政策的に不安的な環境にあってみずからの利益を守ろうとしている。

実際、市場経済化が今後どうなるかは不安定なところが多いとはいえ、国家幹部との個人的コネ――「関係《グァンシ》」と呼ばれる――や組織的な結びつきが、中国でビジネスを行うにあたり戦略的に重要だとされている。多くの党幹部や国家幹部は、物資的利益のためにみずからの地位を最大限利用し、経済的な便益を得るために「政治資本」を個人的な資産へと変換しうるからである。

それだけでない。こうした状況において、多くの党幹部や国家幹部は新しく台頭しつつある民間セクターを結びつける機能も果たしている。権力者との関係を利用することで、今まで以上に経済的な力をもつようになったのである。

このように、市場改革の過程は「政治資本」の有効性を失効させてはいない。物質的利益を追求し、階級的地位を高めるのに、「政治資本」は依然として有効なのだ。それどころか、こうした状況が、「政治資本」が経済的利益に結びつく新たな機会を生みだしているともいえる。

市場経済化の進展によって国家権力が弱まり、新たな競争機会が増えるとする議論は一面的である。市場経済化は、新しい階級――「政治資本」をもっているために、市場で高い収入と新たな特権的地位を獲得しうる階級――を台頭させることになったのである(10)。

市場移行論の射程と限界

社会主義市場経済下の社会階層を理解するにあたり、理論的示唆に富む議論として市場移行論（market transition thesis）がある。

もともとこの議論は、経済改革後の再分配力の衰退や、幹部の社会的地位の低下を予想するものであった（Nee 1989）。これに対して、幹部の地位に変化はなく、社会経済的地位や高収入を手に入れるために党籍は依然として必要だとする批判もあり、この二つの対立する見方が出ることによって、社会主義市場経済下の階層秩序をめぐる諸仮説が生まれることになった。

現代中国の社会階層を議論する際、所得（Nee 1989, 1991, 1996；Walder 1995）や住居などの福利厚生（Lin and Bian 1991；Bian 1994）、キャリアの機会（Walder 1995；周怡 1997）など、多くの変数がもちいられているが、市場移行論は、徳治主義か実力主義か（Shirk 1993）、すなわち、誰がどのようなルートで出世するのか――教育達成を通じてか、党籍の取得によってか――に強い関心をもつ（Walder 1995；Bian 1994；Lin and Bian 1991）。

V・ニーは、社会変動分析の際にもちいられる「経路依存（path dependence）」という概念を援用することによって、市場移行論を擁護しようとする。ニーによれば、「新しい体制に旧い要素があることが問題なのではない。この点については、すでに市場移行の枠組みの中に取り込まれているからだ。新しく生まれつつある制度的枠組みの中で、どのような要素が既存の階層秩序を変化・強化しているかを明らかにすることこそ大切なのだ」（Nee and Yang 2000：801）という。

こうした工夫によって、市場移行論は権力が維持・変容する可能性を分析に取り込むことになったが、その結果、分析力が上昇したかといえば、議論が分かれるところである。

政治資本の衰退と権力の維持・変容が両立しうるとする議論は、明らかに歯切れが悪い。しかも市場移行論は元来社会主義下の社会階層をめぐる制度的配置に関する議論であって、新しい階級論同様、社会主義社会の階級論そのものではない。

とはいえ、こうした制度分析は、社会主義市場経済下における階級構造をより体系的、統合的に捉え、階級間の不平等を生みだす社会経済的メカニズムを明らかにする際の格好の出発点となりうる。また中産階級へいたるキャリア・パスなど、中産階級形成を決定する社会経済的プロセスを理解する際の、重要な手がかりとなる。

四　市場移行の過程でみられる多様なキャリア・パス

市場改革は、再配分経済の下で硬直化していた労働市場を流動化させ、階級構造に影響を与えている。市場改革後、われわれのインタビュー協力者の転職率は明らかに高くなっている。

われわれの調査に協力してくれた五〇名のうち、転職を経験しているのは三六名。そのうち五名は、少なくても三回職場を変えている。転職経験のない一四名のうち八名は、大学卒業後現在の職場にやってきてから四年たっていない。三回以上転職をしている五名すべてが、現在非国有セクターにいる。

以下では、転職を国有セクター内、非国有セクター内、国有セクター・非国有セクター間の三つのカテゴリーに分けた上で分析を進めてゆく。

国有セクター内での転職

社会主義国家では、人事部門が就職機会を割り当てる権限をもっている（Walder 1986 ; Djilas 1957）。労働市場を通じてではなく、計画によって、人々は人事部門からさまざまな職務を割り振られてきた。

仕事の割り当てや異動にとって、政治的な審査はその第一ステップとなる（Shirk 1982 ; Walder 1986）。大学の卒業生は、大学から職業を与えられる場合と、個々の学業成績や社会活動や政治活動への参加、イデオロギー状況などを把握する指導教員によって割りあてられる場合とがある。

経済改革以降、人々は個別「単位」との交渉を通じて、好きな職業につく自由を徐々に獲得しつつあり、従来以上に学歴が重視されつつある。

こうした知見を踏まえ、A・ウォルダー（Walder 1995）は中国の都市部にはエリート選抜の方法が二つあると主張する。一つは、資格が決定的に重要となる専門職としてのキャリア、もう一つは社会的・政治的な資格が重視されている行政職としてのキャリアがこれである。

ウォルダーは最近の論文で、先の命題を検討するためライフヒストリー・データを利用し、専門職と行政職とでは、成功のために必要とされる要件は明らかに異なっていると指摘している。後者にとっては政治的な忠誠が重要なのに対して、前者にとっては教育達成が必要不可欠となっているというのである。

国有セクター内での転職に関しては、現在も人事制度がキャリア・パスに大きな影響を及ぼしている。転職にまつわる調査協力者の発言の中に、その影響の大きさをみて取ることができるからだ。

しかし、転職が産業や省、都市―農村の枠を超えて生じるようになると、人事制度の効果も部分的なものとなる。というのも、既存の制度は個々の地域や産業を基盤としているからである。そのため、幹部養成プログラムや公募といった方法が利用されることになる。

たとえば、尹氏のケースをみてみよう。

尹氏は一九六二年生まれ。八四年に華東師範大学を卒業、数学の学位を取得した。その後、中学へ配属され、数学教師として勤務した。八九年、公募で国有の商業銀行へ転職、保険部門に配属された。商業銀行に異動した直後、保険会社の立ち上げ業務に従事。この保険会社は九一年の四月、国有の株式会社として設立されることになった。新設部門で働く機会を与えられたこともあって、尹氏の出世は早かった。一〇年しないうちに会社は急成長、本人は再保険部の部長となった。昔の国有企業に残っていたなら、部長への昇進機会を手にすることはなかっただろう。

尹氏は現在、共産党への入党を申請中である。部長になるまで、「政治的なチケット」をまったくもっていなかったからだ。会社が計画したMBA取得プログラムに参加しようとも思っている。

尹氏は国有企業改革の恩恵を受け、教育産業から金融業へと転職するチャンスをつかんだ。この種の転職は、一般には大変むずかしい。しかし尹氏の場合、その学歴がものをいった。

外資系企業への転職

外資系企業へ転職をした事例として、次の二人のケースがある。

黄氏は、現在、三二歳。一九歳で大学に入学、貿易や商業について勉強した。卒業後、外資系銀行の上海支店に入社した。

三年後、二六歳になった彼は、公募で薬品関係の中米合弁会社の支店に入社、輸出入部門の課長代理となった。一年後ドイツとの合弁企業へ転職、サービス部門の課長として勤務するようになった。同時に、週二回半日のMBAプログラムに参加、勤務経験とMBAという資格をバックに、今度はアメリカ商社に「ヘッドハンティング」され、現在の会社に勤務するようになった。

また倪女史の場合、国有企業の製造労働者から合弁企業の管理職へと上昇移動を経験している。一九六八年、当時一八歳だった彼女は、中学卒業後、大きな紡績工場の一労働者として働くようになった。一〇年後、娘の世話をするために、自宅にほど近いタオル工場へと職場を変えた。後に工場の党支部書記となり、徐々に昇進していった。三年前、大きな合弁企業のCEO（最高経営責任者）に推挙された。

倪女史は、現在四九歳。文化大革命前には中学を出ただけだったので、文化大革命後、高等教育を受ける機会を得た。一九八〇年代に大学教育を受け、三〇歳代で共産党に入党した。

合弁企業の管理職となる機会は、経済の大きな流れの中で生まれた。彼女は、ある意味で、管理職につく立場にあったのである。

私営セクターへの転職

専門職についた事例としては、ケース29がある。

ケース29は大学の法学部出身で法学士の学位をもつ。最初、政府機関で働いたが、後になって、海外へ行こうと思い、仕事を辞めた。一時独立して商売を始めたが、（一九九五年以降）友人の紹介を通じ、今までの職業である弁護士として働いている。

また自営業者になった事例として、ケース51がある。

ケース51は、復旦大学のコンピュータ・サイエンス系学部を卒業後、国有企業に入社した。仕事はそれほどきつくなかったため、一九九一年にコンピュータ・サイエンスの修士号を取得するため、復旦大学に戻った。修士学を取得した後、彼はみずからビジネスを立ち上げる準備を始めた。現在、マルチメディア会社を設立し、友人たちとともに経営する計画を立てている。

以上の観察は、少なくとも部分的に、ウォルダーら（Walder, Li, and Treiman 2000）の議論に一致している。市場経済への移行過程であるがゆえに労働市場が十分に機能している、していないといった類の議論――ここでも権力が持続するとか変容するかいった議論が関係してくるのだが――は、まったく的外れである。

実際、多くの場合、政治資本と文化資本はまったくの別物ではない。現在の上海には、中産階級に行き着くルートは多くあり、階層秩序は安定的な状態からは程遠い。これが階級意識の形成に対して影響を与えているのだが、これを以下でみてみることにしよう。

五　「白領」の階級帰属意識

「白領」の社会経済的特徴

われわれのインフォーマントの多くが、「白領」の文化的特徴だけでなく、その社会経済的特性まで詳しく述べている。

「『白領』と自営業者、幹部は、それぞれまったく違ったグループですね。『白領』は外資とともに輸入された言葉ですよ。外国では『ヤッピー』というんじゃないですか。幹部というと、役人というイメージ。国有企業労働者というと失業というイメージですね。『白領』はいい生活をしているので、高校生はみな『白領』になることを夢見ていますよ」。

「『白領』っていうのは、民間企業のオフィスで働く人たちのことじゃないですか。そうしたイメージがありますね。服装がきれいで、ファッショナブルな場所に行く。お金もあって、MBA取得のためにお金を費やすなど、教育に投資していると思います。市場で高く評価されるような授業なら、高い学費も払おうとするでしょう」。

「何はともあれ、収入が高い。次に、銀行や金融、株取引などの仕事に従事している、経営スタッフといったイメージですね。『白領』と呼ばれるには、ある程度の地位についていないとだめでしょう。お金があるだけではダメですね。そして、流行を追い、消費水準が高くて……自分たちなりの好みがあるといった印象があります」。

インフォーマントの多くが強調する「白領」の特徴としては、(1)収入（少なくとも月収六、〇〇〇元）、(2)勤務している会社のタイプ（特に外資系企業）、(3)教育（大卒あるいはそれ以上）、(4)労働の性質（肉体労働と非肉体労働の峻別）、(5)ライフスタイルと消費（特にブランド品の利用）などがある。この新しい階級の出現に気づいている者が多いのだ。しかし当人が「白領」としてのアイデンティティをもっているかといえば、そうではない。そこには、みずからのキャリアが大きく関わっているからである。

国有企業管理職の階級帰属意識

たとえば国有企業の管理職の場合、職場が矛盾する特徴をもっているがゆえに、「白領」としての自己認識をもちにくくなっている。計画経済部門に所属し、関連する人事制度のもとで働いていながら、企業自身が市場改革のあおりを受けているため、国有企業の管理職は「典型的な『白領』」とは異なった立場に置かれているのである。彼（女）らは、徐々に市場の影響を受けつつあるとはいえ、依然として競争が少なく、収入と働きとが直接結びついていない職場で働いている。

ところが彼（女）らは、経営者と似た立場に置かれている。実際、国有企業の中には大卒の管理職も多く、経営に通じ比較的高い給与を受けている者も少なくない。この点では、少なくても部分的には、外資系企業の管理職と同じ特徴をもっている。

このような矛盾した特徴をもっているため、国有企業の管理職は明確な階級意識を抱くにはいたっていない。たとえば、大規模国有保険会社の再保険部門の部長である尹氏は、みずからの感情について、次のように述べている。「私にとって、『白領』は外資系企業で働き、職場でスーツを着ている印象があります」。

また「白領」はどの程度開かれたものなのかを質問すると、「自分は『白領』ではない」といって、次のように続けた。「私たちの職場には行政上の等級があり、資格と職歴が大変重要となっています。ですから、競争は『白領』ほど開かれておらず、私自身は『白領』だとは思っていません。私は単なる事務職で、職場の地位が少しだけ高く、管理業務があるだけの、普通の従業員なのです」。

ここで考えてみたいのは、尹氏が「白領」と共通しているとして指摘した点である。つまり、「職場の地位が少しだけ高く、管理業務がある」とした点だ。

インタビューの最後の部分で、彼は自分が国有企業の「幹部」でないと指摘し、みずからの立場を政府や党の官僚と対比して、次のように述べている。

「収入は、……官僚より多いでしょう。でも、彼らには『灰色の所得』があり、管轄下の企業からいろいろな便宜を受けていますから、収入だけの比較には意味がありませんね」。官僚との違いについては、「官僚は閉じた世界に住んでいて……毎日お茶を飲み、新聞を読んで、たわいもない話をしているところ」。

自分は「白領」でないと断言する、ケース10のような事例もある。

この人物の場合、国有企業には「白領」はいないという。収入が働き具合と結びついているかどうかが重要だというのだ。「国有企業では、従業員の収入は働き具合とはほとんど結びついていませんからね」。

また、国有企業の管理職と「白領」の違いは、コンピュータの技能や言語能力、高等教育、仕事に対する態度、消費パターン、それに社会的なマナーに現れているという。「私がどちらの階級に属しているか、判断はむずかしいですね。『白領』ではないし、ブルーカラーでもない。職業管理職、いや巨大な国家官僚制の中の一従業員といったところでしょうか」。

彼はまた、行動様式や思考様式の違いを強調する。「私の行動様式や考え方は、大きな国家制度の中で形作られましたから、今外資系企業で働いたとしても、正直うまくいかないのじゃないかと思っています」。

彼は、国有企業の管理職と外資系企業の管理職の間に給与の格差があったとしても、十分に納得できるとして、次のように述べる。「私たちは官僚として、閉鎖的なシステムの中で暮してきました。他人に仕事振りをアピールする必要はありませんでしたし、何か問題が生じれば、上級機関にいけば解決してくれます。もっとも解決しなければ、知らないふりをすればいいのですが」。

外資系企業管理職の階級帰属意識

卒業後すぐ外資系企業に勤務するようになった若い人たちにとって、自分たちが「白領」であるという意識をもつことは困難なことではない。実際、一般の人々からは、典型的な「白領」とみなされることが多い。たとえばケース40の場合、ある合弁企業でマーケティング担当の重役をしているが、自分は「白領」だとして、次のように述べている。「私は『白領』でしょうね。外見といい、頭脳労働を中心にした職業といい」。

この人物によれば、国有企業にもホワイトカラーがいるが、「白領」という言葉は外資系企業の従業員を指す場合が多いという。

またケース2によれば、「『白領』は一種のエリートで、高学歴、しかも比較的開放的な考え方をもっています」。自分は「白領」に似てはいるが、まだ完全な「白領」ではない。なぜなら「教育が高くても、それだけではダメだからです。地位が高くなければ……だから後に私が『白領』になる可能性は残っているのです」。

これに対して、国有企業で勤務経験をもつ非国有セクターの管理職は、少し違った考え方をもっている。ケース48は、日系企業が一〇〇％出資した小さな会社で、経理担当の課長をしている。彼女によれば、「中国人の目からみると私は管理職ですが、日本人の目からみると、行政スタッフにすぎません」。

ケース48は仕事の性質や収入の面から、自分は「白領」であると感じているものの、「典型的な『白領』」然と振舞う人間が周囲にほとんどいないとも感じている。また自分の消費パターンが（新聞記者で服装がきれい、しかも多くのお金を娯楽に費やしている、二八歳になる自分の妹のような）年若い役職者たちとは異なっている点も強調している。

ケース41は、職業的には「白領」だと考えている。彼女は、「白領」には会社のCEO（最高経営責任者）や（自分自身がそうである）管理職、（夫がそうである）学校の校長、大学の教授などが含まれるとしている。「教育は大学卒業以上でなければなりませんが、収入や消費は勤務先や職場環境によって異なります」。

自分自身は「白領」だが、「多分、国家機関の影響を強く受けているからでしょう、私はいつも自分が幹部のような存在だと感じています」。

六　おわりに

興味深いことに、「白領」が新興階級であり、収入が高く、よい職業につき、消費に旺盛な人々だと思われていながら、自分を「白領」であると思っている調査対象者はさほど多くない。国家部門と非国家部門の違いも大きいようだ。

また、調査協力者の多くは、「白領」を民間企業や外資系企業の役職者など、より限定的に捉えようとしている。職場が国有かそうでないかは、時に役職以上に重視されている。

加えて、「白領」との対比で自己定義している対象者が多かった。そうすることで、自分が獲得したものとしていないものを確認しているようだ。

「白領」としての階級意識が以前よりも強くなっていることを示す証拠はほとんどない。現時点で「白領」は、上海の中産階級を結びつける基盤とはなりえていない。

社会移動の経験が多様であるからであろう、上海の中産階級は、それぞれに独自のアイデンティティを模索し続けているのである。

(1) たとえば *Far Eastern Economic Review* における「中国のエリート」特集の議論を参照されたい。

(2) 一九九九年、重慶が中国第四の直轄都市になった。本章では重慶は扱わず、それ以外の北京、天津と対比している。

(3) そのレビューと回顧については、セレニーの議論（Szelenyi 1986-87）を参照。

(4) ソビエトの公式的な見解によれば、労働者や農民、それに階層として表現される知識人などから構成される社会主義下の階級構造は非敵対的なものとされる。Littlejohn（1984 : 228-9）参照のこと。

(5) セレニーは、国家社会主義体制における再配分メカニズムに注目することによって、この問いに答えている。

(6) 社会主義中国における階級と階級闘争の使われ方については、Kraus（1977）を参照のこと。

(7) 市場経済化が進行する過程で現代中国の社会構造がどのように変化（再階層化）しているかといったテーマは、実に多くの問題を含んでいる。筆者自身、農村の変化について知識が乏しいこともあって、主に上海の都市部を念頭に置いて議論を進めてゆくことにする。

(8) 経済資本、政治資本、文化資本に関するブルデューの概念を踏まえ、中欧の社会主義国における再階層化プロセスを探る試みとして、エヤル、セレニー、タウンズレーの議論（Eyal, Szelenyi, and Townsley 1988）がある。

(9) *American Journal of Sociology* Vol.101, No.4, 1996 での議論を参照せよ。

(10) 市場経済化がもたらしたもう一つの帰結が、所得格差の増大である。実際、所得格差の問題が深刻化するようになって、知識人は変貌する社会階層や階層形成をテーマに真剣に議論するようになった。国有企業のリストラや私営経済の台頭が（従来特権的な地位が守られていた）国有企業労働者の地位を低下させ、「ニューリッチ」を誕生させることになった。経済的な変化はまた、再プロレタリア化をもたらすようになった。農村から都市へと労働力が流入し、新たな工業労働者として立ち現れる一方で、国有企業労働者が企業改革のあおりを受け、徐々に失業に追いやられていった。こうした社会構造の変化を摑まえ、経済的な不平等が顕在化することに対する不満が生じるメカニズムについて理解しておく必要がある。市場化と階級構造の変動をめぐる現在の議論は、基本的に一九七〇年代後半に始まる市場改革以降の問題を扱っている。

（園田茂人・黄麗花訳）

第四章　中間層の台頭が示す新たな国家・社会関係

園田茂人

一　はじめに

現代中国における国家・社会関係を論じるにあたって、必要不可欠なのが社会構造の視点である。ある社会構造が何らかの理由で変動すると、必然的に国家・社会関係が変化すると考えられるからである。もちろん国家・社会関係の変化が社会構造の変化をもたらすというモメントも存在しているが、本章では社会構造の変動、すなわち社会変動が国家・社会関係に及ぼすインパクトに限定して、議論を進めてゆくことにしたい。

社会構造はしばしば「社会的資源の配分様式」と定義される（Parsons 1951）。経済的資源（資本や労働力など）や政治的資源（権力など）、関係的資源（名声や威信など）といった社会的資源が人々にどのように配分されているか。特定の人間に集中しているのか、それとも社会諸階層に均等に配分されているか。経済的資源と政治的資源の分布状況は一致しているか、それとも乖離しているか。これらの事実を把握することによって、社会構造の状態を把握することができ、またその変化を捉えることによって、社会変動を記述することができる。

中国における改革・開放が大きな社会変動をもたらしたことは贅言を要さない。

第一に、中国の改革・開放は、指令経済から市場経済への移行という側面をもっている。指令経済のもとでは、経済的資源は政治的資源によって規定されやすく、人々は「誰が指導者になるか」に強い関心を抱く。市場による評価のシグナルが存在していないため、政治的アリーナで決定された権力・権限のヒエラルキーが直接個々の人間の資源動員力を決定することになり、政治的資源が相対的に強い力を発揮することになる。

これに対して市場経済のもとでは、個々のパフォーマンスは市場によって評価される。同じサービス業・同じ管理職という地位に属していても、結果的に得られる経済的な報酬は異なり、時にその収入は政治的エリートのそれをも凌駕する。政治的エリートになる以外にも経済的エリートになる途が存在し、経済的資源の多寡が基本的に社会階層を特徴づけている。したがって、指令経済から市場経済への移行は、政治的資源から経済的資源への社会のウエイトが変化すると同時に、政治的資源と経済的資源とが何らかの形で「取引」される可能性が拡がることを意味するものであった。

また中国の経済発展は、経済的資源へのアクセスを多くの人々に提供することになった。外資系企業の進出により、人々は今まで国内では得ることのできなかった収入や技術を手にするようになった。農村から始まった生産請負制の拡がりは、個体戸や私営企業家を増やし、生産手段や消費財を多くもつ人々を増やすことになった。「改革」が指令経済から市場経済への移行を示すものだとすれば、「開放」は中国国内の諸階層による社会的資源、とりわけ経済的資源へのアクセスの増大を意味しており、この両者が手に手をとることで、中国の改革・開放は進んでいった。

こうして生じた社会変動の中でも特に重要なのが中間層の台頭であるが（李培林編 1995）、本章は中間層に注目し、その国家・社会関係に及ぼすインパクトを、実際の調査データを利用しながら探ってゆくことを目的としている。

二　国家・社会関係と中間層

資本主義の変容と中間層の台頭

社会科学の歴史の中で中間層が問題になったのは、資本主義の変容が取りざたされるようになってからである。農村社会から工業社会への移行にともない、工業セクターにおける生産手段が特定の層に集中し、資本家と労働者とが先鋭な対立関係をもつようになる。K・マルクスの二極分化論は、いわゆる資本の原始的蓄積期の理論モデルであるが、これが二〇世紀における「資本主義─社会主義パラダイム」（吉田民人）を作り上げ、これが中国にも大きな影響を及ぼすことになった。

ところが歴史は、資本家と労働者の対立と革命の発生という、マルクスの予言した資本主義的発展の「必然」を帰結するものではなかった。社会主義が資本主義発展の周辺地域で成立したという歴史の皮肉は、その何よりの証拠であるし、中国の社会主義革命も、資本家に対する労働者の蜂起というより、ともに一種の福祉国家を標榜しながらも異なる政治路線を掲げた国民党と共産党のヘゲモニー争いといった色彩をもっていた。

他方、資本主義社会では、資本家とも労働者ともいえない人々、すなわち中間層が台頭し、二極分化論の予想と異なる事態をもたらすことになった。資本主義が成熟する過程で、民主化の安定と革命指向の放棄、社会民主主義の台頭といった、従来の二極分化論では説明のつかない事態が次々と生まれていったのである。

このように、中間層は歴史的な産物であると同時に、歴史を作る主体でもあったのだが、しばしば中間層は、旧中間層と新中間層とに分けて議論される（園田 1998a, 1998b）。

旧中間層とは、商店や飲食店など、比較的小さな規模で経営している自営層を中心にした階層であるのに対して、新中間層とは、大企業の管理職や専門技術者など、いわゆるホワイトカラー的な仕事についている人々を中心にした階層である。前者は、生産手段を所有していながら、資本家と呼ぶにはその所有する資本の絶対量が少ないために、また後者は生産手段を所有していないものの、労働者と呼ぶには所有する資産の量が多いために、中間層というカテゴリーで括られている。しかし、前者の方が歴史的に旧い存在であり、学歴構成やライフ・スタイルなど、いくつかの点で違いをみせているために、前者を旧中間層、後者を新中間層として分けて論じられるケースが一般的である。

現代中国で中間層を論じる際の問題点

もっとも、資本主義社会で発達した中間層の概念を現代中国にあてはめようとすると、いくつかの問題があることに気づく。

第一に、中国が依然として社会主義体制を標榜しているために、経済的資源の多寡だけで中間層を規定することがむずかしい。

すでに述べたように、指令経済と市場経済とでは、社会的資源に占める政治的資源のウエイトは前者の方で圧倒的に高い。市場経済化しつつあるとはいえ、中国では依然として国家や官僚の果たす役割は大きく、市場経済を前提にしたカテゴリーである中間層を、そのまま中国に導入することはできない。

第二に、社会主義建設の過程で中間層、とりわけ旧中間層が打倒の対象となったこともあって、中間層が台頭し始めてから日が浅く、中間層をすでに実体のあるものとして議論しにくい。

改革・開放が始まる以前、商店主や個人経営者は「資本主義の尾っぽ」として批判の対象とされていた。自分が自営業者でなくても、親がそうであった場合に「黒五類」とカテゴライズされ、社会的な制裁を受けた。そのため自営業者の歴史は改革・開放以降のものであって、新中間層に比べても、その歴史は短い。

第三に、企業の所有形態が多様であり、外資系企業と国有企業とを同列に議論しにくい。先進諸国の場合、資本を輸出する側にあるということもあって、勤務先が外資系企業であるかどうかが、当人の階層的な位置を決定するとはいいがたい。また、発展途上国、とりわけ外資を急速に導入している国の場合、外資系企業の存在は大きいものの、それに対抗しうるだけの国有企業の伝統がないため、数ある民間企業の一つとみなすことができる。

ところが中国の場合、外資系企業は国有企業や一般の民間企業と異なる性格をもっており、一般従業員の給与は後二者に比べて格段と高い。都市部では「外資系企業で働きたい」とする意識が強くみられ、同じ企業でも国有企業や私営企業で勤めるよりは地位が高いものとみなされがちである（Sonoda 1997）。しかも、企業内部で準備されているシステムは、中国政府が前提として国家建設をしてきたそれと相当程度異なっており、国家・社会関係に及ぼすインパクトは小さくない。

そして第四に、都市—農村間での人口移動に制限が加えられており、地域移動が職業移動を随伴する一般的なパターンが必ずしも中国にはあてはまらない。

一般に中間層の肥大化は、都市化・向都化とともに進行するものと理解され、事実、日本や韓国や台湾など他の東アジア地域では、こうした傾向が強くみられる。ところが中国では、都市部への人口流入には制限が加えられ、都市—農村の二重構造がしっかりと守られてきた。したがって、都市中間層は農村からの流入人口によってみずからの地位が失われるかもしれないと心配する必要がなく、いわば現体制における既得権益層となっている。

中間層に注目することの意味

ところで、国家・社会関係を論じる際に中間層に注目することの意味はどこにあるのだろうか。ここで確認しておこう。

従来の階級論では、資本主義化の過程で生まれる中間層は、資本家と労働者の中間的な特徴をもつものとして理解され、社会主義陣営・資本主義陣営の双方にとって「気になる」存在であった。

社会主義革命を指向するグループからすれば、労働者階級ほどに階級意識を鮮明にしない中間層は、革命のための前衛たりえない存在であった。革命遂行のためには協力を得なければならないものの、その「保守的な」性格が反革命的な行動につながりかねないとして警戒されてきたのである。毛沢東が中間層に敵対的であったこと、新経済政策（ネップ）期に誕生した多くの自営層がスターリンによって弾圧されたこと、北朝鮮に帰国した「在日同胞」が、その豊かさゆえに現地で絶えず警戒されてきたことなど、社会主義体制下の国家が中間層、とりわけ旧中間層と親和的でないことは、多くの歴史的な事実が物語っている通りである。

他方、資本主義体制下で民主化を進める国々は、中間層の肥大化を社会的な安定と民主化の促進に繫がるものと理解していた。

資本主義体制のもとで中間層が拡大するということは、それだけ労働者層や農民層からの中間層への流入が多いことを意味しているが、社会的な流動性が高まれば、それだけ機会均等の理念が実現し、人々の現体制に対する不安や不満は取り除かれる。また社会移動の恩恵を受けた人々は、体制変革を指向するどころか、体制内でみずからの権益や主義を主張するなど、制度化された民主化を指向するようになり、これが結果的に国家の安定につながるはずだ。アメリカを中心にした社会学者の多くは、中間層をこうした存在として捉えてきたといってよい。実際、韓国や台湾のケースに限ってみれば、中間層の肥大化と民主化、国家としての強靭性がパラレルに進行しているように思える。この二つの見解は、具体的な扱いこそ異なれ、中間層を国家・社会関係の枢要なアクターとして捉え、国家の安定性を占う重要な位置を占めていると認識している点で一致している。

では、実際どうなのか。中間層は既存の国家・社会関係の枠組みを破壊するような存在なのか、それとも単なる保守的な既得権益者なのか。彼（女）らの国家に対する基本姿勢はどのようなもので、彼（女）らは国家からどの程度自律的な存在なのか。市民社会論と通底するこれらの問題意識は、中間層を論じる際にも重要である（岩崎 1998：25–27）。

もっとも、中間層は一枚岩ではない。たとえば韓国の中間層を分析した金璟東は、「中間層は職業や教育、社会経済的な諸特徴からみて、実に多様な要素から構成されて」おり、「データ分析の結果、中間層が保守的か革新的かといった問いは、中産化現象の特徴を理解するにはほとんど意味がない」と論じている（Kim 1994：13）。また台湾の中間層を論じた蕭新煌（1995）は、旧中間層が体制擁護的であるのに対して、新中間層は、基本的には資本主義体制を認めつつも、これに対する一種の拒否感・抵抗感をもっているなど、中間層内部に違いがみられると指摘している。

現代中国の中間層を論じる際にも、当然同じ問題が生じてくる。

都市中間層の三タイプ

では、現代中国の中間層をどのように定義し、どのように分類したらよいだろうか。分類の妥当性は、実証データを解釈する際の有効性からしか判断できないが、ここでは三つのタイプを仮説として提示し、次節での分析に利用したい(1)。

第一に、自営業者。

中国では従業員数が七名以内の場合「個体戸」、八名以上の場合「私営企業」と呼ばれているが、両者の懸隔は実際にはさほど大きくない。「個体戸の収入には『二極分解』が生じており、およそ一〇％の個体戸が極端に豊かであるか極端に貧しい状況がみられ」（張厚義 1997 : 8）、特に豊かな層では両者の間に実質的な違いがみられないからである。事実、中国語の文献では「個体・私営経済」として同一カテゴリーで扱われていることが多く、本章では両者を一括して自営業者と呼ぶ。

自営業者とは、生産手段を所有する人々のことである。

張厚義と劉文璞の研究（1995）によれば、（狭義の）自営業者数の増加は農村部に比べて都市部に顕著で、労働者（二五・二％）や幹部（二三・一％）、農民（一七・二％）、専門技術職（一二・一％）など、前職はさまざまであるという。また李路路（1998）によれば、私営企業の経済的成功と前職は、関係する部分もあれば関係しない部分があり、現在の中国の体制は指令経済と市場経済の混合型になっているというが、このように自営業者は、中国の国家・社会関係を理解する際に重要な存在となっている。

第二に、国有企業や国家機関で管理職や専門職、事務職についており、国家と社会を媒介せざるをえない職位についている人々（以下、国有系ホワイトカラーと省略）。

多くの研究者が指摘しているように、中国都市部における社会主義建設は、「単位」と呼ばれる職場を通じて行われた。食糧や住居、給与など、日常生活を営む上で必要不可欠な経済的資源は「単位」を通じて国家から個人へと配分され、他方で国家は「単位」による檔案や戸口の管理を通じて個人を管理していた。

図4―1　都市中間層の3タイプ：その構造的位置

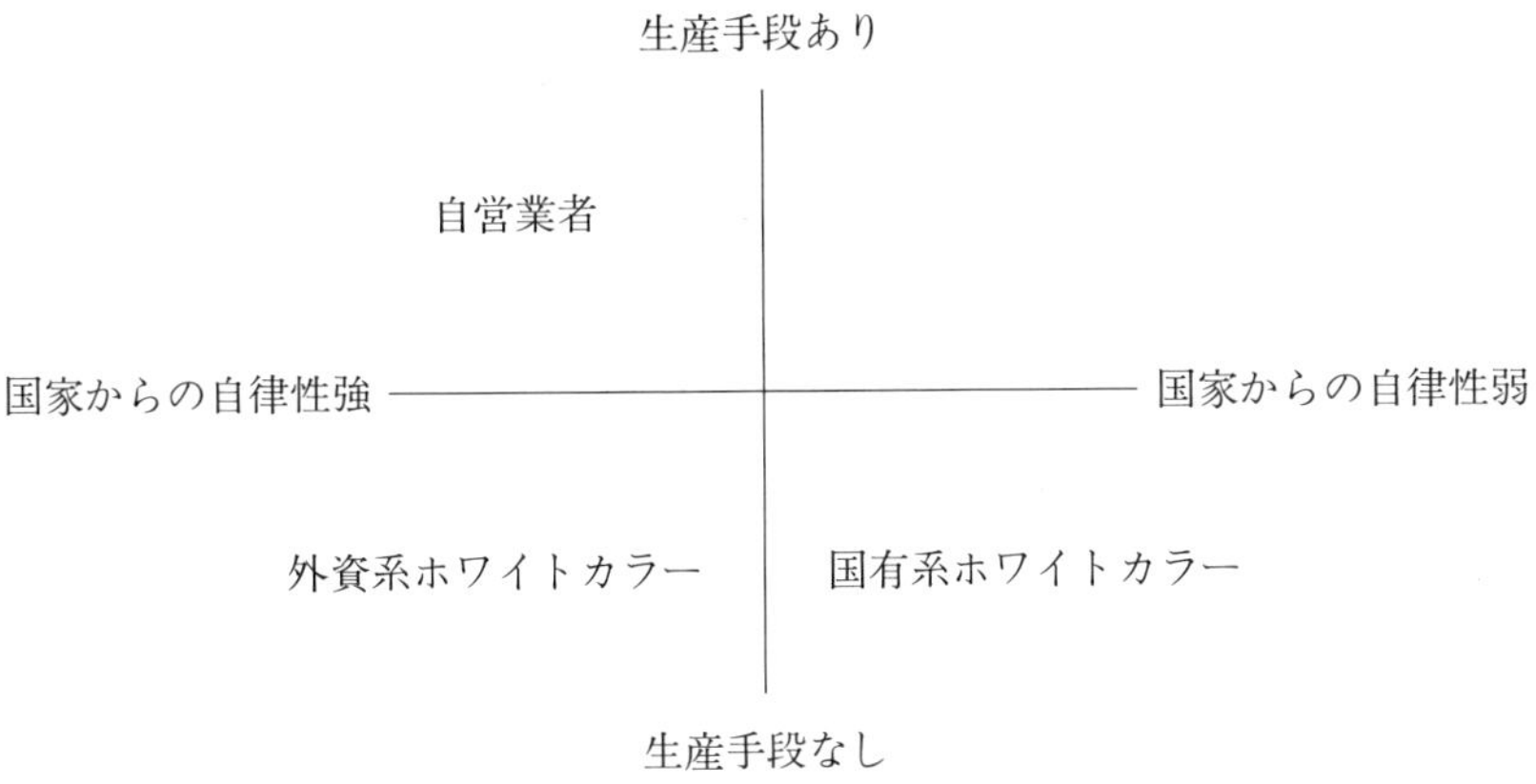

改革・開放後、経営自主権が徐々に認められてゆく中で、単位は国家の代理人としての機能以外に、経営体としての利害を国家に対して表出するようになり、国家の側からの譲歩を求めるといった機能を果たすなど、一種の利益集団と化していった。国有系ホワイトカラーは、こうした国家と社会を媒介する位置におり、時に国家の代弁者として振る舞い、時に社会の利益を主張するといった、矛盾した役割を果たすべき立場にいる。[2] この国有系ホワイトカラーは、本章が扱う中間層の中ではもっとも歴史が長く、改革・開放以前から存在していた。

第三に、外資系企業で管理職や専門職、事務職についている人々（以下、外資系ホワイトカラーと省略）。外資系企業の場合、国有企業に比べても経営自主権が広く認められており、そこで働く従業員は経済的資源を通じた国家による管理を受けていない。企業内部には共産党支部や工会（労働組合）はあるものの、その影響力は国家機関の比ではなく、むしろ国家からは自律した存在となっている。ピアソンが指摘するように、「この外資系企業がもつ相対的な自律性は、ここで働く中国人管理職に大きな利益をもたらして」（Pearson 1997 : 66）いるのである。

外資系ホワイトカラーは、国家から相対的に自律しており、政治的資源から比較的離れている点で、自営業者に似た特徴をもつ。他方、みずから生産手段をもっていない点で、国有系ホワイトカラーとも共通しており、その意味で外資系ホワイトカラーは、私営企業家と国有系ホワイトカラーの中間的存在であるとみなすことができる。

以上、中国都市部の三つの中間層を図式化してみたものが図4—1である。「生産手段あり」と「国家からの自律性弱」がクロスする部分は「国家エリート」とでも呼ぶべき層で、いわゆる中間層のカテゴリーにはあてはまらないため、本章における分析対象にはならない。

三　中間層の基本的なプロフィール

操作的な定義

質問票では、調査対象者の職場の所有形態、仕事の内容、行政上の等級などを聞いているが、本章で扱う中間層の三タイプは、次のような操作的定義によるものであり、以下の分析では天津のみで行われた中間層を対象にした八〇〇サンプルに、天津、重慶、上海、広州といった四都市における一般市民サンプルを加えたデータから、操作的定義に叶ったサンプルのみが使用されている(3)。

①　自営業者……個体企業か私営企業に従事しており、かつ職業選択の理由で「福祉の条件がよい」「企業が安定的だ」「家からの距離が近い」「自分の意思によるのではない」という選択肢を選ばなかった者(4)。サンプル数は二八八。

②　国有系ホワイトカラー……国有企業か国有事業体、国家機関で勤務しており、かつ専門職か管理職、事務職についている者で行政上の等級が処長である者。サンプル数は二〇五。

③　外資系ホワイトカラー……外資系企業で勤務しており、かつ専門職か管理職、事務職についている者。サンプル数は一五七。

なお、それぞれの階層的な特徴をわかりやすく示すために、一般市民を対象に行った調査の結果を「平均サンプル」として比較する。この「平均サンプル」には中間層も含まれているが、本章では中国都市部の一般的な姿――その多くは労働者であるが――として扱われることになる。

経済的成功者としての中間層

中間層と平均サンプルを比較して一番顕著に現れるのが、その経済的な豊かさである。

図4－2は、月平均所得と月平均貯蓄額をグラフに表したものだが、これからも中間層の経済的な豊かさは一目瞭然である。すなわち、平均サンプルでの月平均所得額が八〇七元（日本円で約一二、一〇〇円）、月平均貯蓄額が二八〇元（日本円で約四、二〇〇円）であるのに対して、国有系ホワイトカラーではそれぞれ一、二四九元と五四六元、外資系ホワイトカラーでは一、七九〇元と九五〇元、自営業者でそれぞれ一、四八九元と五二六元に達している。また、エアコンや携帯電話、ビデオデッキなど、必ずしも普及していない消費財の所有率も高く、その経済的な優位性は明らかである。

中間層が、他の諸階層に比べて優位な位置にあるのは経済的な側面に限らない。自分が望む職業につけるかどうか

図４－２　中間層の所得と貯蓄額（単位：元）

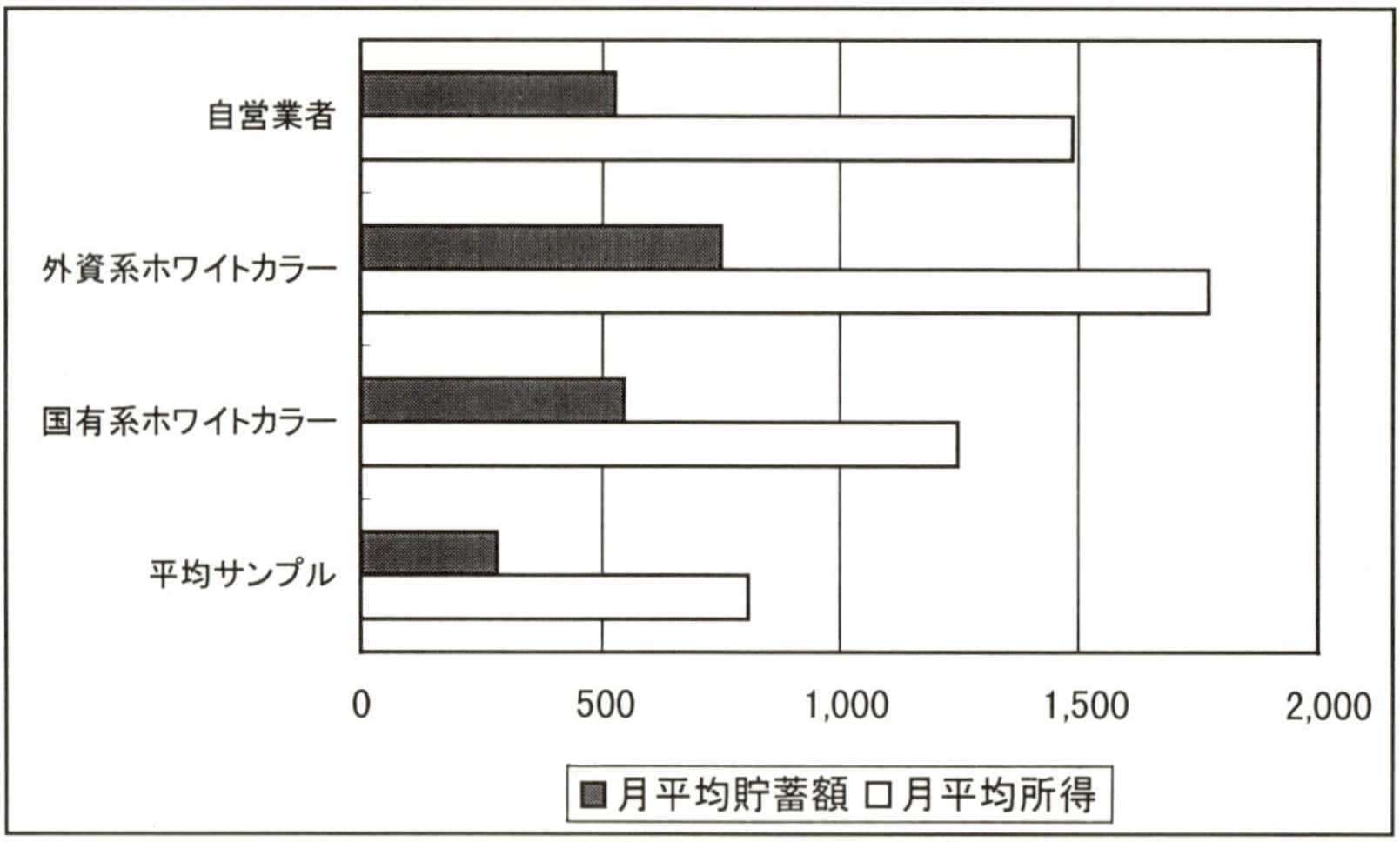

図４－３　中間層の職業選択の理由（単位：％）

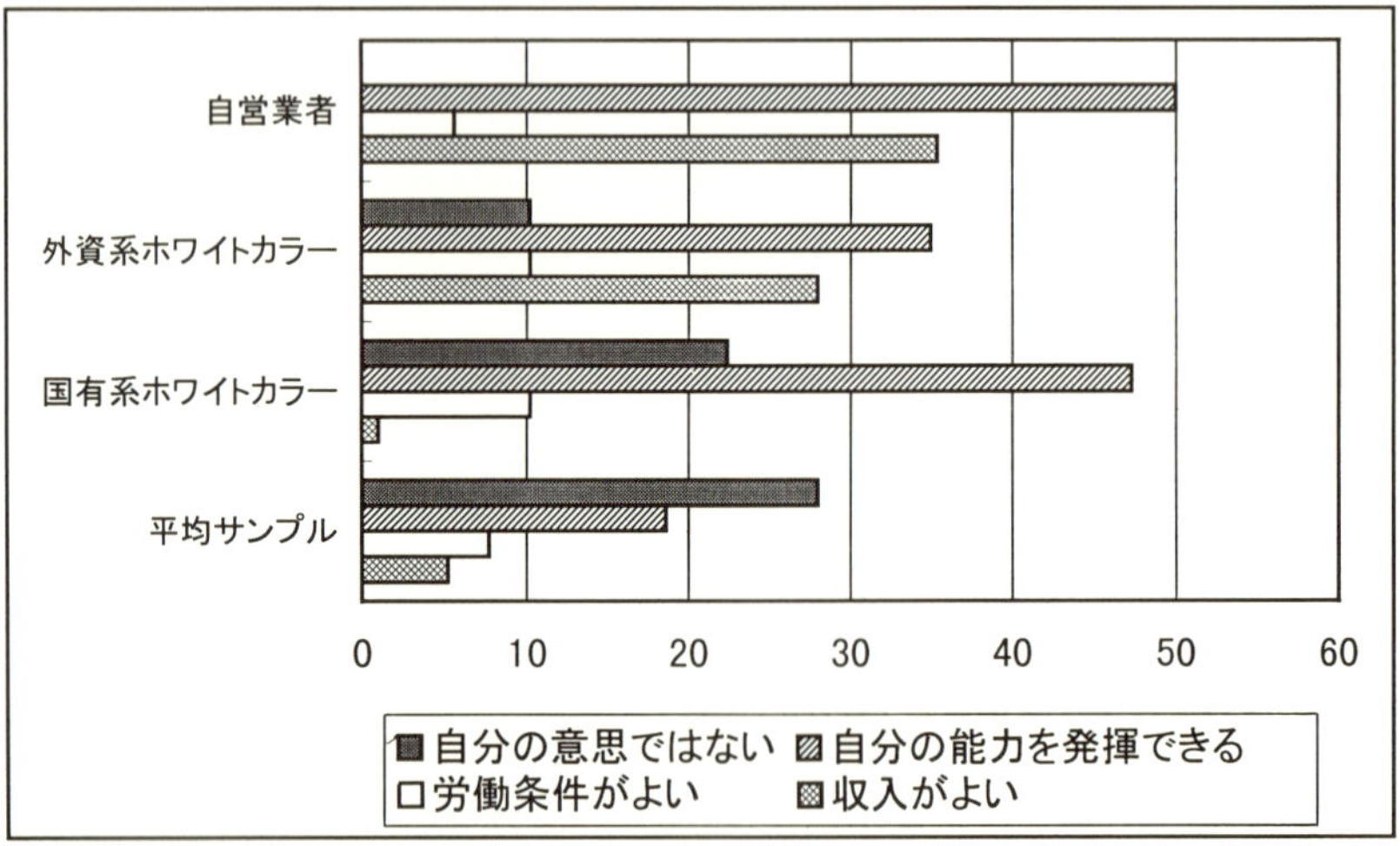

といった職業選択の自由も、他の諸階層——とりわけ一般の労働者——に比べて大きいのである。

図4—3は、現在の職業を選択した理由について、主な選択肢四つの回答の分布を示したものであるが、「自分の意思ではない」とする回答が平均サンプルだと二八%に達しているのが、自営業者や外資系ホワイトカラーになると少なくなり、その代わりに「自分の能力が発揮できる」や「収入が高い」といった回答が多くなる。国家からの統制が弱い領域で経済活動をしているから当然といえば当然なのだが、中間層、とりわけ自営業者で相対的に自由が認められている点は留意しておく必要がある。

体制エリートとしての国有系ホワイトカラー

もっとも図4—3は、国有系ホワイトカラーのキャリア形成が自営業者や外資系ホワイトカラーよりも労働者に近いことを示唆するものでもある。

実際、転職経験の状況をみてみると、自営業者で七二%、外資系企業ホワイトカラーで六一・八%の人間が世代内での移動を経験しているのに対して、国有系ホワイトカラーで転職経験がある者は四九・三%で、過半数に達していない。みずからの意思とは関係なく国家による配分で現在の職場に派遣され、しかもその職場で働き続けている者が多いのである。

こうした国家への従属は、他方で国家権力へのアクセスを可能にしている。

図4—4は、中間層にみられる共産党員の比率を比較してみたものだが、国有系ホワイトカラーの八三・三%が共産党員で、その比率は自営業者や外資系ホワイトカラー、平均サンプルを大きく凌駕していることがわかる。最近でこそ、「三つの代表論」の中で、私営企業家にも党籍を与えようという議論が出ているものの、従来私営企業家が

図4－4　中間層の政治理念

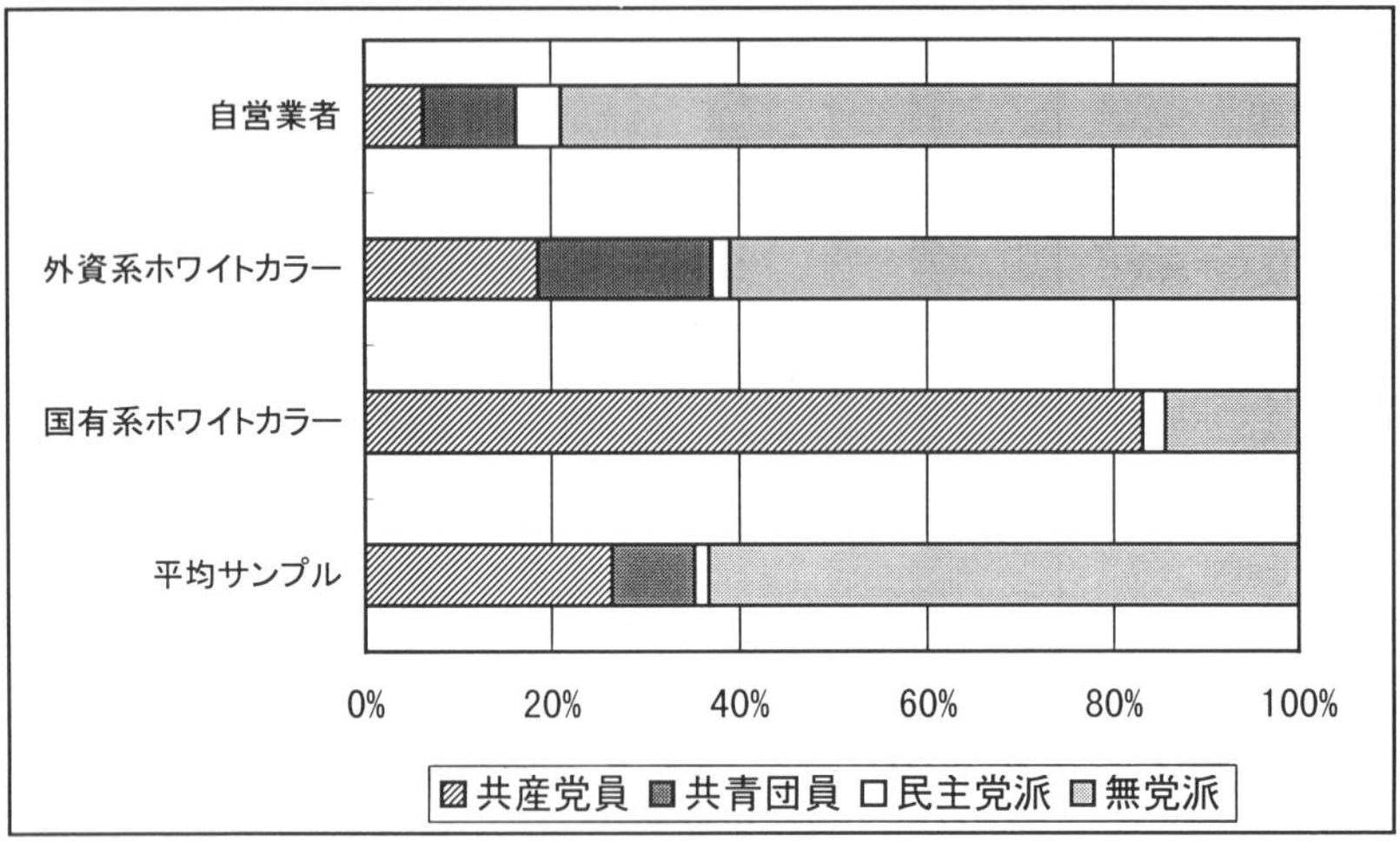

図4－5　中間層の学歴構成

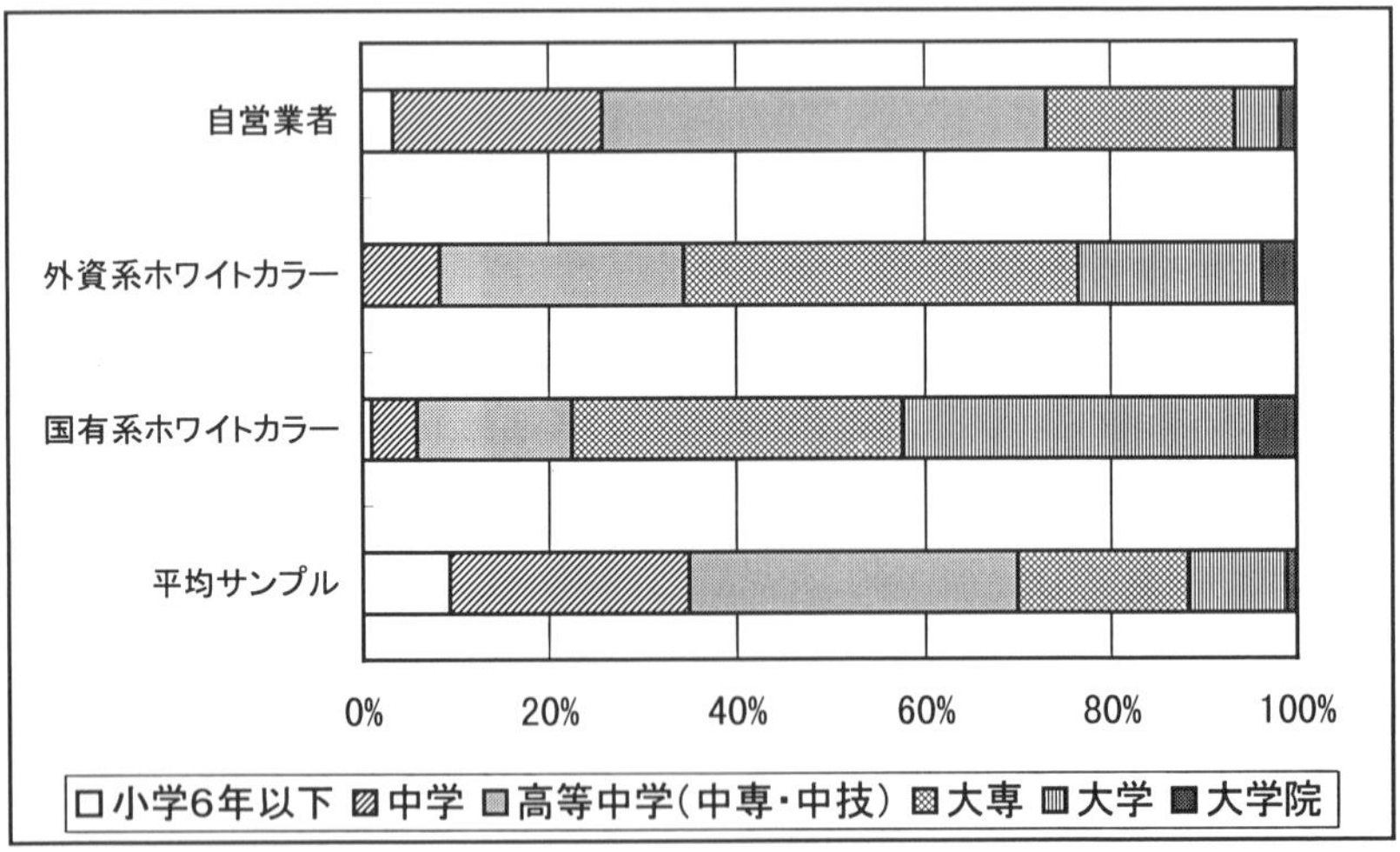

「階級敵」とみなされ、党員資格をもっていなかったことから考えても、当然の結果といえるだろう。

また、中間層の学歴構成を比べてみた結果が図4―5に掲げられているが、中間層は平均サンプルよりも高学歴者が多く、中でも国有系ホワイトカラーの大学卒・大学院卒の比率は四二・四％と群を抜いて高い。共産党員比率が高いことといい、高学歴者の比率が高いことといい、国有系ホワイトカラーは社会主義体制下での典型的なエリートの特徴を体現しているといえよう。

四　政治意識にみられる中間層の特徴

階層差に還元されない政治意識

ところが、これらの特徴をもつ中間層も、こと政治的有効性感覚や社会的不平等への判断、社会問題への認知との関連では、他の階層と比べて特に顕著な特徴をもっているとはいえない。中間層ゆえの政治意識というものを、総体として指し示すことはむずかしいのである。

実際、これらの政治意識を説明する変数として有効なのは学歴であって、階層ではない。

図4―6は政治的有効性感覚に関する学歴別の反応を示したものだが、これから高学歴の回答者ほど「政治は複雑でわからない」とは思っていないことがわかる。また高学歴者ほど、社会的な不平等の存在を強く意識し、これに対策を打たなければならないとする意識をもっていることが明らかになっているのだが、ここに現れているのは、中国社会における学歴のもつ意味の大きさである。(5)

みずからの階層的位置ではなく、学歴によって政治意識が決定される。そこから垣間みられるのは、学歴の高い知

図4—6 「政治は複雑でわからない」

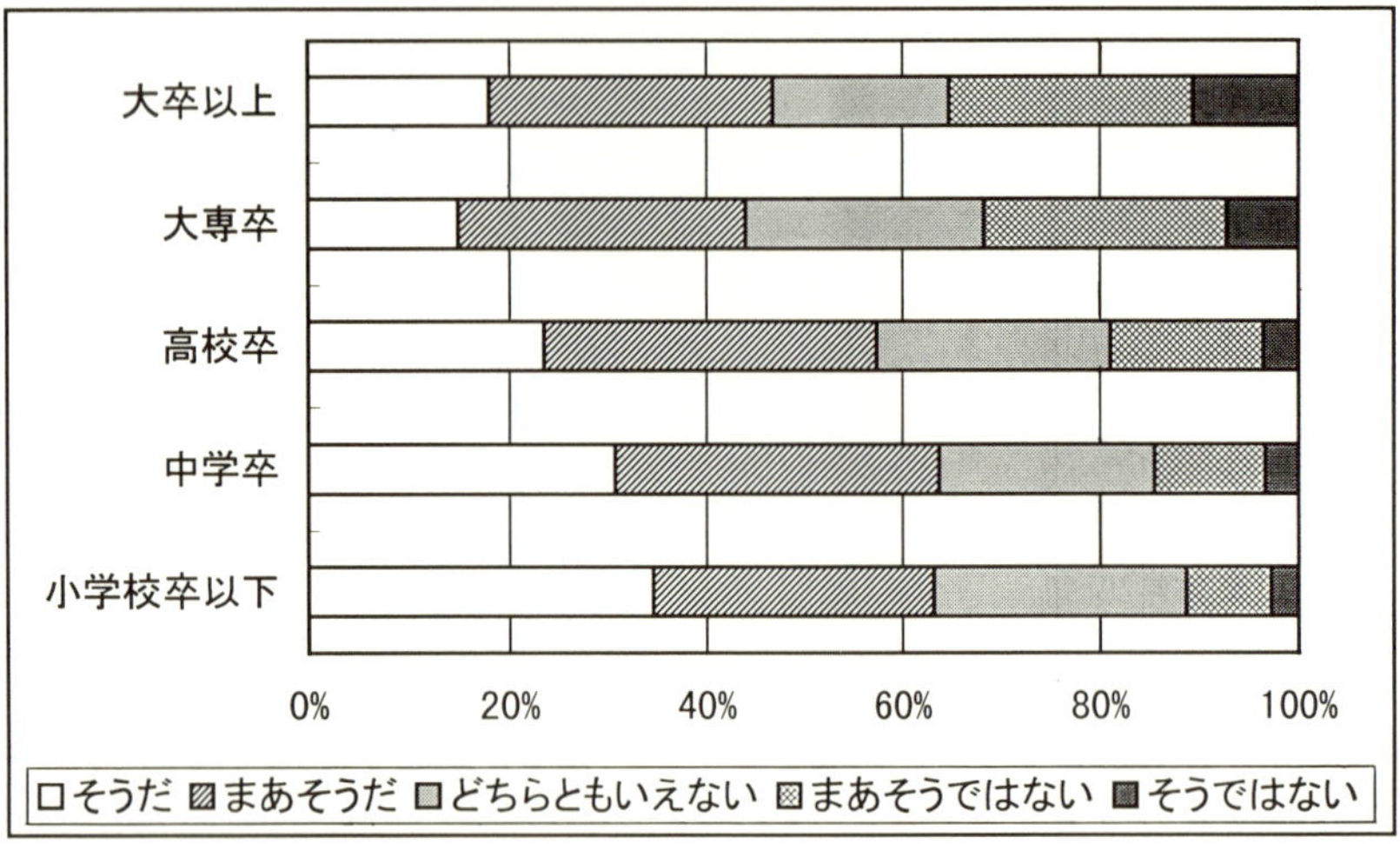

識人が社会を導き、国家を動かすべきだとする中国における伝統的観念であり、個々の階層によってイデオロギーが異なると国々は異なった現実である。

自営業者にみられる自由への渇望

もっとも、中間層の中でも自営業者のみが、他の中間層と比べても少々特異な意識をもっているようだ。

中でも特筆すべきは、自由に対する強い渇望である。

図4—7は、「自営業者は十分な自由を得ていない」とする文言に対する各階層の反応を示したものだが、他の階層に比べて自営業者の判断は明らかに否定的なものである。経済活動にとって自由が必要であることを考えれば、この回答結果も理解できるが、図4—8の結果を考え合わせると、単に経済活動の自由だけに自営業者の関心があるわけではないことがわかる。すなわち、「社会的安定は言論の自由よりも大切だ」とする言説を明らかな形で否定してはいないものの、「そうだ」と断定する比率は他の階層に比べて若干低くなっており、言論の自由への心情的な理解を示しているのである。

図４—７　「自営業者は十分な自由を得ていない」

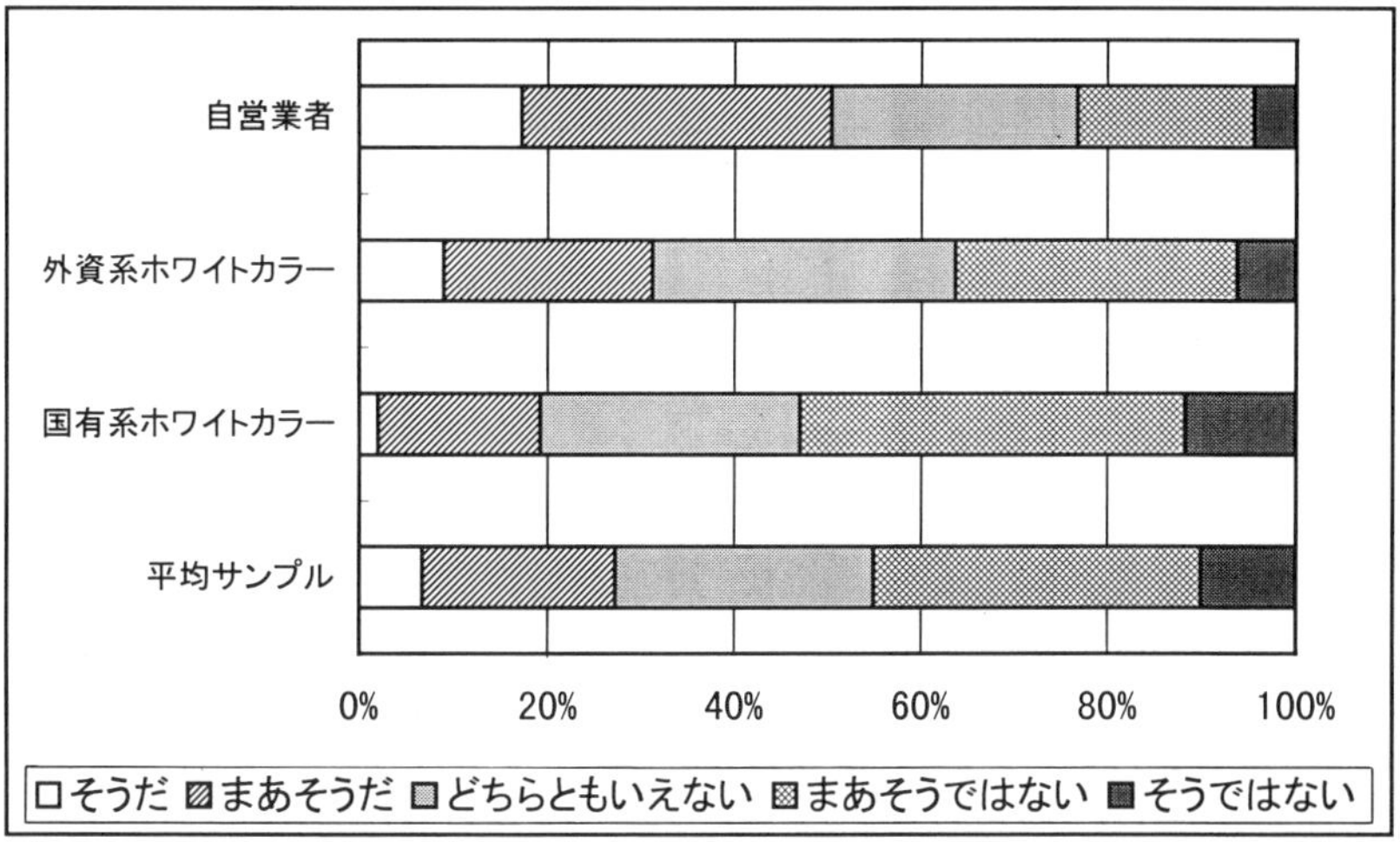

図４—８　「社会的安定は言論の自由よりも大切だ」

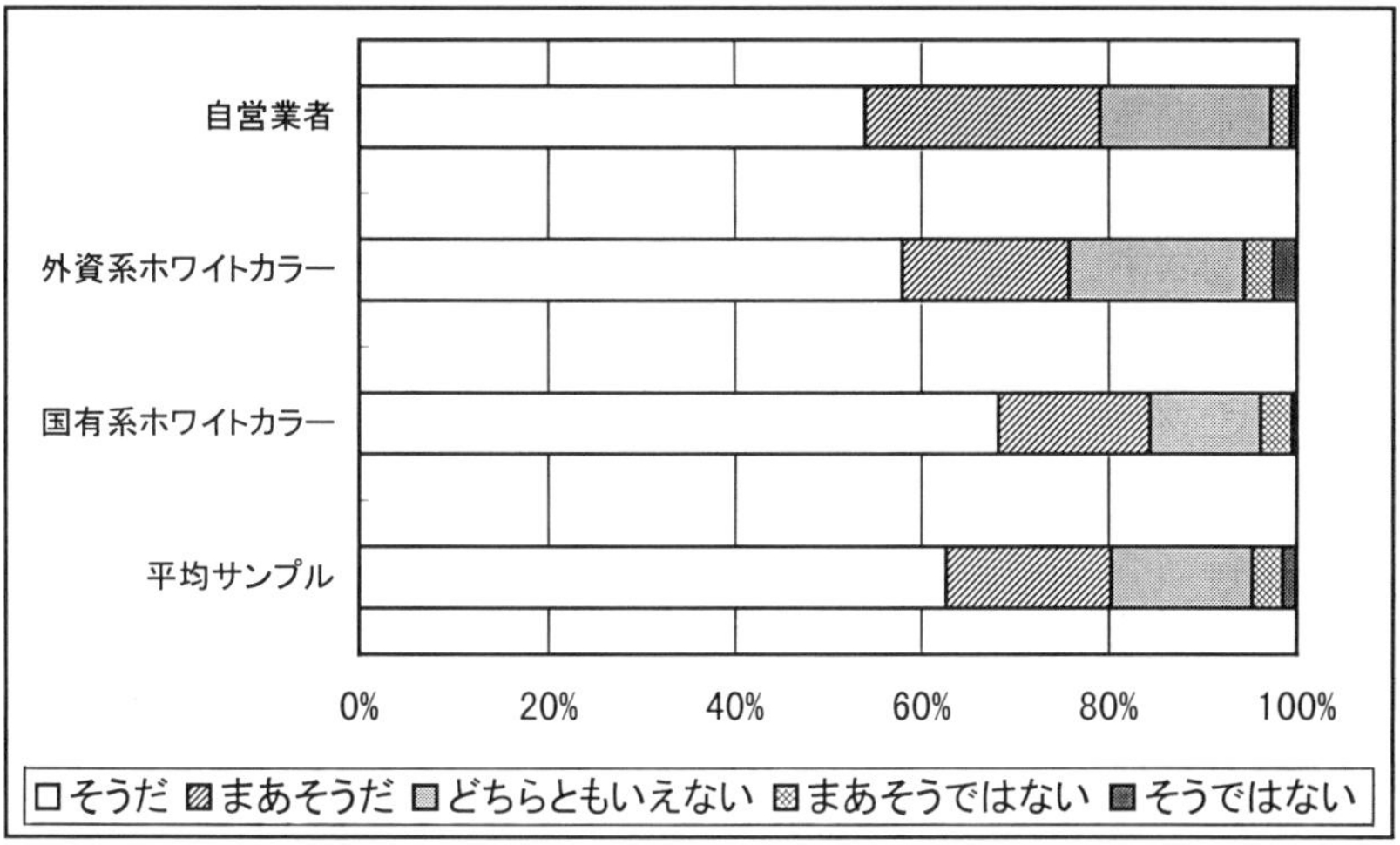

図4—9　「党＝政府は人民の利益を知っている」

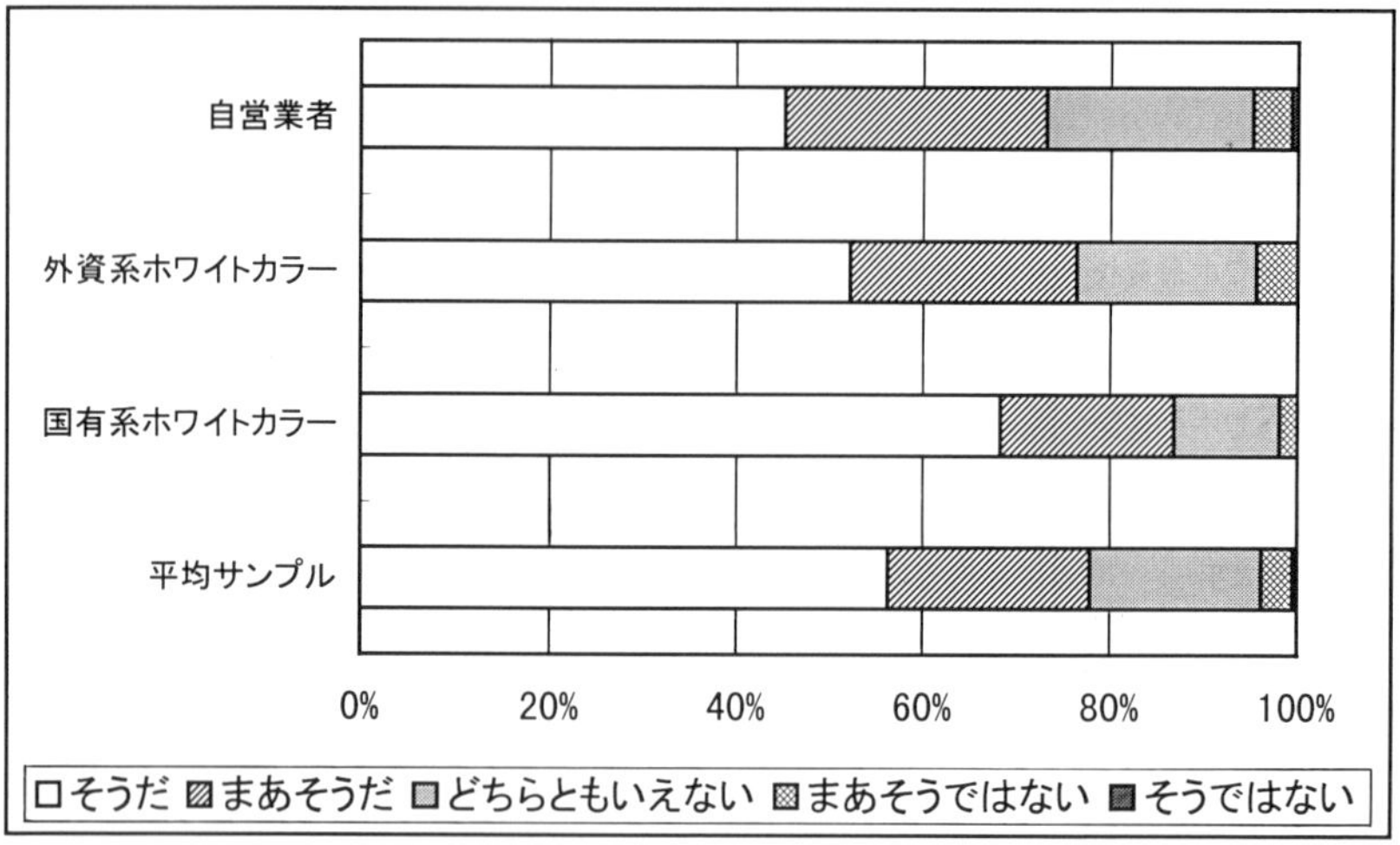

経済活動にとって、情報の開示と自由な討論は不可欠である。中国の自営業者が、こうした認識をもっていたとしても不思議ではないし、むしろこうした「国際標準の」自営業者の誕生は、多くの研究者が共通して指摘するところでもある。

また自由への強い渇望は、現在の党＝政府を中心にした支配体制に対する距離感を生みだしている。

図4―9は「党＝政府は人民の利益を知っている」という文章に対する反応を、各階層ごとにみてみたものだが、「まったくそうだ」と「まあそうだ」とする選択肢を合わせた比率でみると他とさほど違いがないものの、「まったくそうだ」と回答した割合だけでみると、自営業者の回答比率は他に比べてもずいぶんと値が低くなっている。

これらの諸結果は、経済成長が中間層の肥大を生み、これが民主化への強い動力を生みだすとする従来の見解と一見合致しているように思える。

新たな共生関係の模索？

しかし事情はさほど単純ではない。

図４—10　第一の生活上の関心（単位：%）

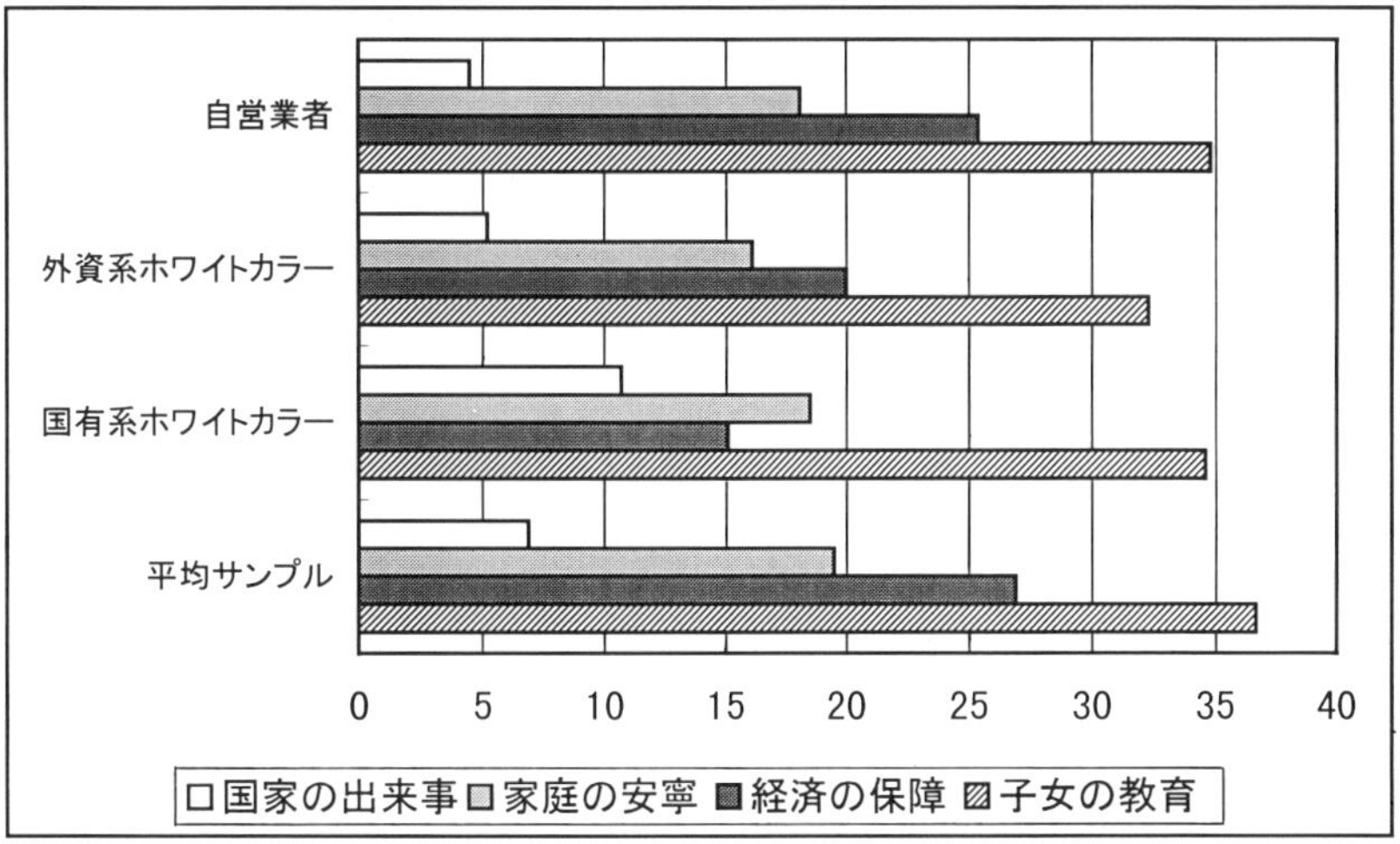

すでに指摘したように、政治意識は階層によって異なっておらず、中間層、あるいは自営業者だけに特徴的な政治意識を摘出することはできない。これは各階層ごとに特徴的なライフ・スタイルなりイデオロギーなりが形成されていないことを示している。

また、市の人民代表選挙への関心を各階層ごとにみても、自営業者は必ずしも強い関心を示してはいない。それどころか、統計的には有意ではないものの、他の階層に比べても選挙に対しては相対的に関心が薄く、みずからの利害を代表する政治家を代表として選出しようとする意識はみられない。

しかも、第一の生活上の関心をみても、回答の分布は他の階層と似ており（図４—10参照）、自営業者はみずからの事業を子女に継いで欲しいというより、子女に教育を施して現在の党＝政府体制におけるエリートになってほしいという意識をもっている。(6)

そこからは、国家から完全に自律しようとするモメントを探しだすことはできない。むしろ、子女に教育を与えて体制エリートに仕立て上げ、そうすることでみずからの地位を守ろうとする伝統中国における商人的なメンタリティーとの連続性を感じさせる結果となっている。

五　おわりに

紙幅が尽きた。最後に、本章における知見をまとめ、中間層の台頭がもたらした国家・社会関係へのインパクトを総括することにしよう。

中国における改革・開放は大きな社会変動をもたらし、国家から相対的に自律した自営業者や外資系ホワイトカラーなどの「新しい」中間層を生みだすことになった。これらの層は、国有系ホワイトカラーという「旧い」中間層とともに、豊かな経済的資源や自由な職業選択を享受するなど、改革・開放の恩恵を比較的多く受けている。

中でもユニークなのは、自営業者である。彼らは、経済的な豊かさをもっとも享受しながらも、中間層の中でも権力からの距離がもっとも遠く、相対的に自由への渇望が強い。言論の自由を相対的に重視し、現在の党＝政府による支配を斜に眺めているのも、自営業者たちである。

これは一見、市民社会の拡がりを示唆しているようであるが、事情はさほど単純ではない。自営業者といえども、他の階層と決定的に異なる政治文化を醸成しているわけではなく、多くは党＝政府の支配を肯定し、みずからの利益代表者を、選挙を通じて送りだそうとするほどには、人民代表選挙に関心をもっていないのである。

こうした現象を、自営業者が台頭してからの歴史の短さだけで説明することには無理がある。みずからの子女に教育を授け権力中枢に入らせようとするなど、国家から自律しようとするより、国家との新たな共生関係を取り結ぼうとする姿は、中国の伝統社会における士農工商秩序の中の「商」のイメージを彷彿とさせるからである。そしてこれが、西洋社会が経験してきた市民社会のイメージと一致しないことは指摘するまでもない。

中間層、とりわけ自営業者が国家とどのような関係を取り結んでいるか。実証的なデータ分析の結果から、少なくても短期的には「共生関係」というキーワード――経済的資源と政治的資源の間の「取引」と呼んでもよい――によって説明できる、というのが本章における結論である。

指令経済と市場経済とが混合している現状にあっては、自営業者が享受している自由も、国家によって調整・管理される可能性が強く、本書の第二章が示すように、自営業者自身、これを強く痛感しているという現実もある。とはいえ中国で将来、市民社会が成熟する可能性を否定するものではない。市場経済がより長期的に成長し、中間層がより肥大化すれば――そして市場を通じて政治からの自由を学習し続け、政治エリートが社会を領導するという伝統的な観念が希薄化すれば――、西洋に似た市民社会が出現するかもしれない。実際、台湾の経験は、「黒金《ヘイチン》」と称される経済的資源と政治的資源の「取引」に悩まされながらも、徐々に市民社会が成熟してゆく可能性を示唆しているようにも思える。

問題は、この二つの要件がどれだけの確率で満たされるかなのだが、その検討は、残念ながら紙幅の都合で、今後の課題として残されることになる。

現在、筆者を含む調査グループは、一部の大都市で実験的に行われている居民委員会選挙の行方に注目し、各種調査を開始したところだが、その分析結果は、中国における市民社会の可能性を占う重要なデータとなるであろう。

＊本章は、「中間層の台頭とその国家・社会関係に及ぼすインパクト」（菱田雅晴編『現代中国の構造変動5　社会――国家との共棲関係』東京大学出版会、二〇〇〇年）をもとに、従来の天津データを全国データに入れ替え、リライトしたものである。

（1）もっとも、都市と農村がしっかりした二重構造を形成しているため、双方を架橋する共通したカテゴリーを設定するのはむずかしい。そこで、本章では都市中間層に限定して議論を進めてゆく。

（2）もっとも、同じ企業や機関の中で、どの職位までが国家の意思を代弁し、どの職位から下が社会を構成するかは判断しにくい。後述するように、本章では科長という等級を一つのメルクマールとし、処長クラスを中間層の構成員として操作的に定義している。すなわち局長以上は「国家エリート」、課長以下は「労働者」と定義され、本章における分析の対象からはずれることになる。

（3）天津のみで中間層調査が行われたのは、第一章の注でも書いたように、予算的な制約を受けたからであるが、実際、この調査が行われなかったならば、一般市民サンプルからだけ中間層サンプルを一定数抽出するのは困難であった。

（4）中国では、「従業上の地位」という概念が一般に普及しておらず、雇用者—被雇用者という概念を使うことができない。そのため本章では、職業選択の理由で明らかに雇用者とわかるものについてのみ自営業者としてカウントし、残りは分析の対象から排除している。

（5）日本と中国とを比較すると、その学歴のもつ意味が大きく異なることがわかる。これを、具体的に職業威信に対する意味づけから検討したものに拙稿（園田 1998b）がある。

（6）われわれがハルピンを対象に行った調査からも、みずからの子女（男女双方）について欲しい職業に関しては階層差がみられていない。詳細は前出の拙稿を参照されたい。

III　階層移動と階層意識

第五章　天津市民の社会移動と意識構造

厳　善　平

一　はじめに

社会移動（social mobility）は社会学における階層と移動を研究する上で重要な概念である。研究者や時代によって、その内容規定は微妙に異なるものの、おおよそ以下のような含意をもつ。すなわち、社会移動とは、個々人がある社会的地位から別の社会的地位に移動する過程である、と。実際、P・M・ブラウとO・D・ダンカン（Blau and Dancan 1967）は、社会移動を異なる職業間での上下運動と定義している。

社会移動をもたらす原因については、国や時代背景によって異なる。しかし、工業化を牽引車とする経済の近代化が進むにつれ、伝統的な農業部門から近代的な工業部門へと労働力が移動し、農村から都市への人口移動に起因する都市化が進展するのが一般的な経験則である。

職業選択と移住の自由が制度的に保障されている市場社会では、工業化、都市化の過程で人々はより高い所得や社会地位を求め、地域間、産業間、職業間での移動を繰り返すが、その結果、既存の「旧い」身分的階層秩序が崩壊することになる。もちろん、移動が実際に可能であるか否かは、個々人の置かれた社会状況や家族背景、本人の自助努力などと関係する（富永・安藤 1977）。

アメリカや日本では、社会移動に関する半世紀以上の研究の歴史があり、特に日本では、大規模な調査資料をもとにした実証的研究が膨大な量に達している（安田 1971、富永編 1979、原編 1990、直井・盛山編 1990、岡本・直井編 1990、菊池編 1990、石田編 1998）。また研究の枠組みと分析の手法は、コンピュータの発達とも相俟って、ますます精緻なものになっている。

ところが、中国の社会移動に関する研究は、国内では研究の担い手不足や分析枠組みの未確立、イデオロギーが原因となり、また海外では中国社会の実態調査の制約によるデータの欠如などが原因で、大きな遅れをみせている（李春玲 1997a, 1997b）。

もちろん、労働力の移動に関する研究がまったくなされなかったわけではない。この間、労働力の産業間移動、農民の都市部・沿海部への移動、改革・開放後の農村と都市における社会階層の分化と再形成などについて、中国でも優れた研究がなされてきた。

たとえば、中国社会科学院農村発展研究所による農家労働力の移動研究（陳吉元・庾徳昌 1993）や、同社会学研究所による転換期の農民層分化に関する研究（陸学芸 1992、陸学芸・張厚義 1992）、社会全体の階層分化研究（李培林 1995）などがある。

また、アメリカや日本で発展した社会移動分析の手法を使った業績も、近年、公表されるようになっている。林南（1989）が天津市の調査資料をもちいて行った社会移動の研究は、この分野の先駆的な業績である。

中国社会科学院社会学研究所が行った「中国社会の階級・階層研究」調査は、全国六省市の四六五八都市世帯と四、七二三農村世帯に及んでおり、このデータをもちいた調査報告は中国における職業威信の評価体系、世代間の職業移動や地位達成のメカニズムなどについて貴重な情報を提供している（戴建中 1994）。

また同研究所は、一九九五年に全国八都市、三、八〇〇人の青年を無作為に抽出し、「青年の職業移動と人的資源の開発」と題するアンケート調査を実施している。同調査資料を利用した主な研究成果としては李春玲（1997a）があり、世代間・世代内の社会移動の規模や方向、移動に及ぼす要因の析出に分析の重点が置かれているが、そこではアメリカ流の社会階層と社会移動の分析枠組みと手法がもちいられている。

李強（1993）は、中国社会における新たな階層の形成と特徴を社会移動と結びつけ、農民、労働者、知識人、幹部、自営業・私営企業家など、中国社会を構成する主な階層について注目すべき議論を展開している。

個別地域の調査資料を使った研究もいくつかある。たとえば、一九九六年に山東省の五つの地方都市で三〇歳以上の男性（有効サンプル一、三二五人）を対象に、地位達成過程における世襲的要素と後天的要素の果たす役割について計量的な分析が行われ、興味深い結果が得られている（呉民忠・林聚任 1998）。彭希哲ら（1998）は、上海市の調査資料から職業移動と社会変動との関係を明らかにしている。広州市民の階層帰属意識に関する研究（郭凡 1995）や、人口センサス等の資料を駆使した職業移動のマクロ分析（李若建 1995, 1997）も注目に値する。

市場経済化と工業化にともない、中国では社会移動が活発化し、先天的な家族背景――親の学歴や職業など――に比べて、本人の学歴などが地位達成にあたって重要になりつつあるとする点で、ほぼ一致した見解が得られている。ところが、中国では職業威信スコアのリストが作られていないこともあって、社会移動の分析は今のところ、世代間と世代内の職業移動をクロス表分析するレベルにとどまっており、地位達成と諸要素の関係についても相関分析程度しか行われていない（戴建中 1994、李春玲 1997a）。しかも移動と階層に関する社会意識、つまり人々の移動に対する意識は、ほとんど研究されていない。

本章は、天津市民を対象としたアンケート調査の結果を利用し、天津市における社会移動の実態とメカニズム、人々の帰属意識や社会的公平感などについて、計量的手法によって明らかにすることを主な課題としている。

本章の構成は以下の通り。

二では、既存の理論を援用して本研究の分析枠組みを提示し、分析にもちいるデータの特徴と性質について説明する。三では産業間や地域間での労働移動、四では世代間の社会移動とその決定要因、五では階層帰属意識の変化とその要因、六では社会的公平感について、それぞれ実証的な分析を行う。そして最後に、本章の結論と示唆をまとめる。

二　分析の枠組みとデータ

本章では、社会移動を産業間や地域間の労働移動、転職を含めたものとして定義する[1]。これらの移動を明らかにすることによって、社会移動をより具体的に考察できると考えるからである。

社会移動はさまざまな理由で行われている。職業選択と移住の自由が保障されている日本では、人々はより高い収入、よりよい生活環境、より快適な職場を求め、自らの意思で移動を行っている。

こうした移動は、一般に移動者の収入や社会的地位を高める効果があるとされる。また、社会移動の結果である収入水準や社会的地位の向上に対して、移動者の家族背景――父母の学歴、父の職業、少年期の暮し向きなど――や本人の学歴、就職や結婚時の状況が重要な影響力をもつものとされている（富永・安藤 1977）。

しかし、計画経済の時代はもちろんのこと、改革・開放から二〇年以上経つ今日の中国においてさえ、こうした現象は一般的になっていない。

たとえば、「文化大革命」を挟んだ一九六二年から七九年の間、都市から農村へ、都市民から農民への社会移動――いわゆる知識青年による下放運動――は、全国で一、七七六万人強に達しているが（劉小明等 1995）、こうした移動は個人の意思によったものではなく、政治力学の結果生じたものである。(2) また、戸籍制度に象徴されているように、中国では、制度的障壁による社会の階層化や実態としての身分制の存在が、長く自由な社会移動を妨げてきた（殷志静・郁奇虹 1996）。

中国における社会移動がこうした特殊な状況のもとで発生しているため、分析結果を吟味する際には十分な注意が必要である。

ところで分析にあたっては、第二章同様、天津社会科学院が一九九七年に実施した階層調査のデータベースを用いることにする。

このデータベースは二つの部分から構成されている。一つは、天津市内の六つの区から多段階抽出法で抽出された一、二〇〇世帯――以下これを「一般市民」と呼ぶ――を対象にしたもの、いま一つは、職業と収入基準に基づき、自営業、私営企業家、各種組織の幹部（科長以上）、外資系企業の従業員、教師、医者、研究者などを中心とする八〇〇世帯――以下これを「中間層」と呼ぶ――を対象にしたものである。

もっとも、前者に「中間層」と思われるサンプルが、後者に「中間層」と異なる特徴を有するサンプルが、それぞれ含まれているため、以下の分析では、この二つのデータセットを結合し、適宜必要なサンプルを抜きだして利用することにしたい。

表５―１　天津市における就業者比率の変化（単位：％）

	1990年人口センサス	1995年１％人口抽出調査	一般市民（1997年）	
			回答者本人	含配偶者
専門職	17.3	17.1	24.7	22.9
管理職	4.9	7.1	6.7	7.6
事務職	5.3	6.3	13.4	13.4
商業従事者	8.4	10.5	5.7	4.8
サービス業従事者	8.9	7.6	11.7	10.8
労働者	55.2	51.5	37.8	40.4
合計	100.0	100.0	100.0	100.0

（注）⑴分類不能者，退職者および農業従事者を除く。
⑵1997年調査の場合，回答者本人（841人）および配偶者が含まれるケース（1,715人）の両方を集計した。

出典：国務院人口普査弁公室等編，1991，『中国1990年人口普査10％抽様資料』中国統計出版社，および全国人口抽様調査弁公室編，1997，『1995年全国１％人口抽様調査資料』中国統計出版社より作成。

三　産業間・地域間の労働移動

産業間の労働移動

一国の経済が成長する過程で、第一次産業の就業者比率が低下し、第二、第三次産業のそれが高まるとともに、人口が都市部に集中するという経験則が知られている。ところが、天津市の近郊農村は調査対象となっていないため、従来の産業間労働移動の分析はここでは適さない。

表５―１は、過去に行われた天津市における人口調査の結果を、今回の一般市民のそれと比較したものである。

同表が示しているところによれば、一九九〇年から九五年までの間で、就業者比率を大幅に高めてきたのは管理職、事務職および商業従事者であり、サービス業従業員や労働者は、その対全体比を大きく低下させたことがわかる。

この二つの調査は、その規模の大きさからみて、全体像を正しく反映しているものと思われる。とすれば、この五年間のうちに、天津市ではブルーカラー層からホワイトカラー層

への上昇移動がかなり生じたものと推測できる。(3)

ところが、一九九七年の調査では、一般市民の回答者のうち、専門職と事務職の割合が九五年の調査結果を大きく上回り、労働者のそれが九五年より著しく低くなっている。回答者の配偶者を含めても、その傾向はほとんど変わらない。

この結果が正しいとすれば、一九九五年以降のわずか二年のうちに、天津市で凄まじい社会移動が起こったということになるが、これは常識的には考えられない。とすると、今回の調査では、「一般市民」とされているサンプルが、実は母集団の平均から離れ、若干ホワイトカラー層に偏っている可能性がある。

以下の分析結果を解釈する際、この事実は重要な意味をもつ。

地域間の労働移動

本調査の対象は天津市に戸籍をもつ者に限定されているため、ここ十数年の間に大規模に展開されている農村から都市への出稼ぎ労働者は分析の対象から排除されている。

しかし調査票には回答者の父母の出生地に関する質問項目があるので、回答者が一五歳時に住んでいた場所にその親も一緒に住んでいたと仮定すれば、回答者の両親がどの地域から流入したかを調べることができる。一五歳の未成年はほとんど親の保護を受けて生活していることから、そうした仮定もあながち不自然なものではないだろう。この仮定をもとに分析した結果が表5—2に示されている。

表5—2によれば、第一に、親世代と本人世代とでは天津市以外で生まれた者の比率が大きく異なっていることがわかる。親世代の三分の二が天津市以外の地域で生まれているのに対して、本人世代はわずか一四・五%にとどまっ

表5—2 15歳時の居住地にみる世代間の地域移動（単位：%）

		父	母	本人
天津市以外の出生者		67.1	66.3	14.5
地域別	天津市の郊県	17.4	24.1	32.1
	河北省	53.5	50.8	31.4
	その他省市区	29.1	25.1	36.4
都市農村別	天津市の郊県	17.4	24.1	32.1
	その他都市部	20.1	18.9	28.6
	その他県鎮	26.7	23.6	15.7
	その他郷村	35.9	33.4	23.6
合計		100.0	100.0	100.0

（注）(1)出生地不明の者は除外されている。
(2)本人は15歳時の居住地を示す。
(3)父と母は，本人が15歳時天津市に住む場合，親も天津市に住んでいたとして推計されたものである。
(4)合計が100にならないのは四捨五入のためである。
(5)「郊県」とは天津市所管の農村部（「県鎮」を含む），「県鎮」とは県庁所在の町，「郷村」とは純粋な農村地域，をそれぞれ意味する。

ているのである。[4]

第四回の人口センサスによれば、天津市区の総人口は、一九五三年で二九〇・一万人、六四年で四二八・五万人、八二年で五一四・三万人、九〇年で五八五・五万人であった。[5] この三つの期間（一九五三～六四年、六四～八二年、八二～九〇年）における総人口の年平均増加率は、それぞれ三・六一%、一・〇二%、一・六四%となる。

全国人口の年平均増加率を天津市人口の自然増加率であると仮定すると、上記の三期間におけるそれは、それぞれ一・六六%、二・〇五%、一・四五%となるが、[6] これからもわかるように、一九六四年から二〇年近く、天津市では人口流入に起因する人口増加は少なく、流出の方がはるかに多かった。

第二に、天津市に流入した親世代のうち、ほぼ五分の一は市管轄下の郊外県、半分程度が近隣の河北省から移動してきているのに対して、本人世代の場合、郊外県、河北省、その他省からやってきた者がほぼ三分の一となっている。

第三に、流入人口の出生地（本人は一五歳時の居住地）を都市・農村別にみると、本人世代と親世代でかなり異なっている。その特徴を大雑把にいえば、天津市への人口流入は、親世代では「その他県鎮」と「その他郷村」が全体の六割強を占めているのに対して、本人世代では「郊外県」および「その他都市部」が全体の六割強を占めている。前述の流入人口の規模縮小と考え合わせると、農村部（県鎮と郷村）からの天津市への人口流入は年々むずかしくなってきているようだ。この点は、一九五八年に公布、施行された「戸籍登録条例」が人口の移動——とりわけ農村から都市への移動——を厳しく制限してきた事実と合致している（殷志静・郁奇虹 1996）。

転職の基本状況

本章では、転職も一種の社会移動と考えているため、調査対象者の転職状況について簡単に触れておこう。(7)

集計結果によれば、今まで一度も転職したことのない者は、有効回答者（一、九八八人）の六六・五％を占めている。これは異常に高い値であるが、中国の都市部では「鉄飯碗（鉄の茶碗、転じて終身雇用の意）」が一般的だったことからすれば、不自然というほどの数値ではない。いったん職場に配属されれば、その後よほどの事情がなければ、なかなか職場を変えることはできず、「工人（労働者）」と「幹部」という変えられがたい身分の存在も、転職の自由を大きく制限してきたからだ（李強 1996）。

転職があったとしても、図5―1が示しているように、六割以上の者は一回だけであり、二回までの者は全体の八四％に達する。これからも、天津市では世代内移動があまり行われていないことがわかる。

では、転職をしたのは誰か。クロス表分析を行った結果、(1)男性に比べて女性の転職性向がやや高い、(2)各年齢層の転職性向に関して有意な相違が認められ、三〇歳代のそれが際だっている、(3)高卒と大専卒の転職性向が比較的高く、中学校卒以下のそれが低い、(4)所得階層別の転職性向には有意な差がみられない、といった事実が判明してい

図５—１　転職回数の分布（全回答者）

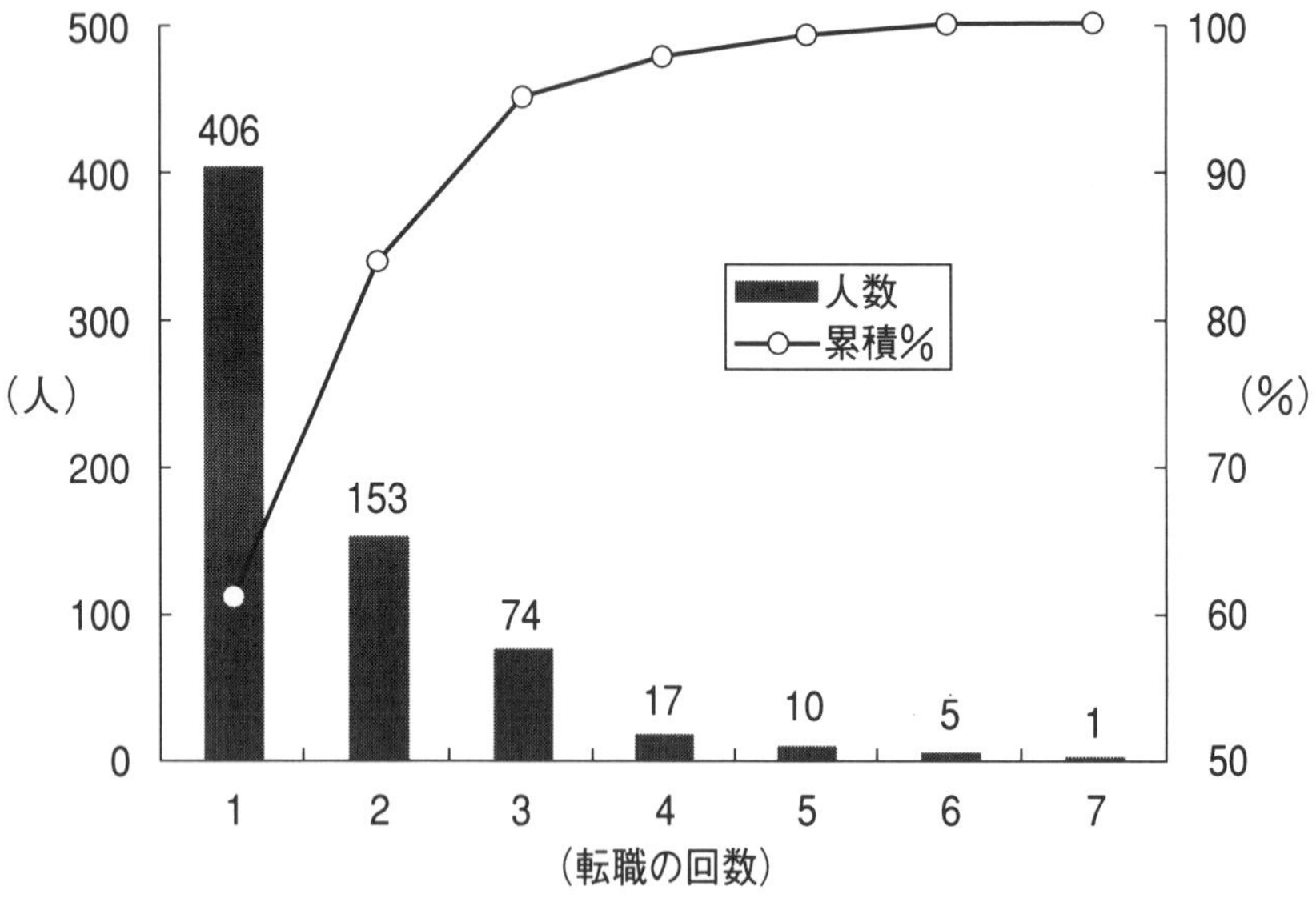

る。

女性の転職性向がやや高いことは解釈しにくいが、その他は比較的理解しやすい。三〇歳代はちょうど改革・開放の波に乗った世代であり、高卒や大専卒は一定の人的資本を蓄積しており、相対的に転職しやすい位置にあるからだ。

四　天津市における職業移動の実態

勤務先と職業をめぐる世代間移動

社会階層と社会移動の研究において、世代間の職業移動の現状とそのメカニズムを解明することは重要な研究課題である。

一九五五年に始まる日本の社会階層と社会移動に関する共同研究（ＳＳＭ調査）の流れをみても、そのことがよく理解できる（安田 1971、富永 1964, 1979）。「親と子の間の社会的地位の世襲はどの程度であるか、あるいは、社会的地位を獲得する上で、社会はどの程度開放的であるか」（直井・盛山編 1986）が、絶えず研究の対象とされてきたからである。

ところで、計画経済時代の中国には戸籍制度が存在していた。企業や部門によって所有形態が異なり、縦割り行政の弊害が存在したため、市場社会で広くみられる世代間の社会移動は困難であった。特に、規模の大きな企業の場合、企業は一つの小さな社会となっており、企業の構成員やその家族に対して、衣食住に関わるありとあらゆるサービスを提供しなければならなかった（路風 1989）。

当時の中国では、「頂替（子が親の退職した職場に就職すること）」や「系統内招工（系統内の従業員の子女を対象とする人員募集）」があったことからもわかるように、封建的な世襲制とはいえないものの、子が親の働く職場で仕事をしたり、親の従事する職業についたりすることは、決して珍しい現象ではなかった。

そこで、本人の勤務先の性質と職業を一五歳時の父のそれらと比較することで、世代間の社会移動の実態を明らかにしたい。ただし、サンプルの性質を考慮して、一般市民、中間層と高所得層（月収七〇一元以上の者）を別々に集計した。

まず一般市民の場合、表5―3が示しているように、勤務先で比較してみると、本人で外資系企業が少し多く、父で私営企業が少し多いことを除くと、世代間でさほど違いがみられない。これに対して、職業別に比較してみると、本人で専門職、事務職、サービス業従事者が多く、父世代は管理職と、特に第一次産業従事者が多くなっている。つまり、勤務先の性質には世代間の違いがほとんどみられないものの、職業別構成では一定の変化がみられており、これからも世代間の社会移動がある程度進んだことがわかる。

こうした傾向は、中間層や高所得層でも観察される。

興味深いのは、この二つのデータセットを集計した結果がほとんど似通っている点だ。つまり中間層と高所得層で

表５—３　勤務先別と職業別にみる構成比率（単位：%）

		一般市民		中間層		高所得層(701元以上)	
		本人	父	本人	父	本人	父
勤務先	個体企業	5.8	7.2	13.6	2.5	12.1	3.1
	私営企業	2.3	6.6	12.1	1.9	11.2	2.8
	集団企業	12.2	11.0	1.8	9.4	3.0	10.5
	外資系企業	4.2	0.1	10.0	0.1	10.5	0.1
	国有企業	53.5	54.2	18.9	53.2	23.4	51.8
	国有事業体	16.0	14.7	35.9	23.4	31.3	22.3
	国家機関	6.0	6.3	7.7	9.4	8.7	9.4
	有効回答者（人）	862	1,048	782	752	912	894
職業	専門職	24.6	18.0	47.5	26.8	43.7	25.0
	管理職	6.6	11.3	21.1	20.9	20.0	20.0
	事務職	13.4	10.3	7.8	13.7	10.0	13.2
	商業従事者	5.7	6.0	14.7	7.8	13.0	7.7
	サービス業従事者	11.6	7.6	7.4	5.8	8.8	5.8
	労働者	37.6	37.1	0.8	20.1	4.1	22.3
	第一次産業従事者	0.6	9.6	0.5	4.9	0.5	6.0
	有効回答者（人）	846	1,060	753	760	886	915

（注）(1)父は，本人が15歳時の就業状態である。
(2)「退職者」と「その他」は除く。
(3)「国有事業体」とは，大学，研究所のような非営利目的の事業体を指す。

は、(1)自営業や私営企業、外資系企業、国有事業体（大学、研究所などのような非営利目的の組織体のこと）で働く者が多く、(2)専門職や管理職に比較的集中しているのである。

この二つの点とも関連するが、大学などに勤めている専門職が中間層や高所得層の源泉となっている。以前から「脳体倒掛（頭脳労働者と肉体労働者の収入が逆転していること）」の歪みが指摘されてきたが、今日ではこれが是正されつつあるようだ。

また、中間層と高所得層の集計結果を一般市民のそれと比較してみると、以下の事実を発見することができる。

第一に、どのサンプルにおいても父世代の勤務先の性質は比較的類似しており、国有企業と国有事業体の合計が六九%から七六%ときわめて高くなっている。

しかし第二に、中間層や高所得層に属する回答者の親は専門職や管理職に偏っており、工場等の労働者を職業にする親の割合（約二〇%）は、一般市民のそれ（三七%）を大幅に下回っている。

職業移動の転入率・転出率

父と子の間でどの程度の職業移動が発生し、またその移動の方向性がどのようなものであるかについては、従来から転入率と転出率を計算することが一般的である。転入率とは本人を基準として、父が本人と違ったカテゴリーに属する者の割合を、転出率とは、父を基準として、本人が父と違ったカテゴリーに属している者の割合をそれぞれ指す（富永 1964）。

本来、使用するカテゴリーは産業、職業、職場の規模などであるが、本調査では中国の八職業分類法（専門職、管理職、事務職、商業従事者、サービス業従業員、労働者、第一次産業従事者、分類不能な労働者）を使用したため、ここでは、これをベースに職業移動を検討するが、母集団の性質を考えて第一次産業従事者を除外している。

図5―2は、父と子の間での転出入比率を業種別、サンプル別に描いた散布図である。ここでまず、一般市民についての特徴を明らかにする。

第一に、工場などの労働者の転出率・転入率はそれぞれ四二・六%、三七・五%と各職業の中で一番低く、また、転出率は転入率を五ポイント上回っている。

市民のもっとも多くついている職業（本人は全体の三八%）で、なぜ職業の流動性が低いのかといえば、その原因は中国の都市部門に存在していた就職制度にある。

図５―２　職業別にみた転入率・転出率

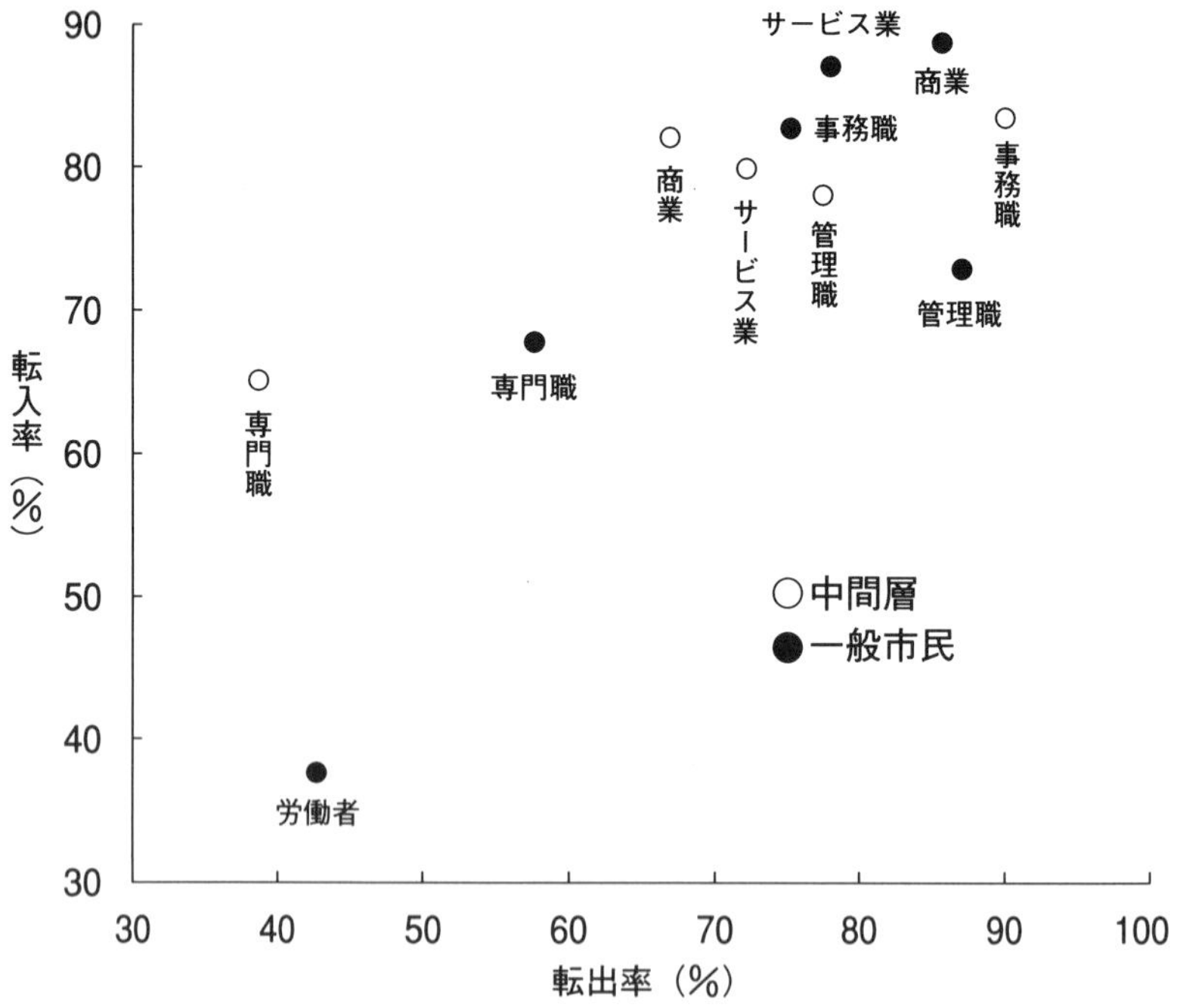

計画経済時代においては、前述のように「頂替」や「系統内招工」が広く存在し、良い教育を受け、大学や研究機関、行政機関などに配属をしてもらえる一部の労働者の子女を除き、ほとんどの人が親の働いている企業か、その企業の属している行政系統内の別の企業で就職せざるをえなかった。こうした事情が、労働者の転出率・転入率を低く抑えた可能性が高い。

第二に、専門職の転出率と転入率はそれぞれ五七・九％と六七・五％であり、労働者のそれよりずいぶんと高い。しかも、両者間の関係は労働者のそれと逆転している。専門的な技術や特殊な熟練が必要とされる職業では、子が親と同じ職業につけるとは限らないからである。

同じことは、管理職についてもいえそうである。この職業における転出率と転入率はそれぞれ八七・四％、七二・五％ときわめて高い。管理職の子が父と同じ職業になる割合は一二・六

%、現在管理職である者の父親が、同種の仕事についていたのは三割弱にすぎないのである。

この指摘が正しいとすれば、中国では幹部である管理職の選抜は、父の地位より、個々人の学歴や能力、努力など別の要素によって強く規定されているものと推察される。

第三に、事務職や商業、サービス業といった三つの職業では、転出率、転入率がきわめて高い。これらの職業が、それだけ流動的な職業だというわけだが、では、これらの職業で親子の同職比率が低い理由を、どのように解釈したらよいだろうか。

計画経済時代、「頂替」などの慣行はこれらの業種にも存在していた。しかし、高い流動性の背景には、商業やサービス業に対する社会的なイメージが悪かったことや、工場勤務に比べても給与水準が低く設定されていたため、親が子どもを自分の仕事につかせたがらなかったといった事実がある(8)。

第四に、中間層サンプルの集計結果は、一般市民にみられる職業移動の特徴と似た傾向を示している。また、転出率と転入率はおおむね正の相関関係を示しているが、これは日本の経験と大きく異なっている（富永 1964）。

世代間移動の方向性

では、世代間の職業移動はどのような方向性を指し示しているだろうか。たとえば、管理職の父をもつ子どもは、どのような職業についているのだろうか。その特徴を明らかにするために、ここでは「調整済み残差」と呼ばれる統計指標を用いて分析してゆくことにしたい(9)。

表5―4はその数字を示しているが、値がプラスであれば、そのセルは全体平均より多く、マイナスであれば全体平均より少ないということになる。通常、絶対値二以上のところで顕著な特徴がみられるとされているが、同表の数

表5—4　職業別にみた世代間移動の状況（調整済み残差）

		15歳時、父の職業内容						全体構成
		①	②	③	④	⑤	⑥	(%)
一般市民の現職	①専門職	5.5	2.6	-0.9	0.4	-1.2	-5.2	24.9
	②管理職	-1.4	2.9	0.5	-0.2	0.4	-1.4	6.4
	③事務職等	2.1	0.9	2.7	-0.6	0.3	-3.9	14.3
	④商業従事者	0.8	0.5	-0.6	2.3	-0.5	-1.3	5.4
	⑤サービス業従事者	-0.1	-1.0	-0.5	1.2	2.6	-0.8	10.7
	⑥労働者	-6.0	-3.9	-0.7	-1.7	-0.8	9.3	38.3
	全体構成（%）	20.3	14.9	10.4	4.8	6.8	42.7	100.0
中間層の現職	①専門職	4.1	-0.7	1.1	-2.6	-2.4	-1.5	48.7
	②管理職	-1.7	0.6	-0.1	1.0	-0.1	0.7	20.4
	③事務職等	0.2	2.4	0.9	-1.2	-1.2	-1.8	7.3
	④商業従事者	-2.4	-1.0	-1.0	3.9	1.0	1.3	15.0
	⑤サービス業従事者	-1.8	-0.4	-1.0	-0.8	4.7	1.1	7.9
	⑥労働者	-0.7	-0.3	-1.0	0.7	-0.6	1.8	0.9
	全体構成（%）	28.9	22.6	13.9	8.7	5.9	20.1	100.0

（注）「退職者」,「分類不能な労働者」と「第一次産業従事者」は除外した。

字をよく吟味すると、いくつか面白い知見を得ることができる。

最初に、一般市民のデータセットを計算した結果をみてみよう。

第一に、一行目の数字から明らかなように、回答者が専門職である場合、専門職か管理職を父にもつ者がかなり多いのに対して、労働者を父にもつ者が非常に少なく、その他が平均程度である。これからも、誰もが社会的地位の高い専門職につけるわけではないことがわかる。

第二に、管理職が再び管理職になる可能性は平均より高いものの、専門職についている人の子が管理職になる可能性は若干低い。

第三に、事務職の人たちは、専門職や事務職の父をもつ場合が多く、労働者の父をもつ場合は少ない。

第四に、商業やサービス業に従事している者の場合、親子の同職傾向は顕著であるが、当人が労働者である場合、労働者である父をもつ者が非常に多く、専門職や管理職を父にもつ者は非常に少ない。労働者と専門職、管理職との威信距離が長いことを考えると、これも当然の結果といえるかもしれないが、実に興味深い現象である。

また、調整済み残差で示したこのクロス表を縦方向でみてみると、特定の職業につく人たちの子がどのような職業についているかがわかる。

たとえば、専門職の子には専門職と事務職は多いが、労働者は少ない。管理職の子もほぼ同じ傾向を示しているが、労働者の子の場合、同じ労働者になる割合がもっとも高く、その他の職業――とりわけ専門職と事務職――につくケースは稀である。

表5―4には、中間層をサンプルにした場合の結果も示されている。回答者がランダムに抽出されたものではないため、一般的なことはいえないものの、これを前提にいくつかの特徴を挙げると、以下のようになる。

第一に、事務職や労働者の子がどの職業に多くつくかについては明確な傾向がみられない。第二に、管理職の回答者が特定の階層から排出されたといった傾向も認められない。第三に、専門職や商業、サービス業では親子同職の傾向が比較的強いものの、威信間の距離がある職業間では移動が少ない。この点では、一般市民の集計結果とほとんど同じである。

以上、父と子の間での職業移動を主に分析してきた。本来ならば、世代内移動についても分析を行いたいところだが、今回の調査結果では、最初の職業についての回答が非常に少ないため、分析を断念せざるをえない。

図5―3　中国における地位達成モデル

家族背景――→**学校教育**――→**就職後の努力具合**――→**現在の地位**

家族背景	学校教育	就職後の努力具合	現在の地位
①父学歴（5段階） ②父職業（0―1） ③母学歴（5段階） ④15歳時の暮し向き（5段階） ⑤15歳時の居住地（0―1）	⑥学歴（5段階）	⑦転職歴（有＝1，無＝0） ⑧政治的身分（党員，団員等＝1，その他＝0）	⑨給与（11段階） ⑩職業（0―1）

（注）職業ダミー：専門職と管理職＝1，その他＝0。居住地ダミー：天津市＝1，その他＝0。

出典：富永健一編，1979，『日本の階層構造』東京大学出版会，67頁の図2・1を参照に作成した。

中国における地位達成モデル

市場社会では一般に、社会移動にともなって、二つの結果がもたらされる。一つは収入の増加、もう一つは社会的地位の上昇である。収入と社会的地位の間には正の相関関係がみられるものの、両者は完全に一致するわけではない（富永・安藤 1977）。

これまでの社会移動研究では、人々の収入水準や地位達成については、ブラウ＝ダンカンのパス解析が広く援用されてきた。そこでパス解析について、その手順を簡単に説明する。

まず、収入と職業といった二つの地位変数が被説明変数とされる。次に地位達成に影響を及ぼす説明変数として、家族背景――兄弟数、父の学歴、母の学歴、父の職業、一五歳時の暮し向き、出身地市町村規模など――やアスピレーション（職業と教育）、本人の学歴、初職などが選ばれる。第三に、質的変数を含めたすべての変数を量的変数へ変換した上で、変数間の相関分析や重回帰分析が行われる。第四に多変量解析の結果から、地位変数に対する各変数の直接効果と間接効果が明らかにされる（富永・安藤 1977）。

本章では、そうした分析枠組みを参考に、中国の実情や調査データの制約を考慮した上で、図5―3に示した変数間の関係を計量的に分析してみたい。

家族背景については、①～④はよく分析の対象とされるが、本章では一五歳時の居住地が天津市であるかどうかも説明変数に付け加えたい。また、一五歳時の暮し向きは「一五歳時の家が社会のどの階層に属したと思うか」という質問への回答によって代替されている。

教育および職業のアスピレーションについては、調査項目に取り入れなかったため、説明変数から除外せざるをえないが、新たな変数として「就職後の努力の程度」を導入した。具体的には、転職歴はあるか、政治的身分（共産党員や共産主義青年団員であるかどうか。以下、政治的身分の内容を「党・団員」と略称する）がどうであるかといった、二つの変数を取り入れている。

「党・団員」になる者はそれなりに優秀であり、転職経験があることは、よりよい職業や高い収入を求めて努力した結果であると考えられる。したがって、この二つの変数が地位変数に与える影響を調べることは、あながち不自然ではないだろう。

ただし以下では、各変数の値を順序尺度に変換した上で分析を進めることとする。学歴や給与については教育年数や金額をデータとして使うこともできるが、これを利用した場合の計測結果は順序尺度に基づいたそれとほとんど同じであるため、以下順序尺度だけを利用して分析を続ける。

職業については、中国で職業威信スコア表が作成されていないこともあり(10)、ここでは、専門職と管理職を一まとめにし、これらの職業についた者がどのような特性をもっているかに限定して分析を行う。また、地位達成に与える年齢や性別の効果を測定するため、この二変数も地位達成モデルに取り入れることにする。

変数間の相関関係

まず、本人の月収と職業が説明変数とどのような関係をもっているかについて考えてみよう（表5―5参照）。

表５―５　地位達成に関わる諸変数間の相関係数（ピアソン相関）

	①	②	③	④	⑤	⑥	⑦	⑧	⑨	⑩	⑪	⑫
①本人月収	1.00											
②本人年齢		1.00										
③本人性別ダミー	0.22		1.00									
④父学歴	0.14	-0.25		1.00								
⑤15歳時の父の職業	0.16	-0.22		0.40	1.00							
⑥母学歴	0.18	-0.33		0.61	0.31	1.00						
⑦15歳時の居住地		-0.29			0.08		1.00					
⑧15歳時の暮し向き	0.07	-0.15		0.28	0.23	0.23		1.00				
⑨本人学歴	0.36	-0.31	0.06	0.38	0.24	0.33		0.21	1.00			
⑩転職ダミー	0.13				0.12			0.05	0.10	1.00		
⑪政治ダミー	0.25		0.13	0.12	0.09	0.14	-0.09		0.28	0.05	1.00	
⑫本人職業(780人)	0.34	0.09		0.17	0.22	0.16	-0.10	0.06	0.39		0.24	1.00

（注）　空白は相関係数が非常に小さく，しかも５％以下で統計的に有意でないことを示す。

第一に、本人の月収と職業との相関係数は〇・三四と比較的高い。ところが、この二つの変数が互いに相手方の分散を一一・五六％しか説明できないという意味では、両者は決定的な緊密さを有していないということもできる。

第二に、月収とその他の説明変数との関係については、二列目の数字から読み取れるように、本人の学歴と政治的身分、性別が月収と割合高い正の相関関係を有する以外、概して相関は低い。また、本人職業と一五歳時の父の職業（〇・二二）、本人の学歴（〇・三九）、政治的身分（〇・二四）の間では比較的高い相関関係がみられるが、その以外ではそれが非常に低いか、存在しない。

第三に、説明変数間の相関関係を調べてみると、本人の学歴は父と母の学歴（〇・三八、〇・三三）、一五歳時の父の職業（〇・二四）、および一五歳時の暮し向き（〇・二一）と比較的強い相関関係を有している。家族背景は本人の学歴達成によい影響を与えているようだ(11)。

第四に、本人の年齢は、家族背景を表す五つの説明変数と本人学歴とすべて有意な負の相関関係をもっている。年輩の人であるほど、その親と本人の学歴が低く、専門職や管理職を親にもつケースが少ない、というわけである。年齢が月収や転職歴、政治的身分と相関関係をもたないのは、少し意外な結果である。

また、転職歴とその他の説明変数との間には、有意な相関関係がみられなかった。職業選択の自由がいまだに十分に保障されていない中国の実情を考えると、これはわかりやすい結果であるともいえる。

月収を決定する要因

次に月収の決定要因を計量的に分析してみよう。

人々の収入水準は、本人の年齢や性別だけでなく、教育年数（学歴）や就職後の努力の程度（転職歴と政治的身分）、本人の家族背景（父と母の学歴、一五歳時の父の職業、暮し向きおよび居住地）からも影響を受ける。そこで、本人の収入水準と諸要素との関係を線形回帰式で定式化してみると、次のようになる。

月収＝Ａ＋ΣBiXi＋u

ただし、Ａは定数、Biは重回帰係数、Xiは説明変数、ｉは本人の年齢、性、父の学歴、一五歳時の父の職業、母の学歴、一五歳時の居住地、一五歳時の暮し向き、本人の学歴、転職歴、政治的身分、ｕは残差を、それぞれ表すものとする。

以上の回帰式をもちいて、一般市民と中間層を対象に、それぞれ重回帰分析を行った。計測結果は表5―6に示した通りであるが、これから一般市民について、以下のような特徴を指摘することができる。

第一に、統計的に有意性の高い説明変数に、本人の年齢と性別、一五歳時の父の職業、本人学歴、転職歴と政治的

表5—6　月収の決定要因（重回帰係数）

	一般市民	中間層	全回答者
本人年齢	0.18***	0.32***	0.06
本人性別ダミー	0.93***	0.40***	0.91***
父学歴	-0.08	-0.06	-0.03
15歳時の父の職業	0.46***	-0.04	0.31**
母学歴	0.08	-0.01	-0.03
15歳時の居住地ダミー	0.09	0.01	-0.05
15歳時の暮し向き	0.01	0.17**	0.19***
本人学歴	0.79***	-0.02	1.09***
転職ダミー	0.42***	0.48***	1.26***
政治ダミー	0.73***	0.02	0.54***
(定数)	1.61***	7.63***	1.93***
調整済みR^2	0.199	0.058	0.325
N(ケース数)	1,068	755	1,823

（注）　＊＊＊＜1％，＊＊＜5％，＊＜10％で統計的に有意であることを示す。

身分がある。変数がすべて順序尺度に変換されていることから、次のような解釈が可能である。すなわち、他の条件が同じである場合、(1)年齢が一〇歳上がることにより月収は一八元上昇する、(2)女性に比べて男性の月収が九三元高い、(3)一五歳時に専門職か管理職を親にもっていた者の月収は、そうでない者の月収より四六元高い、(4)本人学歴が一単位高まるにつれ、月収は七九元ずつ高くなる、(5)転職歴のあった者はそうでない者より月収は四二元高い、(6)「党・団員」という政治的身分を有する者は、そうでない者より月収が七三元高い。

月収に対する影響がもっとも低いのは年齢（〇・一八）である。中国には年功賃金という制度的慣行が存在していないことからも、この結果は納得できる。

月収面で男女格差が検出されたことは、「男女平等」という中国社会の建前が月収の面で支持されていないことを意味する。

性別に次いで重要な変数は学歴である。改革・開放が始まって二〇年たつ現在の中国では、徐々に知識や学歴を重視するようになってきているようだ。

政治的身分によって月収水準が異なっているというのは、いかにも中国的である。政治的身分が学歴や職業と関連していることから（表5―5参照）、政治的身分の中には学歴や職業の影響が含まれると考えられる。しかし、父と母の学歴、一五歳時の居住地と暮し向きの月収に対する影響は、統計的に検出されなかった。注意を要するのは、ここでいっているのがあくまで直接的な効果のことであり、間接的にどう関係しているかについてはさらなる分析が必要だ、ということである。

ここで、表5―5に示した本人学歴と家族背景の関係を考慮して、本人学歴の決定モデルを作ってみた。一般市民のデータセットを利用した計測結果は以下の通りである。

本人学歴＝1.780***＋0.202***学歴＋0.176***母学歴＋0.103***暮し向き＋0.188***父職業

（R^2＝0.170）、ただし、***は $p < 1\%$ で統計的に有意であることを表す。

分析結果は、ほぼ予想通りのものである。親の学歴が高く、一五歳時の暮し向きがよい者ほど、当人の学歴は高い。ところが、一五歳時の居住地は学歴に影響していない。

一般市民一、〇六八人の有効回答をもちいた計測結果（調整済み決定係数の値）では、上記の一〇変数によって月収を説明できるのは、二割程度である。クロスセクション・データを利用した計測としては、モデルの有意性がかなり高い。

次に、中間層における月収の決定要因の特徴を明らかにしてみよう。

まずいえることは、中間層の月収決定モデルの説明能力は五・八%と、一般市民を対象にした分析以上に低くなっている点である。

第二に、父の職業や本人の学歴、政治的身分は、中間層の月収決定を説明する変数とはなっていない。自営業や私営企業、外資系企業に多く勤めており、専門職や管理職が多いこの中間層で、なぜ以上のような結果が出たかについては、説明しにくい。

ただし、高収入を基準にサンプリングされたデータセットの場合、政治的身分や学歴が月収水準にほとんど影響を与えていない点は注目に値する。

職業達成の要因分析

最後に、職業達成に対して家族背景や本人の学歴、就職後の努力の程度が及ぼす影響を検討してみたい。

前述の通り、本来ならば、職業威信スコア表を利用して重回帰分析が行われるが、ここでは、職業威信スコアのかわりに、すべての職業をホワイトカラーとブルーカラーの二つのグループに分けた上で、前者を一、後者を〇とするダミー変数を代理変数として使うことにする。具体的には、専門職と管理職をホワイトカラーに、その他をブルーカラーにそれぞれ分類する。

もちろん、これは便宜的な分類法である。普通ホワイトカラーに分類される事務職をブルーカラーとしたのは、中国では事務職が専門職や管理職に比べてブルーカラーに近いと思われるからである。

ところが、被説明変数がダミー変数である場合、線形回帰モデルを適用しにくいため、ここではロジスティック回帰法をもちいる。(12)

表5—7　職業達成の要因分析（ロジスティック回帰法）

	一般市民		中間層		全回答者	
	B（係数） Exp(B)	s. e. （標準誤差）	B（係数） Exp(B)	s. e. （標準誤差）	B（係数） Exp(B)	s. e. （標準誤差）
本人年齢	0.5367*** 1.704***	0.1056	0.6318*** 1.8809***	0.1321	0.5475*** 1.7289***	0.0797
本人性別ダミー	0.0868 1.0907	0.1795	0.2582 1.2946	0.2006	0.1938+ 1.2138+	0.1296
父学歴	-0.0569 0.9447	0.0852	-0.0712 0.9830	0.0994	-0.0294 0.9711	0.0667
15歳時の父の職業	0.8872*** 2.4283***	0.1969	0.3388+ 1.4032+	0.2122	0.6390*** 1.8946***	0.1420
母学歴	0.1793+ 1.1964+	0.1276	-0.1097 0.8961	0.1140	0.0004 1.0004	0.0839
15歳時の居住地ダミー	-0.4124 0.6621	0.3257	-0.1256 0.8820	0.2984	-0.3344+ 0.7158+	0.2196
15歳時の暮し向き	-0.0636 0.9383	0.0931	0.1788+ 1.1957+	0.1191	0.0568 1.0585	0.0710
本人学歴	0.8758*** 2.408***	0.1051	1.2141*** 3.3674***	0.1223	1.1938*** 3.2997***	0.0743
転職ダミー	-0.1775 0.8374	0.2060	-0.6825*** 0.5053***	0.1966	-0.2379* 0.7883*	0.1329
政治ダミー	0.6132*** 1.8464***	0.1897	-0.0547 0.9468	0.1999	0.3141** 1.3691**	1.3420
定数	-5.4004***	0.6901	-5.9771***	0.8500	-6.0854***	0.5087
Cox & Snell R^2	0.211		0.239		0.301	
Nagelkerke R^2	0.295		0.338		0.301	
N（ケース数）	780		710		1,490	

（注）(1)＊＊＊＜1％，＊＊＜5％，＊＜10%，＋＜15％で統計的に有意であることを示す。
(2)本人の職業は専門職または管理職である場合に1，そうでない場合に0とした。

　計測にあたっては、一般市民と中間層についてlogオッズと標準誤差、オッズ比を推計した。結果は表5—7の通り。

　まず一般市民を対象にした分析結果をみてみると、線形回帰モデルの決定係数にあたるNagelkerke R^2から、回帰式の二九・五%が説明できることがわかる。また各説明変数のlogオッズ（B）とオッズ比(Exp(B))、統計的な有意性から、次のことがいえそうだ。

　第一に、性別は職業達

成に有意な影響をしていない。専門職や管理職になるにあたって、性的差別は存在していないようである。

第二に、本人の年齢、学歴と政治的身分は統計的に有意な影響をしている。すなわち、他の条件が同じである場合、(1)年齢が一〇歳上がると、オッズ比は一・七一〇四増え、(2)五段階区分の学歴が一単位上がると、オッズ比は二・四〇〇八増加し、(3)「党・団員」であることは、そうでない者よりそのオッズ比は一・八四六四高くなっている。

第三に、家族背景を表す変数のうち、一五歳時における父の職業のみが本人の職業達成に大きな影響を及ぼしている（オッズ比二・四二八三）。この点は表5―4でみた結果と合致している。[13]

次に、中間層に関する計測結果をみてみると、一般市民のそれとかなり似ている側面もあるものの、転職歴と政治的身分については異なる結果が現れた。また、月収の決定モデルでもみられた政治的身分の無意味さが、ここでも確認された形になっている。

五　階層帰属意識の変化とその要因

これまでの分析からわかるように、天津市の人々は地域間、産業間、職業間で移動を行ってきた。こうした社会移動によって月収や職業に変化が生じ、同時に当人や当人の家族の階層的地位も変化する。

個々人がどの階層に属しているかについては、所得など客観的なデータで把握することができるが、客観的な数字では表せない自己認識や満足感のような主観的要素も考慮されなければならない。個々人が考える帰属階層と第三者の判断が一致しない可能性もある。

図5―4a　階層変動の人数分布

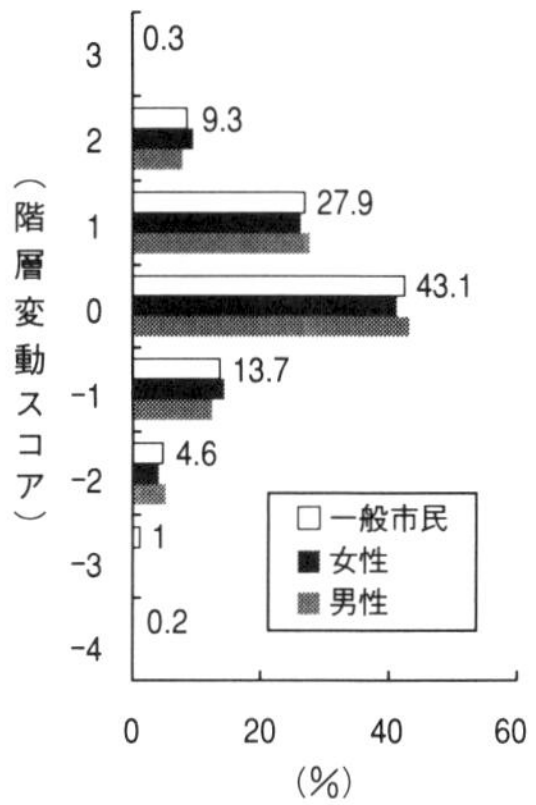

図5―4b　15歳時に比べての階層変動（一般市民）

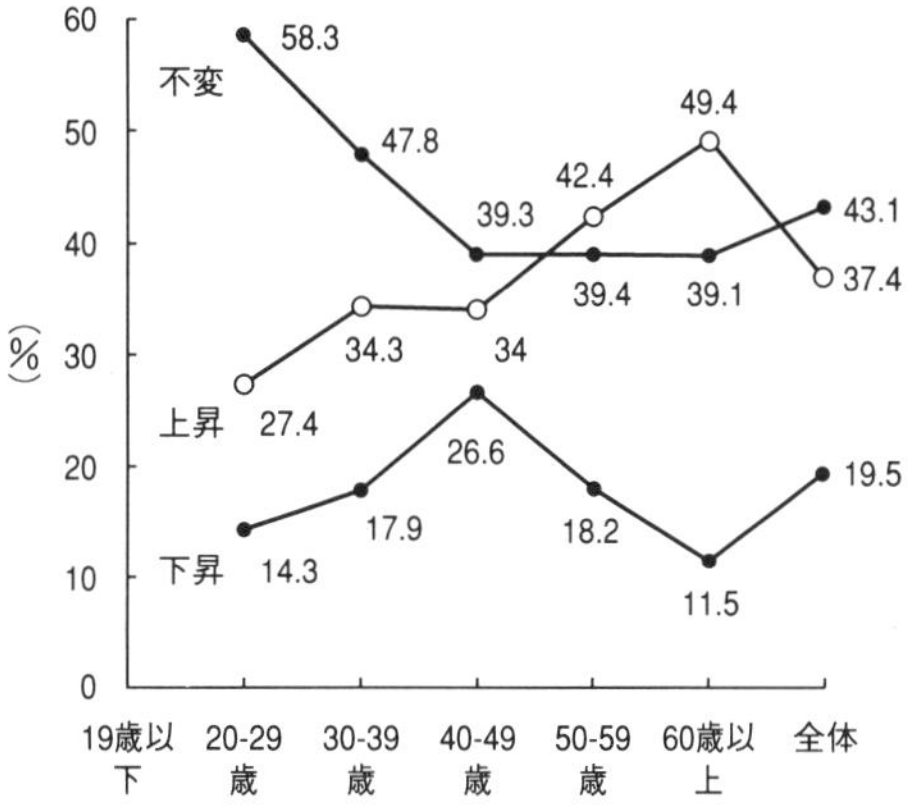

それどころか、多くの場合、主観的な階層認識は社会の安定にとってより重要となりうる。社会の底辺に置かれている者でも、自分の帰属階層を「中」とみているとすれば、彼の社会に対する不満は少ないものと予想されるし、その逆もまた真であるからだ。

本節では、人々の階層帰属意識の変化とその要因を明らかにする。具体的には、現在の帰属階層と一五歳時の暮し向き（両方とも上、中の上、中、中の下、下の五段階での評価）を比較することで、階層帰属意識の変化と、その変化をもたらした要因を検討してゆくことにしたい。

階層帰属意識の変化

図5―4では、帰属階層の変動幅（スコア）別にみた一般市民の構成比と年齢別にみた上昇グループ、不変グループと下降グループの構成比が描かれている。左の棒グラフからみて取れるように、現在と一五歳時の階層が変わっていない者が全体の四三％を占め、圧倒的に多い。

帰属階層が一単位上昇した、または下降したと答えた者はそれぞれ全体の二八％と一四％。二単位以上上昇または下降した者の比率は、それぞれ九%と六%にすぎない。全体としては、所属階層が上昇したとする者の比率（三七%）が下降したと考える者の比率（二〇%）を大きく上回っている。

年齢別にみていくと、以下の興味深い事実が判明する。

第一に、各年齢層において階層帰属意識の変化が相当に異なっている。

第二に、年輩の人であるほど、帰属階層が上昇したと考える者の比率がストレートに高くなっている。特に六〇歳以上のそれは四九%に達し、二〇歳代の二七%を大幅に上回っている。

第三に、帰属階層が下降したと答えた人の割合は「逆V字」の曲線を呈しており、四〇歳代のそれが際だっている。

四〇歳代といえば、一九六三年から七二年にかけて一五歳だったわけで、この期間は「文化大革命」のピークを挟む一〇年間にあたる。社会的混乱が多く、物質的にも割合困難な時期であったにもかかわらず、この時期に比べて帰属階層が下がったと回答した割合が他の年齢層より高いのはなぜだろうか。

考察の対象を三〇歳代から五〇歳代までに広げると、現時点と比較される期間は一九五三年から八二年までとなるが、これはちょうど集権的計画経済体制が機能していた時期と重なる。とすれば、就職・福祉・保険という「三位一体」制度が存続した計画経済時代に比べ、帰属階層が下降したと考える人が相対的に多くなったという説明が成り立つかもしれない。

階層帰属意識を決定するもの

以下で階層帰属意識の変化をもたらした要因を分析する前に、現時点の階層帰属意識がどのような要因に影響を受けているかを検討しておこう。

通常、年齢や学歴、収入、資産状況が人々の所属階層に重要な意味をもつとされる。ところが中国の場合、これらの要素以外に、その人の有する権力や政治的身分も大きな意味を有すると考えられる。そこで、住宅面積を資産の代理変数に、行政上の等級（非該当、科長未満、科長、処長、局長以上）を権力の代理変数とした上で、これらが階層帰属意識に与える影響を重回帰分析法で計測してみた。

その結果、一般市民のデータセットを利用した場合、(1)モデルの説明力（調整済み決定係数）は七％にすぎないこと[14]、(2)年齢、学歴、住宅の三つの要素は統計的な有意性を示さず、行政職位と月収のみが階層帰属意識に影響を与えていることが判明した。

また中間層を対象にした場合、モデルの説明力は一〇・二％となったものの、依然として低く、統計的に有意な説明変数としては行政職位が欠落した代わりに、住宅面積、学歴と年齢が加わることがわかった。

このように、階層帰属意識を説明するのは大変むずかしいこと、一般市民であれ中間層であれ、階層帰属意識を決定する要素として重要な変数に月収があることを確認しておきたい。

ところで、人々の階層帰属意識の変化をもたらす原因として、本人の属性だけでなく、前述した家族背景なども考えられる。そこで、「現在の帰属階層から一五歳時の帰属階層を引いた値」を被説明変数とし、本人の年齢、学歴、行政上の等級、月収、職場規模、政治的身分と転職歴、父学歴と配偶者月収を説明変数とする線形方程式を作った上で、重回帰分析を行ってみた結果が、表5―8に示されている。

この表から、いくつかの特徴的な点を挙げることができる。

第一に、一般市民、中間層および高所得層のいずれにおいても、調整済み決定係数の値が小さく、モデルの説明力

表5—8　帰属階層の変化の要因分析（重回帰分析）

	一般市民	中間層	高所得層
本人年齢	-0.013	0.064+	0.036
本人学歴	-0.033	0.027	-0.022
父学歴	-0.118***	-0.145***	-0.153***
本人の行政上の等級	0.014	0.138***	0.143***
本人月収	0.064***	0.050**	0.104***
配偶者月収	0.000	0.007	0.003
職場規模（人数別）	-0.041+	-0.026	-0.014
政治ダミー	-0.013	0.015	0.039
転職ダミー	-0.126+	0.065	0.016
定　数	0.297	-0.490*	-0.697**
調整済みR^2	0.031	0.081	0.085
N（ケース数）	814	739	861

（注）⑴被説明変数＝現在の帰属階層－15歳時の帰属階層。
⑵＊＊＊＜1％，＊＊＜5％，＊＜10%，＋＜15％で統計的に有意であることを示す。
⑶高所得層は月収701元以上の者。

は低い。この点、前述の帰属階層の決定要因についての分析結果と同じである。

第二に、父の学歴は、一般市民においても、中間層、高所得層においても、高い統計的有意性をみせたが、回帰係数はマイナスになっている。父親の学歴が高い人は、その帰属階層が一五歳時に比べて低下しており、しかもその傾向は中間層や高所得層で顕著になっているのである[15]。

第三に、月収は階層帰属意識の変化にプラスの作用を果たしている。また行政上の等級については、一般市民の場合、統計的な有意性が認められなかったものの、中間層と高所得層では階層帰属意識の変化に強く影響している。

第四に、意外なことに、政治的身分は統計的な有意性をみせていない[16]。

第五に、本人の年齢や学歴、配偶者の月収、勤務先の規模、転職歴は、階層帰属意識の変化を説明する変数としてほとんど意味をもっていない。

六　社会的公平感とその決定要因

社会移動は人々の公平意識にどのような変化をもたらしているのだろうか。所得の分配にみられる平等・不平等については、経済学の分析手法で客観的に説明することができる。ところが、人々は往々にしてより漠然とした感覚で社会が公平であるかどうかを判断している。この節では、「一般的に、現在の社会は公平だと思うか」という設問に対する回答の結果を分析してゆく。

現在の中国社会は公平か？

この設問に対しては、「とても公平だ」「まあ公平だ」「あまり公平でない」「とても不公平だ」「わからない」という五つの選択肢が用意されている。

全回答者（一般市民と中間層）の単純集計では、「とても公平だ」が一・三％、「まあ公平だ」が三八・七％、「あまり公平でない」が四一・〇％、「とても不公平だ」が一二・〇％、「わからない」が七・一％と「不公平」の回答者が「公平」のそれを大きく上回っている。ここでは、「とても公平だ」と「まあ公平だ」を「公平」とし、「あまり公平でない」と「とても不公平だ」を「不公平」とした上で、回答者の属性——年齢、学歴、政治的身分など——別にみた公平感、不公平感の相違を明らかにしたい。

図５—５には、「現在の社会が公平である」と答えた者の比率が描かれている。

回答者全体とサンプル別の数字をみてわかるように、回答者全体の四三％が「公平だ」と答えており、その数値は

図5－5a　全体と階層別

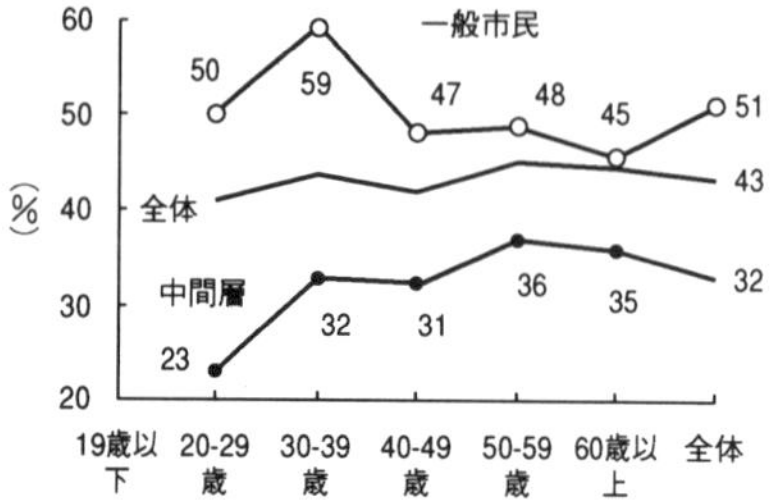

図5－5b　性別

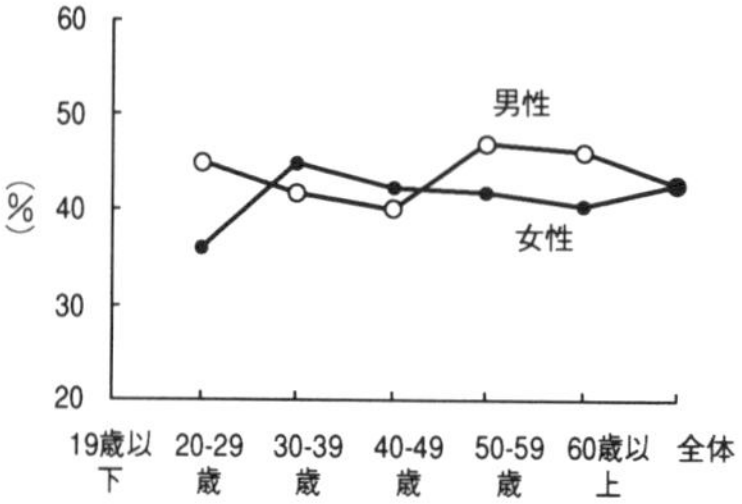

図5－5c　政治的身分別

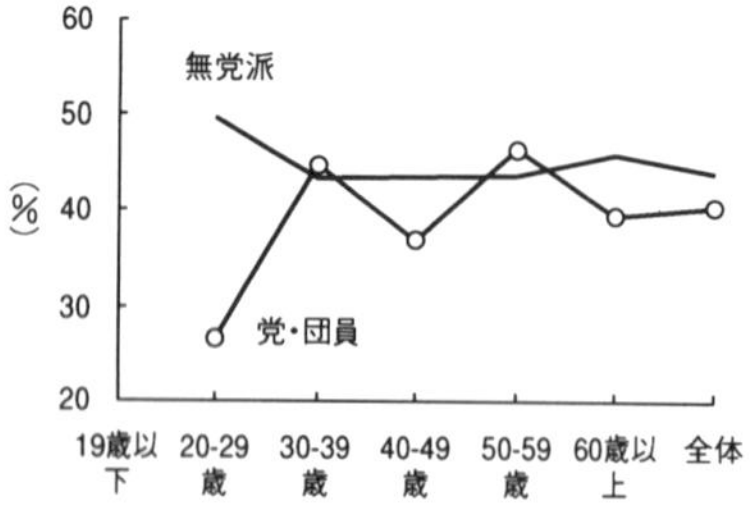

図5－5d　教育程度別

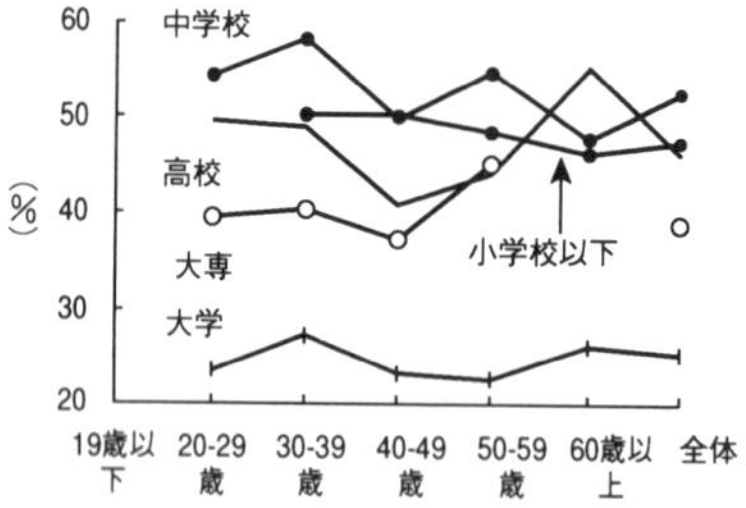

図5－5e　階層変動別

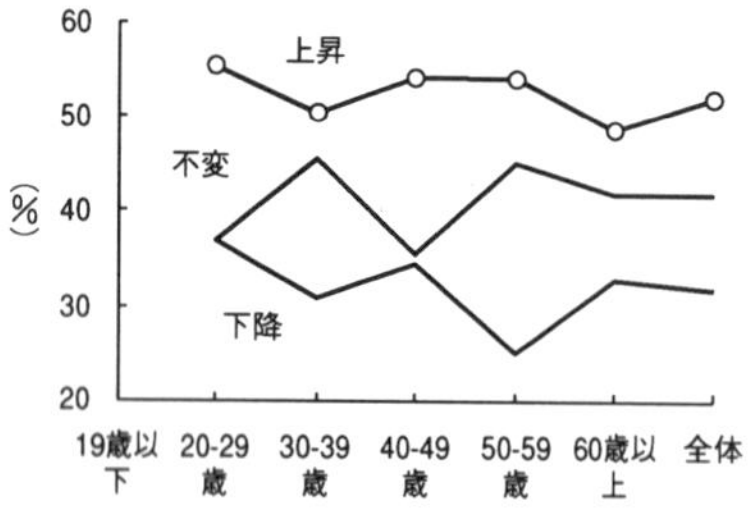

図5－5f　所得階層別

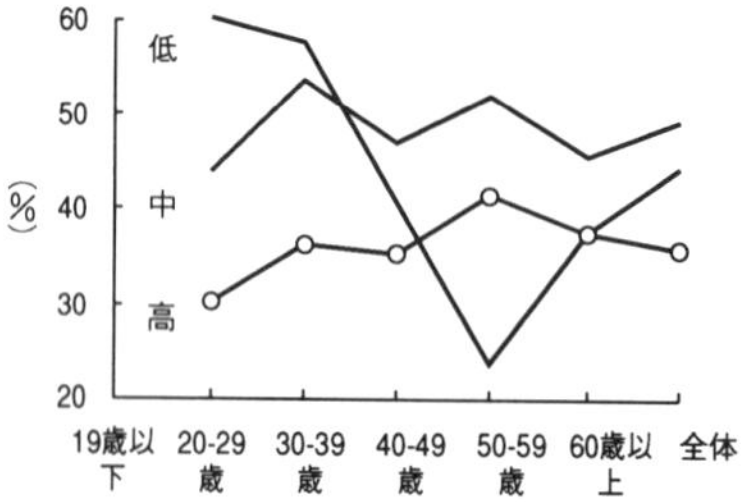

各年齢層でほとんど違いがない。

ところが、一般市民で「公平だ」と回答した者は五一％に達しているのに対して、中間層のそれは三二％にすぎない。とりわけ二〇歳代と三〇歳代では、一般市民と中間層の格差が大きい。

前述のように、中間層のサンプルは一定の条件に基づいて抽出されたものであり、一般市民より高い社会経済的地位を有している。たとえば一般市民に比べ、中間層の住宅面積は一・三二倍、本人月収は二・二〇倍、配偶者月収は一・七二倍、毎月の貯金額は三・一六倍となっている。そのため、中間層の人たちが「社会は公平でない」と回答したのは、その社会経済的地位によるとは考えにくい。

次に、性別、政治的身分別に「公平だ」と回答した者の比率をみると、一部の年齢層を除いたすべての人たちが、似た特徴をもっていることがわかる。いいかえれば、男性か女性か、あるいは「党・団員」であるかどうかは、公平感にほとんど影響を与えていないのである。

ところが、学歴によってその公平感には違いがみられる。教育程度が低い者ほど「公平だ」と回答し、教育程度が高いほど「不公平だ」と回答する割合が高いのである(17)。

階層変動別の結果については、理解しやすい。一五歳時に比べて自らの帰属階層が「上昇した」と思っている人たちは、「変わっていない」か「下降した」と思っている人たちに比べ、「公平だ」と回答する割合がはるかに高くなっている。

ところが、所得階層別にみてみると、高所得層（月収七〇一元以上）のそれは概して中所得層（三〇一～七〇〇元）より低くなっている。低所得層（三〇元以下）は年齢層によってずいぶんと異なっているが、全体としては高所得層と中所得層の間に位置している。

表５―９　社会的公平感の決定要因（ロジスティック回帰法）

	一般市民		中間層		全回答者	
	B	Exp(B)	B	Exp(B)	B	Exp(B)
社会階層の変動	0.4571***	1.5795***	0.2656**	1.3043**	0.3897***	1.4765***
性別ダミー	0.0165	1.0167	0.0707	1.0733	0.0297	1.0301
政治ダミー	-0.0812	0.9221	0.1324	1.1416	0.0066	1.0066
所得階層	0.1600	1.1736	0.1171	1.1243	0.1191	1.1264
一般市民・中間層ダミー					-0.6328***	0.5311***
本人学歴：小学校卒以下	0.8910***	2.4376***	-0.2635	0.7684	0.5544**	1.7409**
中学校卒	1.1789***	3.2057***	0.7306**	2.0762**	0.8444***	2.3267***
高校卒	1.1693***	3.2198***	0.5691***	1.7666***	0.7693***	2.1582***
大専卒	0.8326***	2.2992***	0.5097***	1.6647***	0.5680***	1.7648***
定数	-1.4127***		-1.6139**		-1.0198***	
Cox & Snell R^2	0.043		0.024		0.064	
Nagelkerke R^2	0.043		0.034		0.064	
N（ケース数）	1,090		751		1,841	

（注）⑴＊＊＊＜１％，＊＊＜５％，＊＜10％，で有意であることを示す。
⑵「社会階層の変動」とは，現在の帰属階層と15歳時のそれ（いずれも５段階評価）との比較から，上昇＝１，不変＝０，下降＝－１として定義されている。
⑶所得階層：低所得層は300元以下，中所得層は301～700元，高所得層は701元以上と定義されている。

社会的公平感を決定する要因

では、家庭背景は人々の公平感にどのような影響を与えているのだろうか。

この点を明らかにするために、「公平だ」とする回答を一、「不公平だ」とする回答を〇とし、次にこの変数を従属変数とし、図５―５でもちいた六つの変数を独立変数とした回帰方程式を作ってみた。従属変数がダミー変数であるため、ここでもロジスティック回帰法を利用して、各要素が人々のもっている公平感にどの程度影響しているかを明らかにしてみよう。

表５―９はその推計結果であるが、同表から以下の特徴を指摘することができる。

第一に、性別、政治的身分、所得階層の三つの要素は、人々の公平感に差異をもたらしていない。この結果は図５―５が示す現象を計量的に確認したものである。

第二に、他の条件が同じである場合、一般市民に比べて、中間層の方が「現在の社会は公平だ」と思う確率は低い。

第三に、一般市民、中間層を問わず、主観的な帰属階層の上昇が人々の公平感を大きく高めている。

第四に、一般市民サンプルと中間層サンプルとは、学歴効果の点で、基本的に似た特徴を示している。

以上、本節における知見をまとめると、天津市における社会的公平感は、基本的に学歴による効果が大きいといえそうだ。(18)

七　おわりに

中華人民共和国成立以降、五〇年近くにわたって、政治的にはほぼ一貫した共産党による一党独裁体制が維持されてきたが、経済的には資本主義経済の社会主義的改造運動から集権的な計画経済の運営を経て市場経済への回帰へと、大きな変貌を遂げてきた。

こうした動きに相応して、社会の流動性は、「戸籍登録条例」（一九五八年）の公布・実施以降、八〇年代初頭までの二〇年余り著しく低下したものの、改革・開放と市場経済化の進展にともなって、産業間・地域間・職業間での労働移動がかなり活発化している。

本章では、こうしたヒトの移動を社会学で開発された階層と移動に関する理論的枠組みを援用し、その実態把握と原因究明を目指してきた。

冒頭で述べたように、中国社会を対象とする社会移動の研究は始まったばかりであり、関連データの開発と蓄積は日本のそれと比べられないほどに乏しい。

本章は、こうした「空白」を埋めるためのささやかな試みであるが、本章の分析で明らかになった事実は、当然ながら天津市の現実を反映したものであって、中国全体の現実を反映したものではない。この点に留意した上で、本章における知見をまとめてみよう。

第一に、職業間・地域間の移動と転職に関する分析の結果、改革・開放以後、天津市ではブルーカラーからホワイトカラーへの上昇移動がかなり行われたこと、親世代に比べて本人世代では天津市以外からの流入が非常に困難であったこと、転職歴の少なさからみて職業選択の自由度がかなり低いことが明らかになった。

第二に、世代間移動については、市場経済化の深まりを反映して、本人世代は親世代に比べて外資系企業での勤務が比較的多く、中間層や高所得層では自営業や私営企業を含む非国有部門に勤める者の比率が目立っている。職業別にみた世代間の転出入率は労働者で低く、事務職やサービス業、商業で高い。専門職と管理職の転入率はさほど変わらないものの、後者の転出率は明らかに高くなっている。

第三に、地位達成モデルによる分析の結果、月収に重要な影響を与えている要素としては、年齢と性別の他に、本人の学歴、転職歴、政治的身分があり、家族背景（一五歳時の父の職業・両親学歴と暮し向き）も部分的に影響を及ぼしていた。また、職業達成に対する影響については、月収のそれとほとんど同じであるが、性的差別の存在が検出されなかった。一五歳時に天津市に居住していたかどうかは、本人の地位達成にほとんど影響を与えていなかった。

第四に、階層帰属意識についてみてみると、天津市民全体としては階層帰属意識が上昇しており、年齢層が上がるにつれ「上昇した」と思う者の比率がストレートに高まっている。また、帰属階層の決定要素には行政上の等級と収入が検出されたものの、年齢、学歴と資産状況（住宅）は有意な影響を与えていない。

そして第五に、「今の社会は公平である」と思う一般市民の比率は、そう思わない者の比率とほとんど同じで、中間層においては不公平感がかなり高い。また、帰属階層が上昇したと感じている者であるほど公平感が強く、学歴が高い者であるほど不公平感が強い。

前述のように、地位達成の過程で果たす学歴の役割は大きい。しかし、学歴の高低と階層帰属意識とはほとんど相関がない（表5―8）。学歴が果たしている客観的な役割と、これに対する人々の主観的な意識の間には、大きなズレが存在しているようである。

このズレの発生原因について、今後いっそうの研究が待たれよう。

（1）「社会的地位に対する人間の絶えざる配分・再配分の結果として、生ずる社会的地位体系間での人間の動きを社会移動」とする富永の考えでは、人口の地域間移動も社会移動に含まれている。富永（1979：4）参照。

（2）「文化大革命」に代表される多くの政治運動では、「知識青年」達が共産党の呼びかけに応じざるをえない側面が多々あった。劉中陸主編（1995）を参照。

（3）ただし、近年農村部からやってきている出稼ぎ労働者――そのほとんどがサービス業や工場の労働者、建設業の作業員になっている――がこのデータに含まれていない点に留意しておく必要がある。

（4）もっともここでは、一五歳時に天津市に住んでいた者を天津市生まれと読み替えているだけであって、厳密には両者の比較は不可能である。

（5）李競能編（1987：217）および編集委員会編（1994：155）より算出。

（6）国家統計局『中国統計年鑑』中国統計出版社、各年版より算出。

（7）転職回数別にみる一般市民と中間層の構成比には統計的に有意な相違が認められないため、以下では全回答者の集計結果をもとに分析を行っている。

（8）梁暁声（1997）によれば、計画経済時代には、商業、サービス部門の就業条件が悪く、給与も工業部門などより低かったため、これらの産業への就職が都市住民に嫌われていたという。

（9）調整済み残差の計算方法は以下の通りである。

①標準化残差 eij を計算する。

$eij=(fij-tij)/tij^{(1/2)}$

ただし、fij は i 行 j 列の実測度数、tij は i 行 j 列の期待度数、を表す。

②eij の分散 V ij を計算する。

$Vij=(1-ni\cdot/N)*(1-n\cdot j/N)$

ただし、ni・は第 i 行目の合計、n・j は第 j 列目の合計、N は総合計、をそれぞれ表す。

③調整済み残差 dij を計算する。

$dij=eij/Vij^{(1/2)}$

また、dij は平均〇、標準偏差一の正規分布に近似的に従う。そのため dij の絶対値が二以上のものは、特徴的な箇所であるとみなしてよい（内田 1997：146）。

（10）本書の第七章で、仇立平が上海調査から得られた職業威信スコアを利用しているが、これが中国全土——あるいは今回の場合、具体的には天津市——に適用可能かどうかは疑問が残る。

（11）この点を第二で述べた地位達成と学歴の関係と考え合わせると、家族背景は本人の地位達成に間接的ではあるが、一定の影響を与えていることがわかる。また、父の学歴と職業（〇・四〇）、母の学歴と父の学歴（〇・六一）、母の学歴と父の職業（〇・三一）の間には比較的高い相関係数が検出された。社会的地位や学歴の似通う者同士が結合しやすい、というわけである。

（12）普通、ロジスティック回帰モデルは以下のように定義される。

$$\mathrm{Prob}\,(\mathrm{event}) = \frac{1}{1+e^{-z}}$$

ただし、$Z = B_0 + B_1X_1 + \cdot\cdot\cdot + BiXi + u$

これはある事柄が発生する確率を示す。逆に、その事柄が発生しない確率は

$$\mathrm{Prob}\,(\mathrm{no\ event}) = 1 - \mathrm{Prob}\,(\mathrm{event})$$

ということになる。また、ある事柄が発生する確率と発生しない確率の比、つまり、

$\mathrm{Prob}\,(\mathrm{event}) / \mathrm{Prob}\,(\mathrm{no\ event}) = e^Z$ をオッズ比（odds ratio）と定義すれば、

$$\log\,(\mathrm{Prob}\,(\mathrm{event}) / \mathrm{Prob}\,(\mathrm{no\ event})) = B_0 + B_1X_1 + \cdot\cdot\cdot + BiXi + u$$

という線形方程式が導出される。ここでは、Bi を log オッズといい、Exp（Bi）をオッズ比という。内田（1997：37-64）参照。

（13）家族背景を表す他の変数は、いずれも職業達成に直接的な影響を及ぼしていない。もちろん、これは直接的な効果に限ってのことで、間接的な影響については、前述の本人学歴とその家族背景との関係が示しているように、一五歳時居住地以外の変数が本人の職業達成にプラスに影響していると考えられる。

（14）上海市を対象にした盧漢龍（1996）の研究、および広州市を対象にした本書・第八章でも、似たような結論が得られている。

（15）もっとも、学歴の高い親をもつ家（父と母の学歴には高い相関関係がある）で育った者がみずからの帰属階層が低下したと認識しているといっても、あくまで親世代に比べての相対的なものであって、絶対的に下降したと解釈すべきではない。

（16）もっともこれも、よく考えてみれば納得できる事象である。共産党員になったからといって、必ず帰属階層意識が高まるとは考えにくいからだ。もちろん、党籍を得ることで行政上の等級を上げていく可能性は十分にある。

（17）中でも大卒以上で「不公平だ」とする声が強い。これが、「もっと高い社会的地位（収入や職業）が得られてしかる

べきだ」と考えている知識人が実際にそうなっていないことへの不満を示すものなのか、それとも、知識人特有の批判的精神を反映したものなのかは、にわかに判別できない。

(18) 階層帰属意識の変化も公平感に大きな影響を与えているとはいえ、それ自体本人の月収や行政上の等級などの影響を受けていることから(表5―8参照)、公平感は本人の月収や行政上の等級とも関係しているかもしれない。ただし、表5―9に示したモデルの説明力がかなり低い(二%から六%)ことを考えると、ここで挙げた要素だけでは十分な議論ができない点も認めなければならない。

第六章　重慶市の階層ヒエラルキーと社会移動

兪　萍

一　はじめに

一九七九年の第一一期三中全会以降、中国の社会経済には大きな構造変動が起こった。その核たるものは計画経済から市場経済への移行であるが、社会階層もこれにともなって大きく変化した。

本章では、経済改革が社会移動や階層ヒエラルキーに与えた影響を分析するが、まず改革・開放前の階層区分について、簡単に振り返ってみたい。

二　改革・開放前の階層区分

一九四九年、中国社会は根本的な制度変革を経験する。そして、比較的安定した階層区分は、五〇年代中期から徐々に形成され、一九七九年に改革・開放が始まるまで続いた。

この改革・開放前における階層区分を考える際に、重要な制度が二つある。

一つは戸籍制度。「都市戸籍と農村戸籍」が区別されることによって、農民と都市民は厳しく峻別されることになった。

農民は都市民に比べ、教育や就業、社会福祉などの点で大きなハンディキャップを負うことになった。都市戸籍を獲得することはむずかしく、一生土地に縛られることになった農民も少なくない。

また都市部では、人事制度によって幹部と労働者という異なる二つの階層が誕生することになった。前者は政府機関や文化事業体、国有企業で働く管理職やホワイトカラーを、後者は主にブルーカラーを指す。

労働者が幹部になるには、厳しい選抜をくぐらねばならず、選抜に受かる数はきわめて少ない。また幹部は行政上の等級によって分けられ、年功や能力、人間関係などによって昇進するものとされた。しかし、農民が都市民になるのがむずかしいように、上級幹部になるのも実に大変だった。

都市の階層区分にとってもう一つ重要な制度は、勤務先の単位所有制である。

改革・開放以前、中国の企業は国有と集団所有、これにごくわずかの自営業がある程度であった。所有制によって、給与水準や社会福祉での待遇に違いがみられ、国有企業は集団企業より優遇されていたため、集団企業の職員が国有企業の職員になるのは基本的に不可能であった。

社会的地位や物質的な待遇からみれば、労働者より幹部が上、一般幹部より高級幹部が上で、国有企業の職員は集団企業の職員より上、都市民は農民より上であった。つまり、幹部、労働者、農民の順に階層的な位置が高かったのである。

階層区分において、身分制的特徴が目立っていたこと自体、改革・開放以前の中国が伝統的な特徴を強くもっていたことを示唆しているが、社会主義革命が階級制度を打破し、計画経済のもとで平等主義的な配分制度を充実させたことも、こうした身分制的階層区分を助長することになった。

総じて、計画経済のもとで人々の身分は固定化されていた。社会階層は分割され、移動の乏しい超安定構造を備えていた。その結果、上昇移動の機会は奪われ、人々はみずからの能動性や積極性、創造性を発揮できずにいた。

こうした経緯もあって、経済体制改革の開始とともに人事制度改革や労働市場の育成が重視されるようになり、従来の階層構造が変化することになった。

改革・開放後、就業制度改革を突破口に社会的流動性が高まってゆくが、ここで改革前の就業制度について、少し触れておきたい。

従来の計画経済のもとでは、労働者の就業は国家の労働行政を管理する部門で統一的に募集、分配、管理されていた。これが、労働者の給与や各種保険、福祉待遇等すべてを職場が負担する、いわゆる「統包統配」モデルである。「統包統配」にあっては、企業と労働者は自主的な選択を行うことができなかった。企業や政府機関は余剰人員を削減できないし、労働者も転職することができない。その結果、競争の動力と圧力を失うことになったのだが、これこそ「単位身分制」の基礎にほかならない。

「統包統配」制度は、企業の活力と労働者のモラールを低下させ、労働生産性を下げることになった。そのため、改革・開放とともに就業制度の改革が行われるようになり、競争システムが導入され、労働市場の育成に力が注がれるようになった。

就業制度の改革が伝統的な「単位身分制」を根本から揺さぶり、社会の流動性を高めたのである。

三　現代中国における階層ヒエラルキー

現代中国における階層移動の特徴を分析するためには、まず階層構造そのものを検討しなければならない。M・ヴェーバーは権力、財、威信の三つから社会階層を捉えているが、彼の視座は現代中国の階層構造を研究する際にも有効である。

たとえば、中国では伝統的に「官本位」意識が強い。行政職務の高低、企業内での権力の大小は、人々の社会的威信や収入、住居条件などと深く関わっている。その意味で、権力は社会階層の重要な――多くの場合もっとも重要な――要素となっている。

また、財も重要な要素である。改革・開放以後、市場経済の導入によって財は威力を発揮するようになり、社会階層を決定する要因としての財の力は徐々に高まっている。

最後に威信については、一般に権力と結びつけて考えられている。権力が大きければ威信も高いというわけである。また威信と教育水準の結びつきも強く、特に最近では、選抜や任命にあたって学歴が重視されるようになり、学歴が高ければ、それだけ高収入の仕事につきやすくなっている。

では、中国の一般市民は何を基準に階層を判断しているのだろうか。重慶での調査データをもとに分析した結果が、表6―1に示されている。

表からもわかるように、収入、権力、教育水準が上位三項目となっている。中国では収入が主な生活の糧となっているから、人々の素朴な選択は社会学的な階層分類の基準と一致しているといってよい。

表6—1　社会階層の基準に対する選択（単位：人）

	職業	教育程度	収入	財産	文化水準	権力	社会的威信	家庭背景	その他	わからない	合計
30歳以下	6	14	25	7	9	11	2	5		8	87
31～50歳	59	79	148	28	41	138	11	46	1	51	602
51歳以上	37	53	85	13	16	43	4	12	1	34	298
合　計	102	146	258	48	66	192	17	63	2	93	987
全体に占める割合（％）	10.3	14.8	26.1	4.9	6.7	19.5	1.7	6.4	0.2	9.4	100

しかし財や権力、教育水準は、日常生活の中で職業や勤務先と密接に結びついているため、個々の職業や勤務先に、これら三つの要素がどの程度含まれているかを検討するとともに、人々がこれらの階層間をどのように移動しているかを検討してゆくことにしたい。

職業と勤務先のヒエラルキー構造は、主に収入や権力によって判断される。教育程度が階層的位置に及ぼす影響は、具体的に個々の人間がどのような職位を得、どの程度の収入を獲得したかによって測定できる。

そのため、以下で階層構造を検討するにあたり、権力や収入、それに権力や社会的地位に深く関わっている住居条件を中心に検討してゆくことにする。

収入からみたヒエラルキー

一九九八年時点における、重慶市民の年平均収入は約五、二〇〇元で、月平均収入は四三三元程度。今回の調査は重慶の市区で行ったが、調査対象者の月平均収入は四六〇・七〇元と、市全体の平均値とほぼ同じである。

図6—1によれば、月平均収入の高い勤務先から順に、個体企業、国家機関、外資系企業、国有事業体、私営企業、国有企業、その他および集団企業となっており、また月平均収入の高い職業から順位に、管理職、専門職、商業従事者、事務職、労働者、サービス業従事者、退職者、分類不能な労働者、第一次産業従事

図 6 — 1　勤務先別にみた平均月収（単位：元）

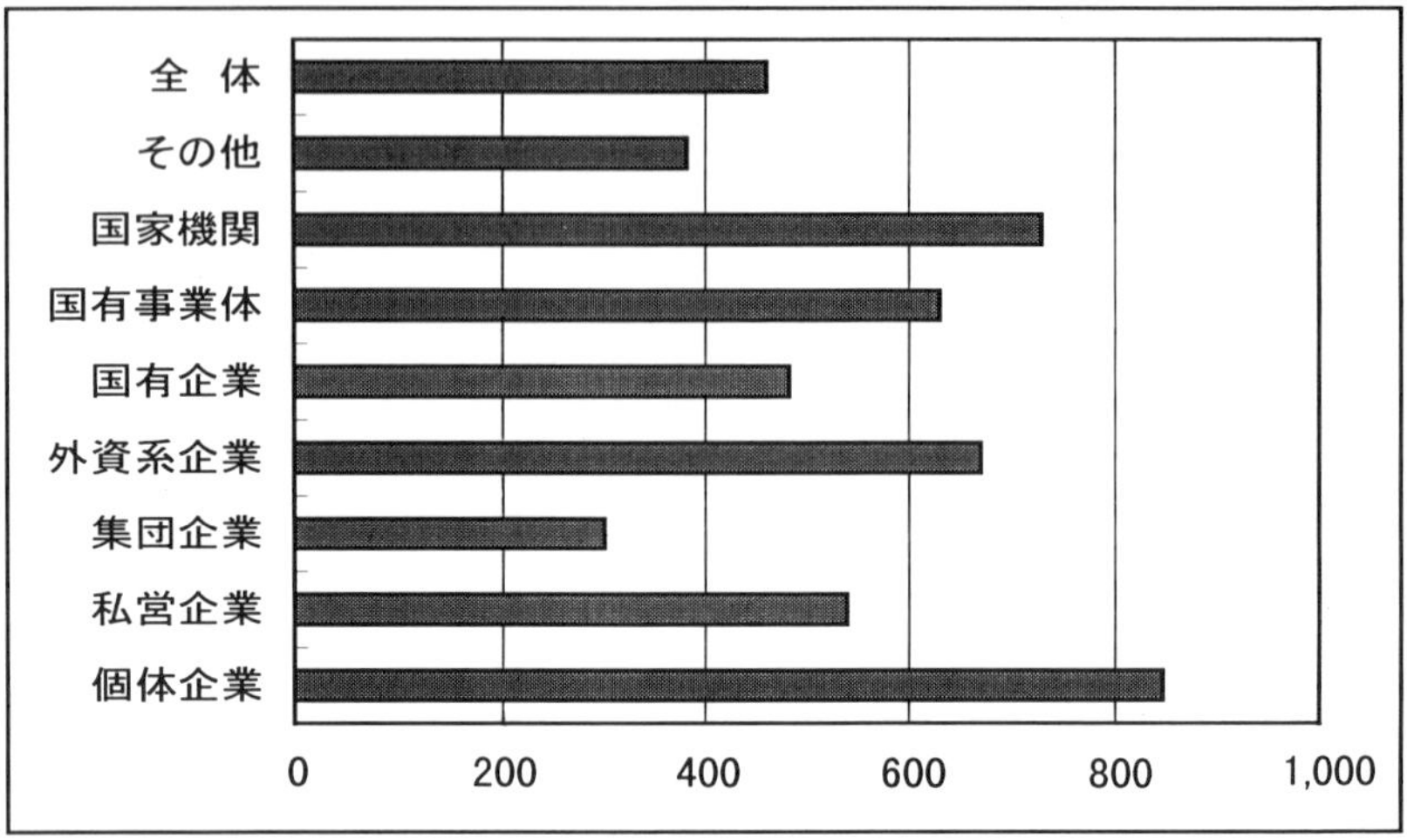

図 6 — 2　勤務先別にみた月収のパターン

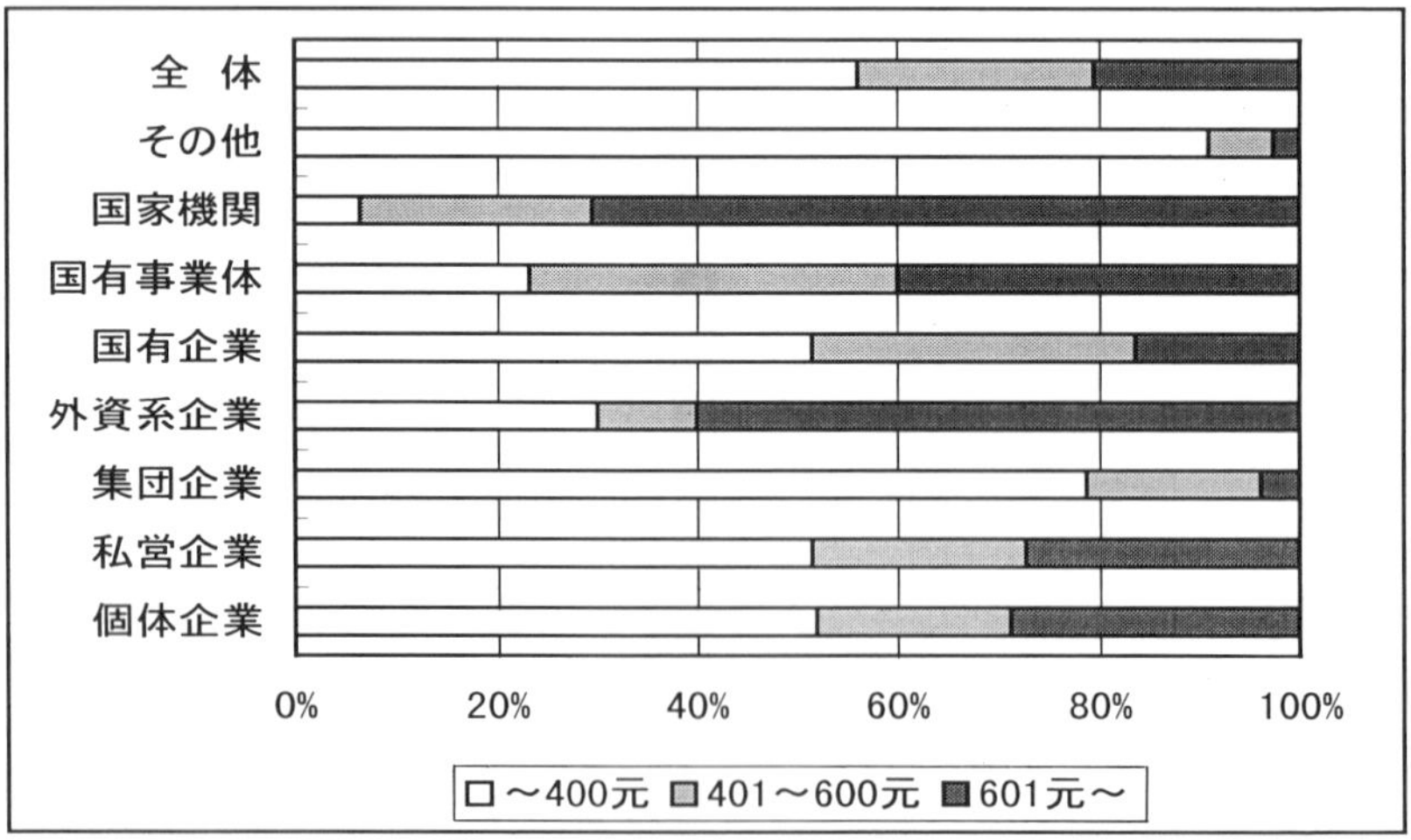

図6―3　職業別にみた平均月収（単位：元）

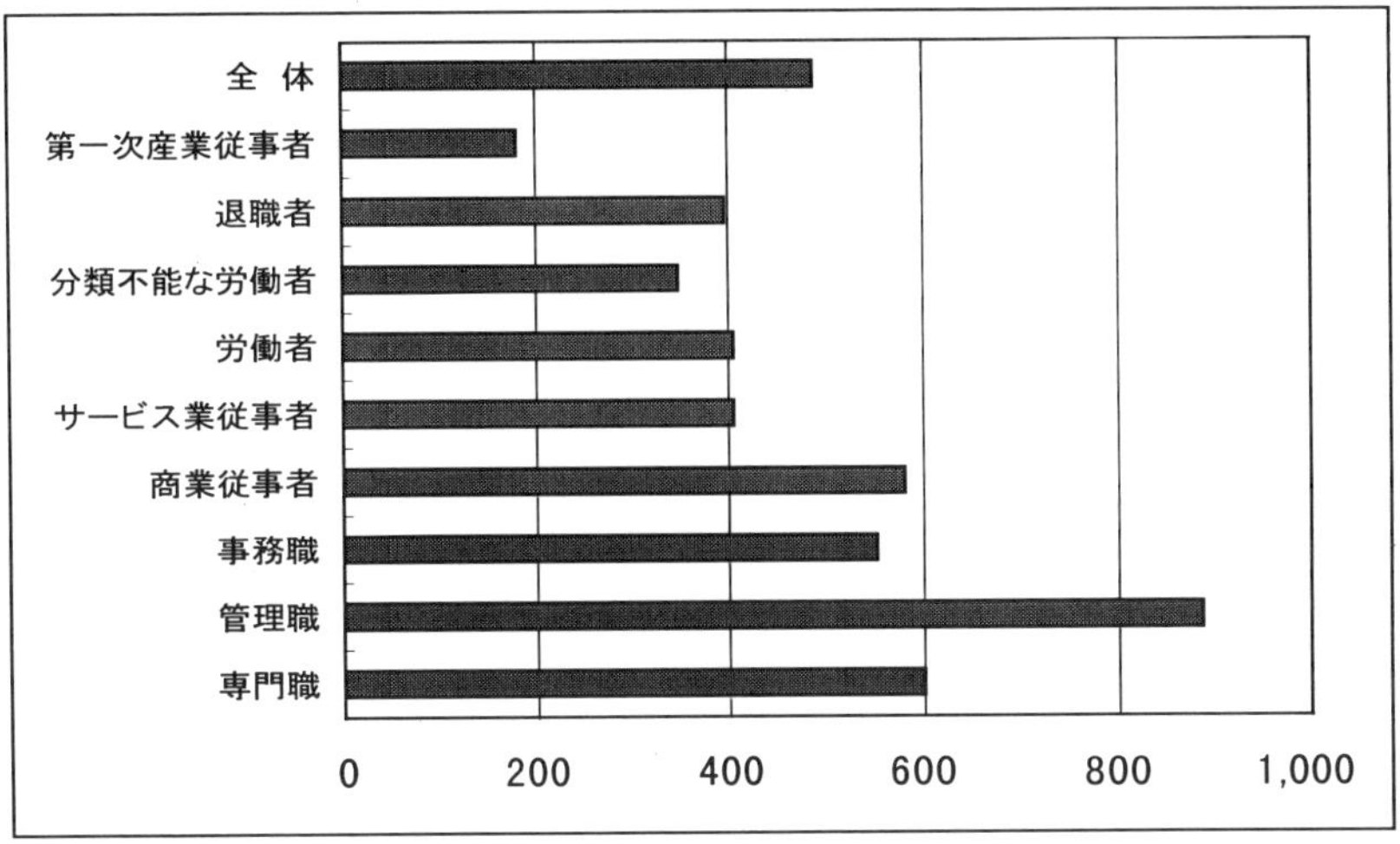

図6―4　職業別にみた月収のパターン

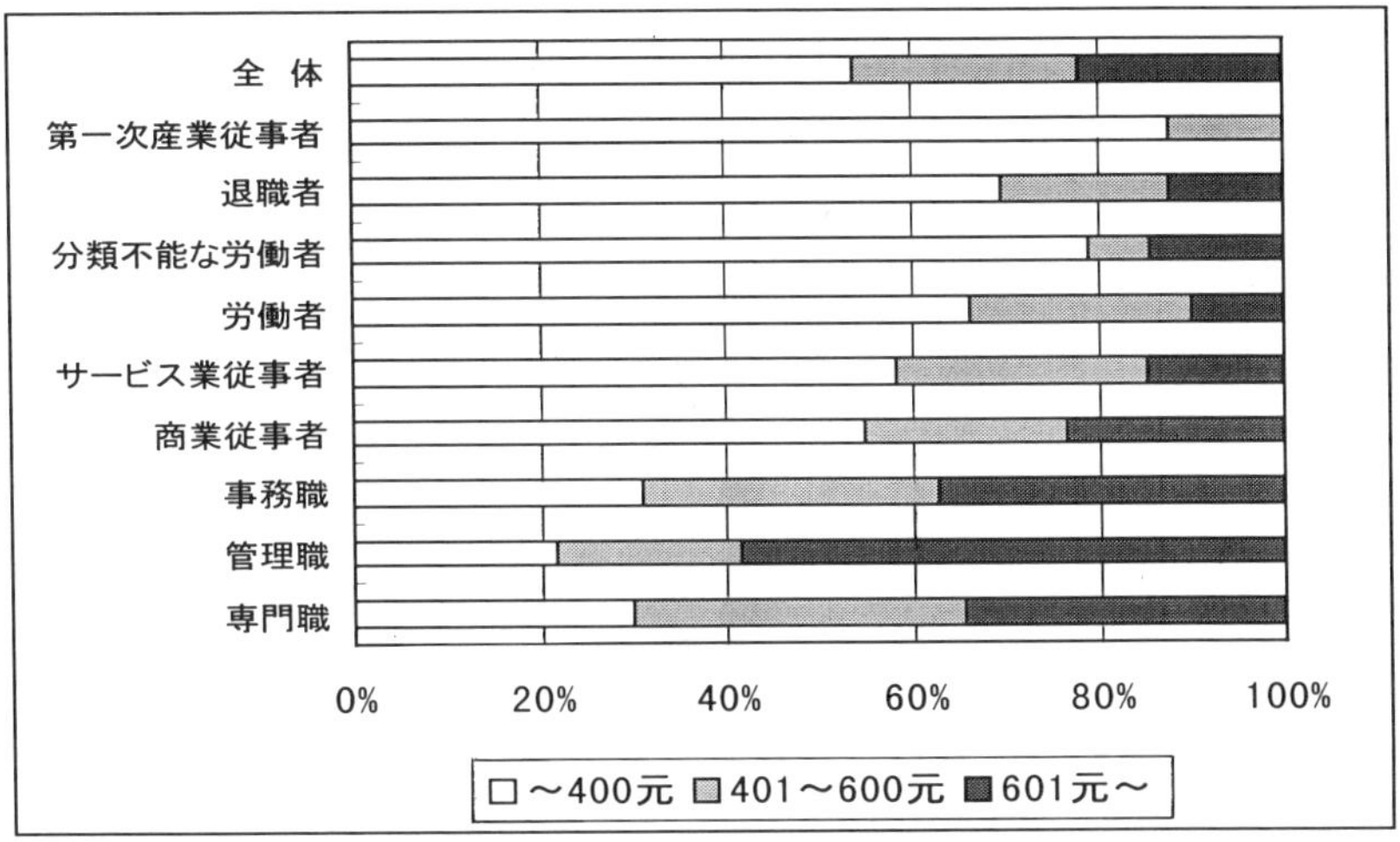

者となっている。

しかし、人々の収入格差は大きく、半数以上の人は平均に達していない。また平均収入に達した人でも、生活水準が中間レベルに達しているとは限らない。

そこで分析にあたっては、個人の月平均収入を比較したり、グループ内部の数値の偏りを除去するため、四〇〇元以下を「低」、四〇一元から六〇〇元を「中」、六〇一元以上を「高」と月平均収入を三つのカテゴリーに分けた上で、その比率を比較したりして、それぞれのグループの特徴を明らかにしてゆくことにする。

図6—2によると、労働者の半数以上が「低」、五分の一強が「中」、約五分の一が「高」に属しているが、以下では月収四〇〇元以下の比率を比較の尺度とする。

そこで、「その他」を除く勤務先を「低」の割合が低い順に並べると、国家機関、外資系企業、国有事業体、個体企業、私営企業、国有企業、集団企業となる。この結果は月平均収入の順位と若干異なっているものの、グループ全体のレベルを示す指標としては、より客観的である。またこの図から、グループ内部の偏りが大きいのが自営業と外資系企業であることがわかる。

同じ方法で職業別の構造を分析してみたのが図6—3である。

図6—3と図6—4によると、「低」の割合が低い順に、管理職、専門職、事務職、商業従事者、サービス業従事者、労働者、退職者、分類不能な労働者、第一次産業従事者となっている。また商業従事者で、グループ内での両極分化が目立つ。

居住面積からみたヒエラルキー

図6―5　勤務先別にみた平均居住面積（単位：㎡）

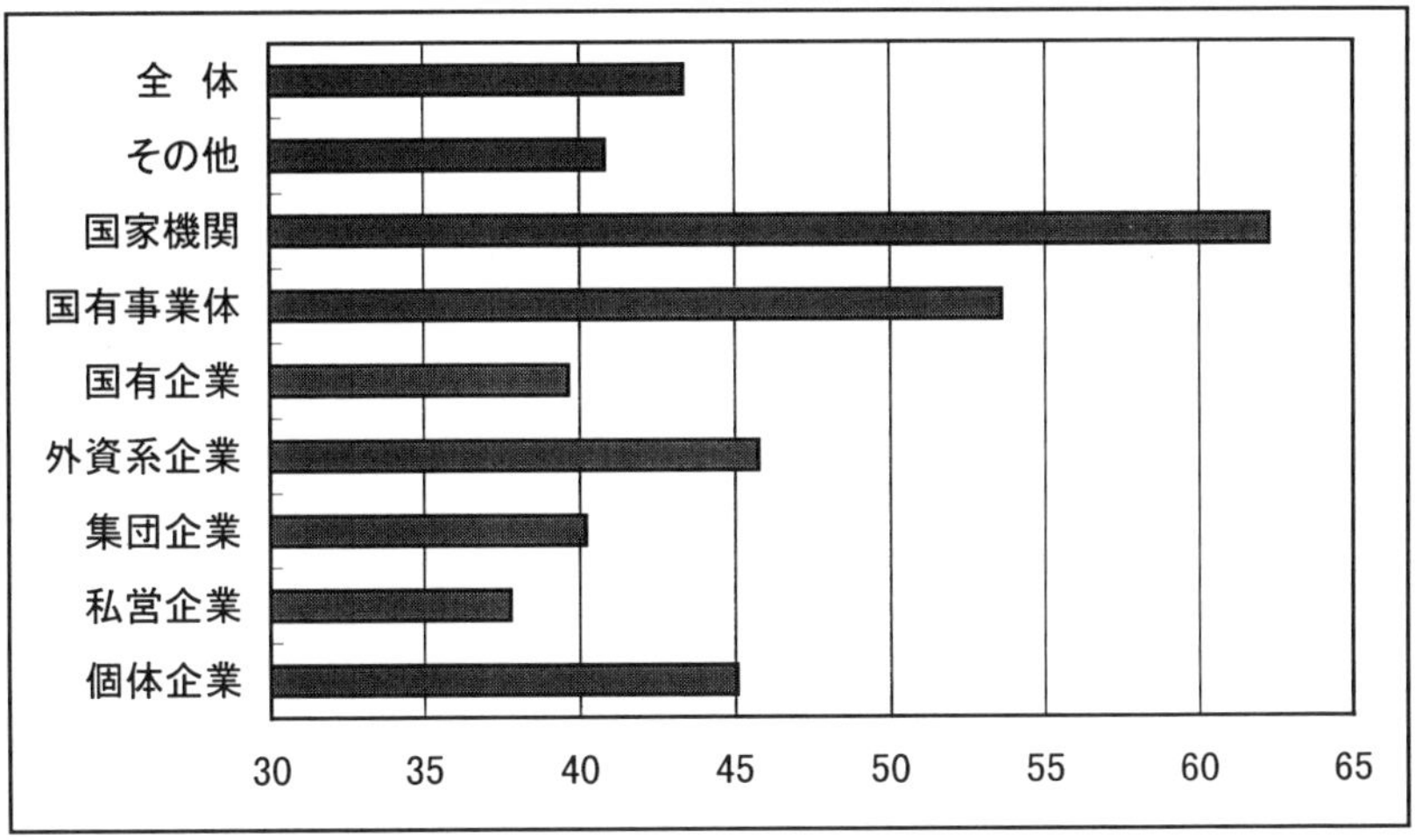

給与収入の格差の他に、住居条件も社会的地位を反映している。権限が大きく、福利厚生の条件がよい者ほど、大きな住居に住んでいるからだ。

重慶では、ここ二年ほどの間に住宅の商品化が進行しているが、一九九八年以前においては、住居条件は相当程度、そこに住む人間の階層的地位を反映していた。以下の図はグループ別の住宅面積を示したものである。

図6―5と図6―6からもわかるように、各グループの差はさほど大きくない。これは計画経済下の住宅分配が、依然として大きな慣性力をもっていることを示している[1]。

しかし、住宅条件にグループ別の違いがあることも確かである。

まず、住宅面積が広い順に勤務先を並べてみると、国家機関、国有事業体、外資系企業、個体企業、集団企業、国有企業、私営企業となるが、この結果は収入をめぐる順位と酷似している。

次に、住宅面積の大きい順に職業を並べてみると[2]、管理職、事務職、専門職、定年退職者、サービス業従事者、商業従事者、労働者となり、この順番は、収入の際のそれと若干異なっている。

図６―６　職業別にみた平均居住面積（単位：㎡）

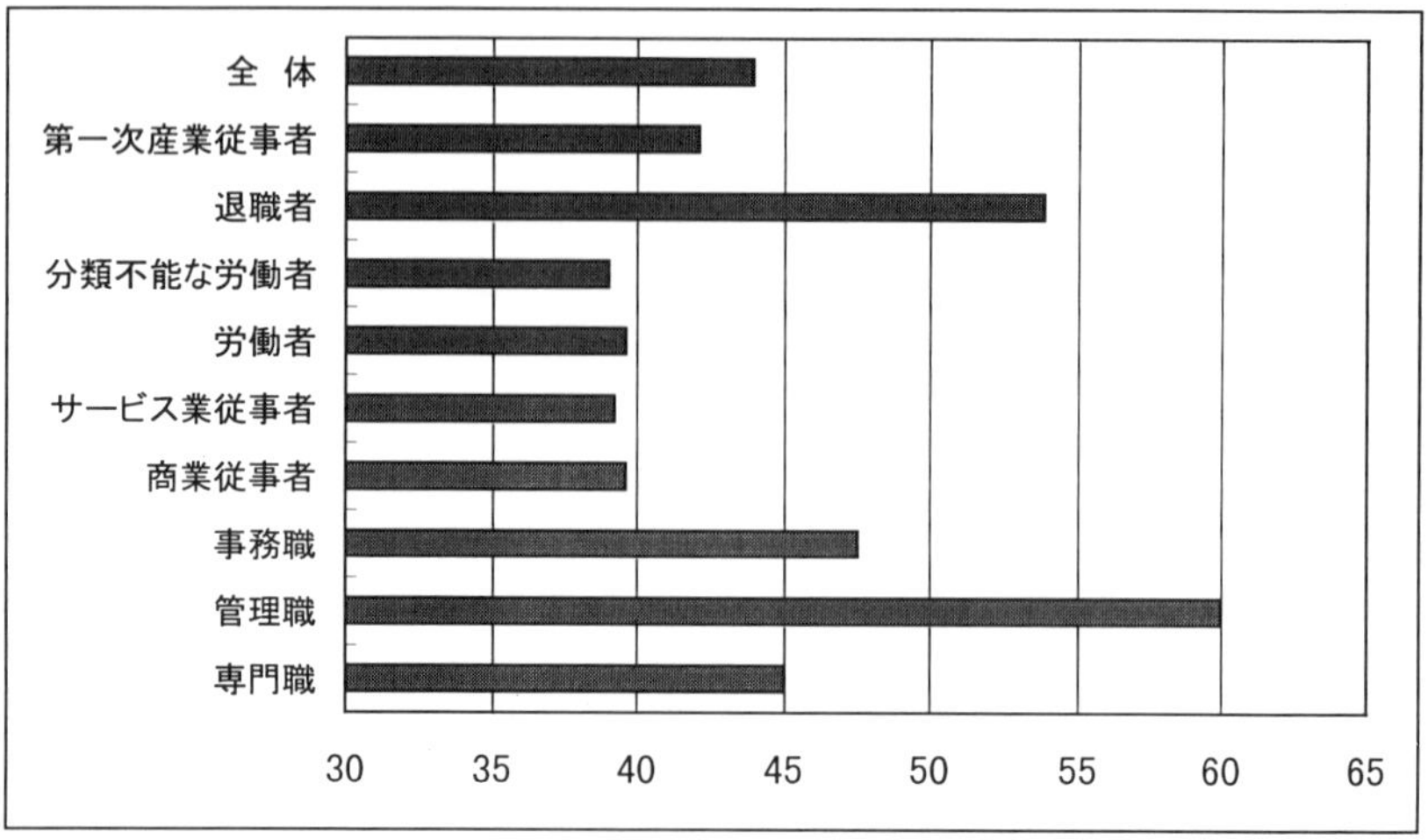

特に目立つのは退職者で、収入は低いものの、住宅条件には比較的恵まれている（収入七位、住宅四位）。これは彼らが計画経済体制のもとで、長年勤めたことと深く関係している。これに対して、市場経済化の中で新たに誕生してきた、たとえば商業従事者の場合、収入は高いものの、住宅条件には必ずしも恵まれていない（収入三位、住宅六位）。

権力分配にみるヒエラルキー

次に権力の配分状況をみてみよう。

今回の質問票に準備した職業の中で、権力を握っているのが管理職で、彼らは各レベルの管理役として、応分の権力を握っている。

また事務職は各部門の一般職員として、行政権力を直接握ってはいないものの、職務に応じた責任を負っている。転換期にある現在にあっては、多くの行政規範や法律管理の不備を逆手に、責任が権力に変わるケースが少なくない。こうした「権力の氾濫」によって、一部の事務職は「準権力層」となっているが、その権力はさすがに管理職ほどではない。

表6―2　計画経済下における職業ヒエラルキー

高い層

社会的身分	職業分類	地域的身分
幹　　部	指導幹部	都 市 民
	技術幹部、一般幹部	
労 働 者	各種労働者	
農　　民	農　　民	農　　民

低い層

表6―3　市場経済下における職業ヒエラルキー

高い層

従来の体制下における身分	職業分類	地域的身分
幹　　部	管 理 職	都 市 民
	専門職、事務職	
その他の労働者	商業従事者	
労 働 者	サービス業従事者、労働者	
	退 職 者	
臨 時 工	分類不能な労働者	マージナル・マン
農　　民	第一次産業従事者	農　　民

低い層

その他のグループについては、職務にともなう権力は与えられていないから、真の意味で権力を有しているのは、管理職と事務職の二つの階層ということになる。

職業別にみた階層ヒエラルキー

以上、収入、住宅面積、権力などいくつかの要素を考慮に入れると、中国の都市部には以下のような階層ヒエラルキーが存在しているといえるだろう。

表6―2と表6―3を比較してみればわかるように(3)、各階層の位置づけは、商業従事者が労働者の前に位置づけられている以外、改革の前後で大きな変化はない。幹部は労働者の上に立ち、労働者が農民の上に立

つ——これは階層構造がそう簡単に変動せず、従来からの慣性力が強く働いていることを意味している。
しかし、こうした類似は表面的なものにすぎない。個々の階層をみればわかるように、計画経済下と市場経済下とでは、その階層構造は著しく異なっているのだ。

前者のもとでは、階層内部は均質的で、構造が安定的であるのに対して、後者にあっては、階層内部は非均質的で、両極分化がみられる階層もある。そのため、各階層のトップに立つことで、今までより高い階層に上昇する可能性がある。

たとえば商業従事者の場合、職業階層のヒエラルキーでは第三位（表6—2参照）だが、内部のばらつきが大きく、高所得層も含まれている。高所得者となれば、投資を通じて会社を興すこともできるし、経営も波に乗れば社会的名誉は高まり、財、権力、威信すべてを兼ね備えた社会のエリートとなることができる。

このように、階層内部に格差が生じることで、階層間の移動が可能となる。これこそ市場経済が社会に与えた活力であり、従来の安定的な身分構造を突破する源泉にほかならない。

勤務先別にみた階層ヒエラルキー

次に、勤務先別にみた階層ヒエラルキーは表6—4に掲げられている。

表からもわかるように、国家機関と国有事業体の位置に変化はない。しかし経済改革のインパクトが大きいこともあって、国有企業が従来の中上層から下層へと低下している点は注目に値する。

これに対し、個体企業の位置は大幅に上昇し、外資系企業や私営企業といった新興勢力も台頭しつつある。従来の階層ヒエラルキーは大きく様変わりしているが、これも、中国の社会変動が経済改革によってもたらされた結果であ

表6—4　異なる体制下における勤務先別にみた階層ヒエラルキー

高い層

計画経済体制下	市場経済体制下
国家機関	国家機関
国有企業、国有事業体	外資系企業、国有事業体
	個体企業
集団企業	私営企業
	国有企業
臨時工、個体企業など	集団企業、農民工、その他

低い層

る。

国有企業の従業員が経済改革のために支払った代償は大きい。彼らは、中国における階層変動の主要な担い手となっているのだ。

四　市場経済下における社会移動の特徴

市場メカニズムが導入されることにより、労働者の就業は従来の「国家による配分」から「市場における交換」に大幅に委ねられることになり、その結果、階層構造に大きな変動が生じることになった。以下では重慶市のデータをもちい、改革後の社会移動のボリュームとその方向性などについて分析を行い、階層移動の現状についてまとめることにする。

職業移動のボリューム

図6—7からわかるように、調査対象者のうち転職を経験した者が三割を超える。中でも青年層に転職経験者が多い。

中国で労働市場が機能するようになったのは一九八七年以降だが、一九九八年時点で、三割を超える人が三回以上の転職を経験している。平均二年か三年に一度転職したことになる（図6—8参照）。

図６－７　転職経験の有無

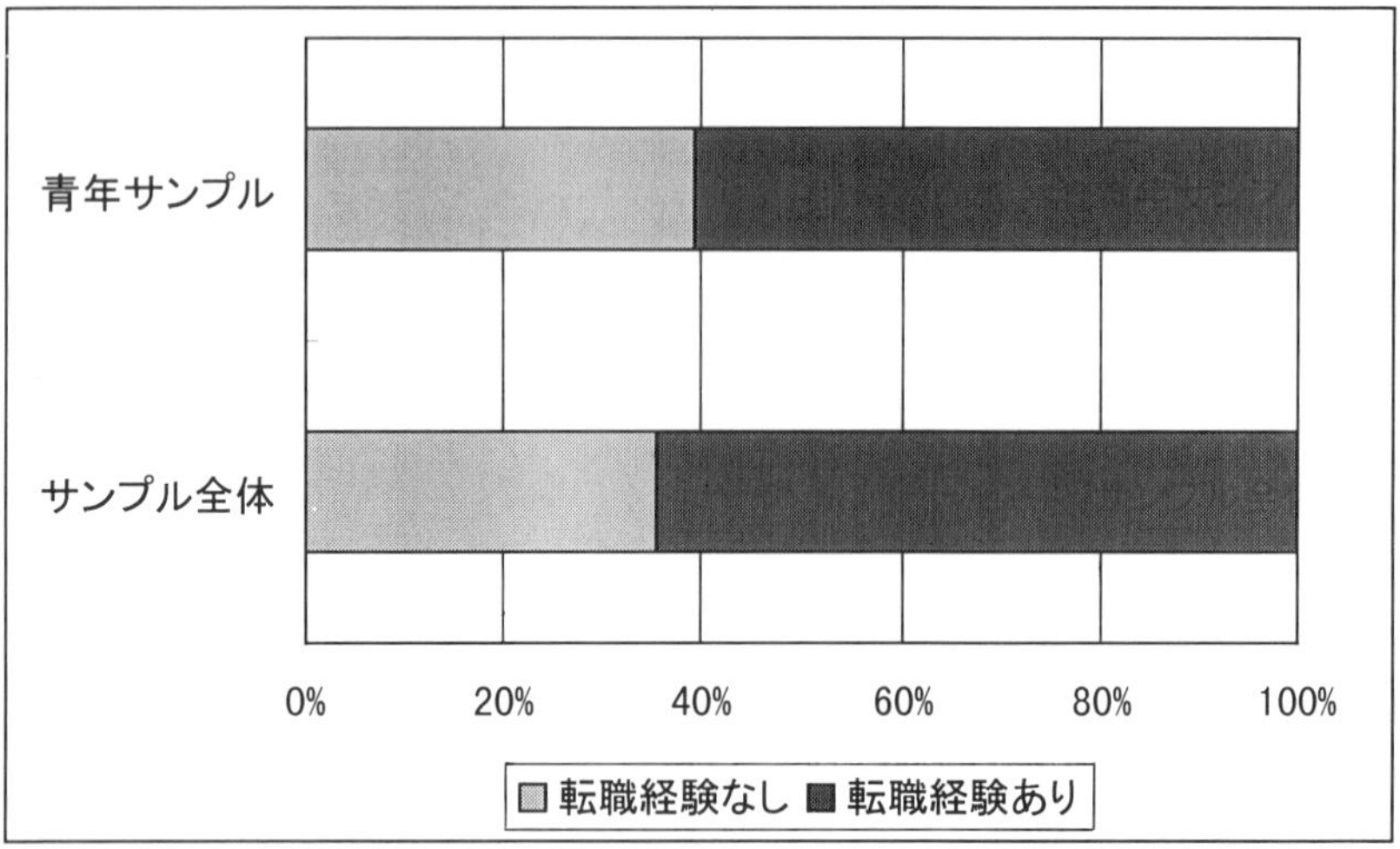

図６－８　転職回数

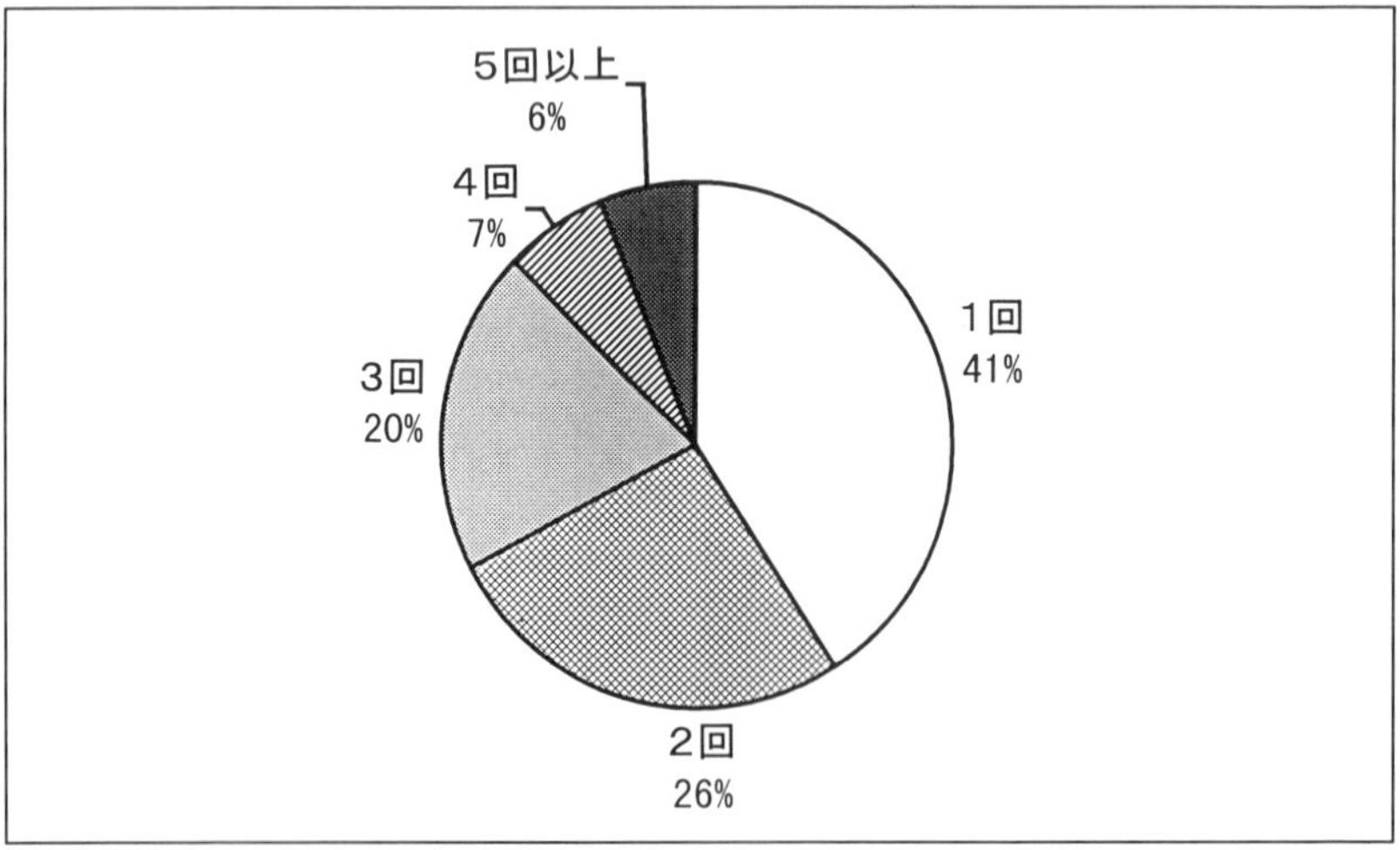

図６—９　月収別にみた転職経験の有無

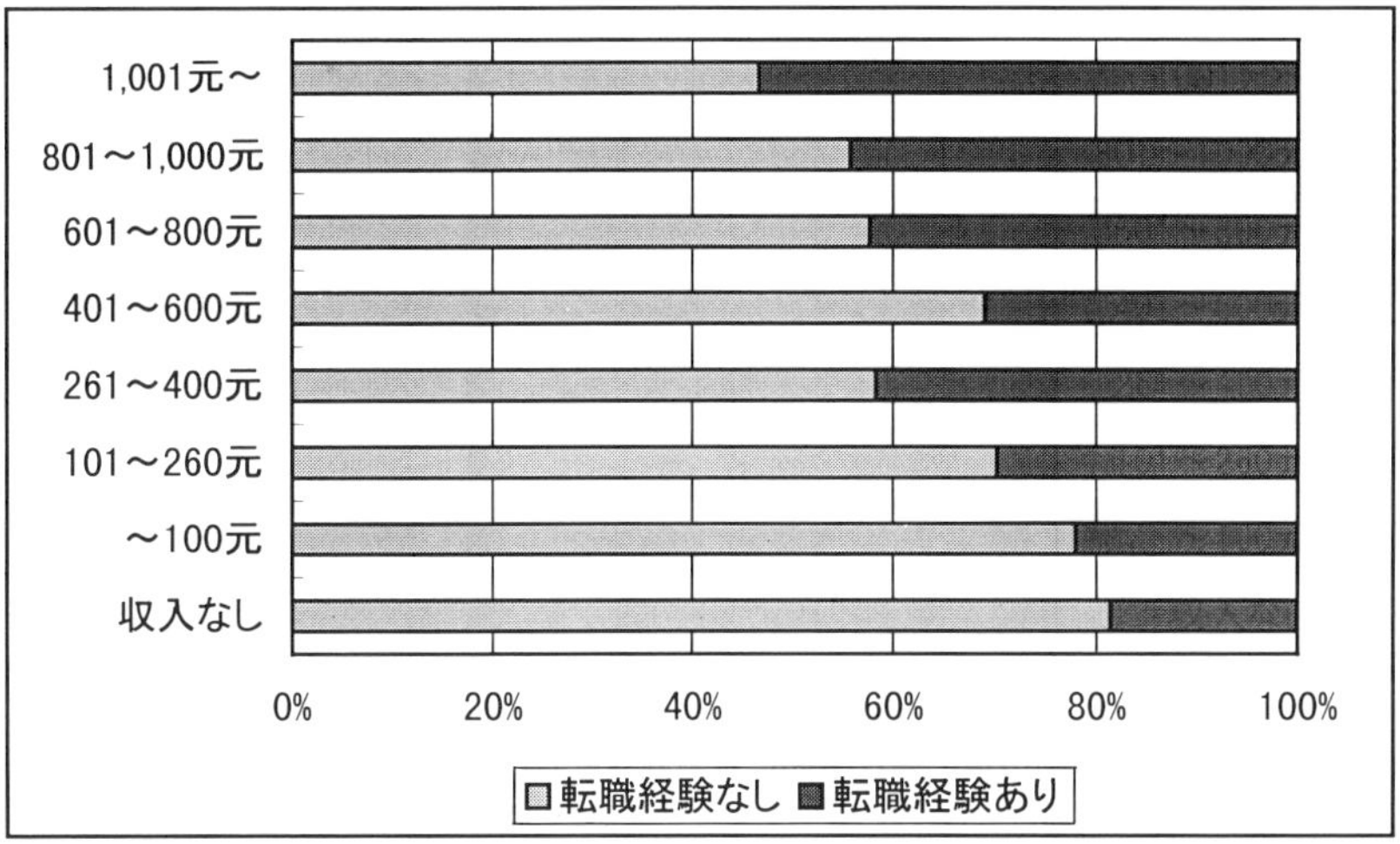

図６—10　月収別にみた５回以上転職した者の比率（単位：%）

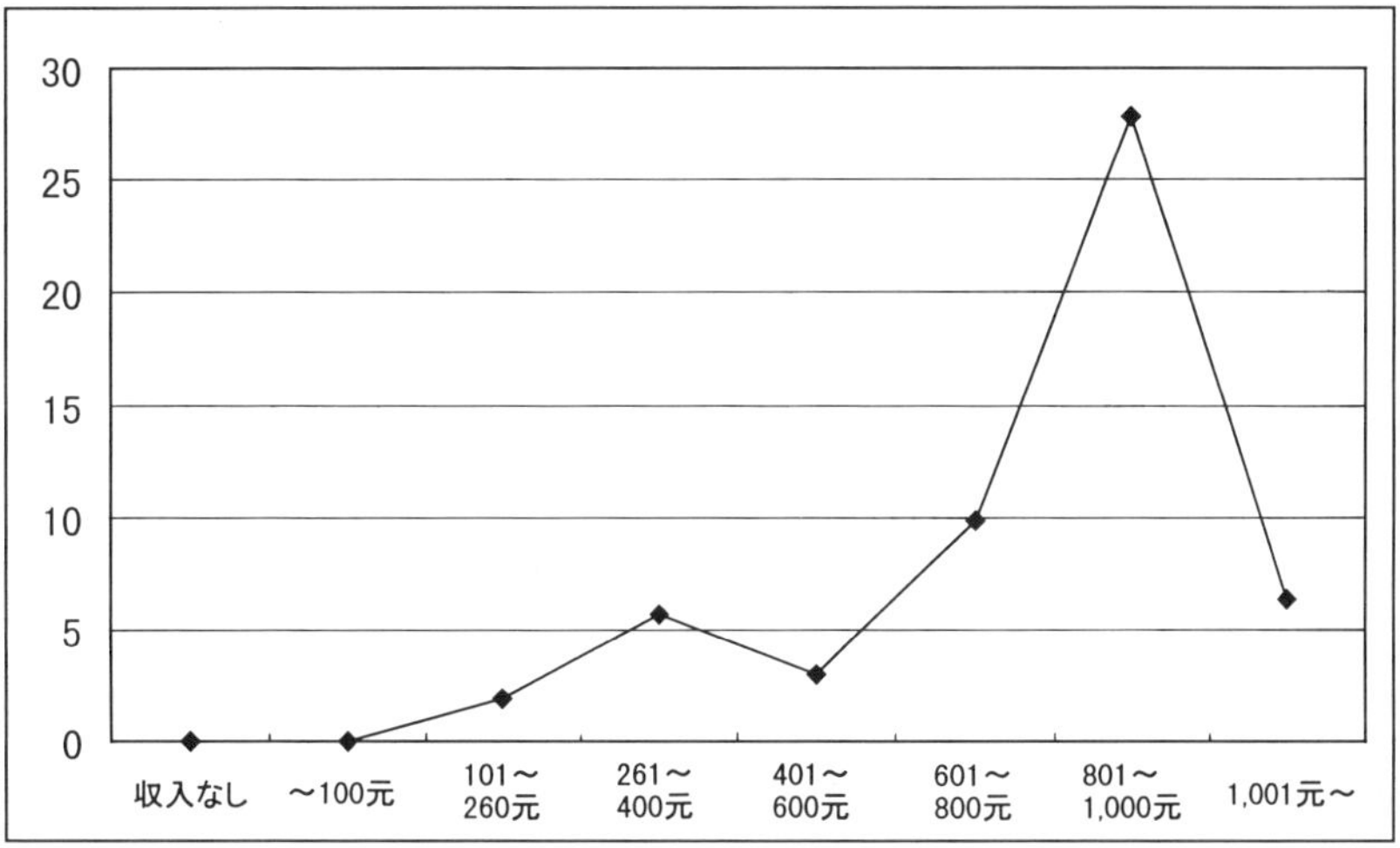

中国における社会移動は、社会経済体制の改革に原因がある。したがって、転職は人々が主体的に選択した側面もあれば、経済環境の変化や制度改革の結果という側面もある。

人々が転職するのは、第一に、高収入を求めてのことである。

図6―9によれば、高収入のグループほど仕事を変える比率が高い。月平均収入が四〇一元から六〇〇元のグループを除けば、おおむね転職経験者の割合と収入の多寡は正比例している。

転職回数とクロス分析してみると、高収入層ほど転職回数が多いことがわかる。たとえば五回以上転職した者の比率は、高収入者で高くなっている（図6―10参照）。

高収入は転職にとっての動機でもあり、またその結果でもある。

体制改革にともなう転職者の増加

この二〇年にわたる社会変動の核たるものは計画経済体制から市場経済体制への転換である。したがって、市場メカニズムに晒されている企業や人間は、社会移動を経験することになりやすい。

たとえば、国有企業と集団企業は社会主義経済の中軸であったが、市場経済化の影響を大きく受けているため、社会移動を経験する者の占める比率は大きい。

図6―11のデータによると、転職した者のうち、最初の勤務先が国有企業か集団企業であった者が全体の六二・一%を占めている。これは経済体制改革によってもたらされた結果であると同時に、これらの企業がもともと多くの従業員を抱えていたことによる。

もっとも、この二つの企業が労働者を移動しやすくしたとはいえ、最終的に移動が生じるかどうかは、個々人の能

図6—11　最初の勤務先別にみた転職経験者の比率

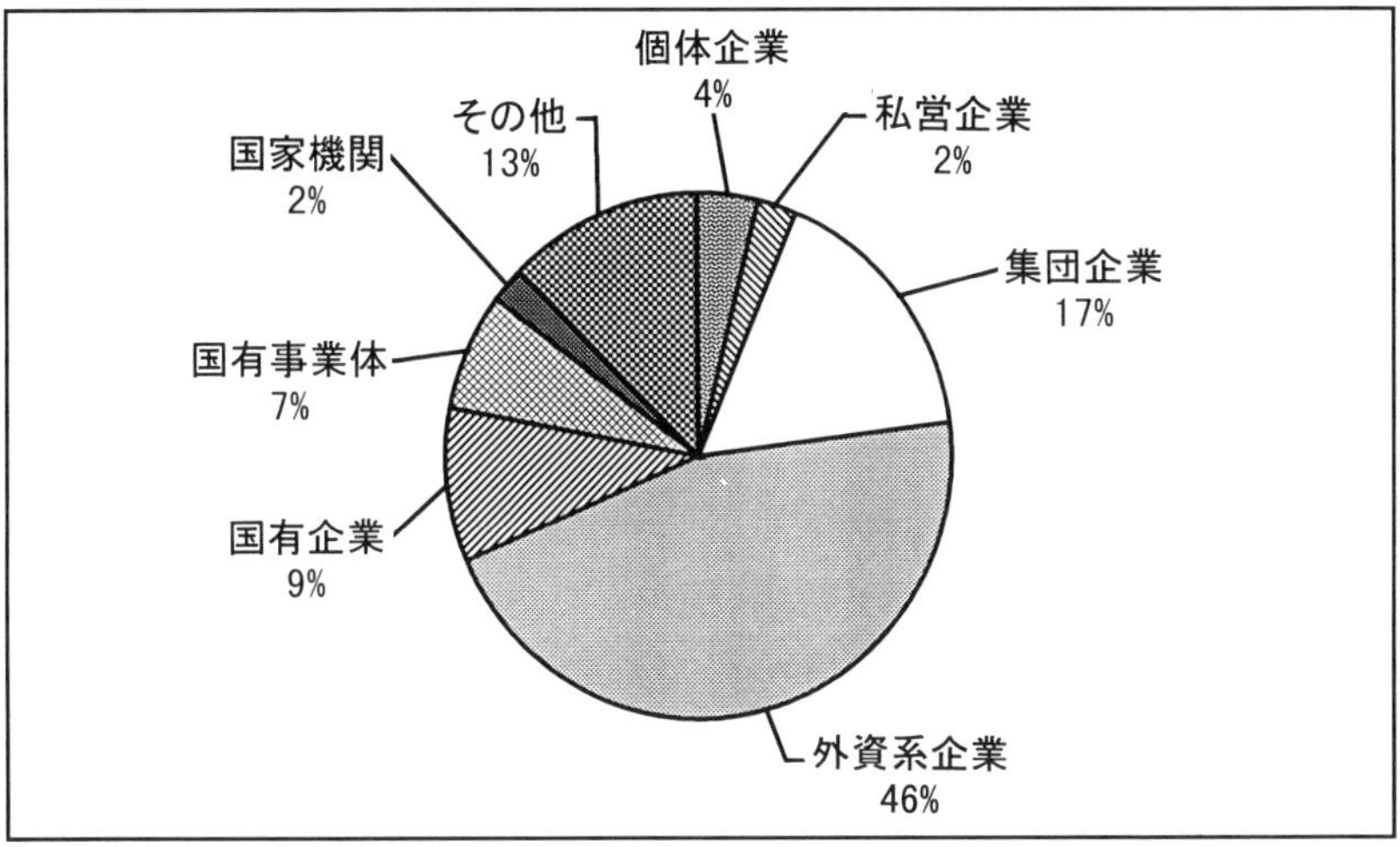

力や転職意識、蓄積してきた経験などによって異なる。総じていうと、この二つのタイプの企業――とりわけ集団企業――の場合、突出したキャリアをもつ労働者がさほど多くないため、移動経験者が多いとはいえ、階層間移動を経験した者の比率は必ずしも高くない。

転職の方向性

上述の表6―2では収入、住宅と権力などの要素を総合的に考慮した結果、管理職、専門職、事務職、商業従事者、サービス業従事者、労働者、退職者、分類不能な労働者、第一次産業従事者といった職業ヒエラルキーを得ることになった。この順位をもとに、移動元と移動先の関係を分析してみると、表6―5のようになる。

この表からもわかるように、半分をやや上回る人が同じ職業内で転職を行っている。下降移動の方が上昇移動よりやや多く、両方とも五分の一弱を占めている。また水準移動は少なく、全体の五・三九％を占めるにすぎない。

階層的位置が高い人には下降移動が多く、階層的位置が低い人

表6―5　初職と現職の間の移動パターン（単位：人）

		最初の職業									
		専門職	管理職	事務職	商　業	サービス	労働者	分類不能	退職者	第一次産業	合　計
現在の職業	専門職	○26	↓2	←1	↑1	↑3	↑8	↑1		↑2	44
	管理職	↑1	○13	↑7			↑7			↑1	29
	事務職	→8		○23		↑2	↑6	↑2		↑2	43
	商　業	↓4	↓1		○21	↑2	↑4	↑1			33
	サービス	↓1		↓1	↓4	○16	←6			↑2	30
	労働者			↓2	↓1	→2	○40	↑1		↑3	49
	分類不能	↓2		↓1		↓3	↓3	○2	↑1	↑8	20
	退職者	↓4	↓5	↓8	↓4	↓3	↓24		○15		63
	第一次産業	↓1						↑1		○2	4
	合　計	47	21	43	31	31	98	8	16	20	315
移動率(%)	上昇移動	2.1	0	16.3	3.2	22.6	25.6	75.0	6.3	90.0	20.9
	下降移動	25.5	38.1	27.9	29.0	19.4	27.6	0	0	0	23.5
	水準移動	17.0	0	2.3	67.7	6.5	6.1	0	0	0	5.4
	非移動	55.3	61.9	53.5	0	51.6	40.8	25.0	93.8	10.0	50.2

（注）　↑は上昇移動，↓は下降移動，→や←は水準移動，○は非移動を示す。

には上昇移動が多い。しかし細かくみてみると、事情は複雑である。

第一に、職業の変化が個人の社会経済的地位の変化と必ずしも一致していない。

たとえば管理職は、職業ヒエラルキーの最上位にある。したがって管理職が転職すると下降移動が多くなるようにみえるが、必ずしもそうとはいえない。国家幹部がビジネスを起こして商業従事者になった場合、職業ヒエラルキー上の位置は低下するものの、収入階層が上昇するかもしれないからだ。

第二に、下降移動を経験した者の中に、離職者や退職者が多く含まれており、この要素を排除すれば、移動の方向性は異なった特徴を示すことになる（図6―12参照）。

表6―5と図6―12を合わせて考えてみると、社会移動の中で定年退職が下降移動の主な要因となっており、在職者の移動に限ると、上昇移動が下降移動をはるかに上回っていることがわかる。両者の比率は二・七一：一

図6—12　職業別にみる移動特性

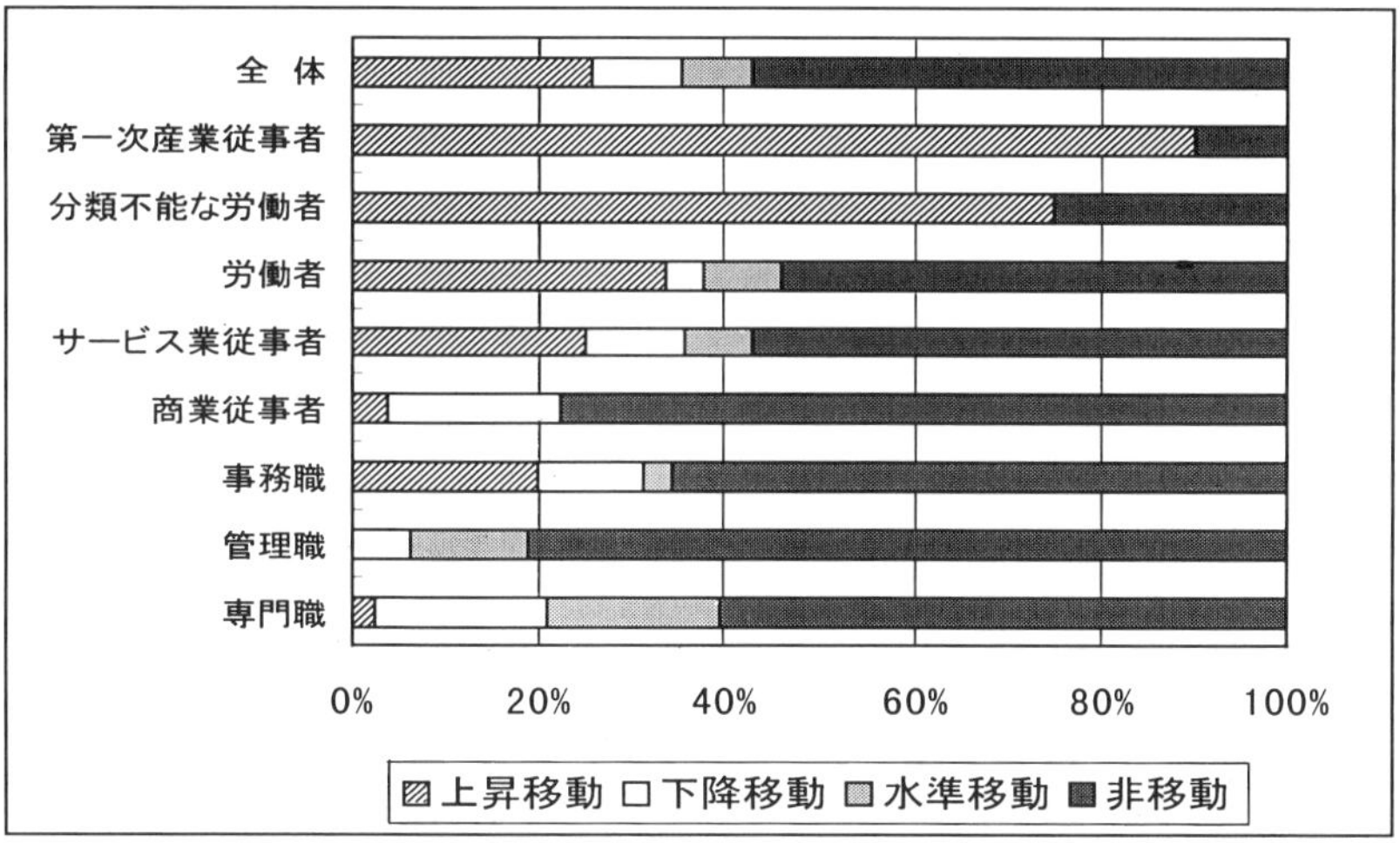

であり、職業ヒエラルキーが低かった者に階層間移動が多くみられる。

これに対して、高い階層に属していた者の移動は階層内での移動が多い。たとえば、管理職にとっての主な下降移動のルートは、定年退職することである。

また、経済改革が都市と農村という地域的な枠組みを打ち破ったことで、都市と農村の境界にいる第一次産業従事者、すなわち都市郊外の農民は、郷鎮企業での勤務や都市への流入によって上昇移動（九〇％）を経験することになった。しかもその流入先は多岐に渡っている。

従来の体制のもとでは、農民は多くの制約を受けていた。しかし、それが逆に彼らの市場経済に対する適応力を育み、階層間移動を可能にしたのである。

五　移動パターンにみる階層構造の変動

前出の表6—4から、市場経済のもとで最初に試練に直面したのが国有企業と集団企業であること、またその階層上の地位が低

図6—13　勤務先別にみた世代内移動

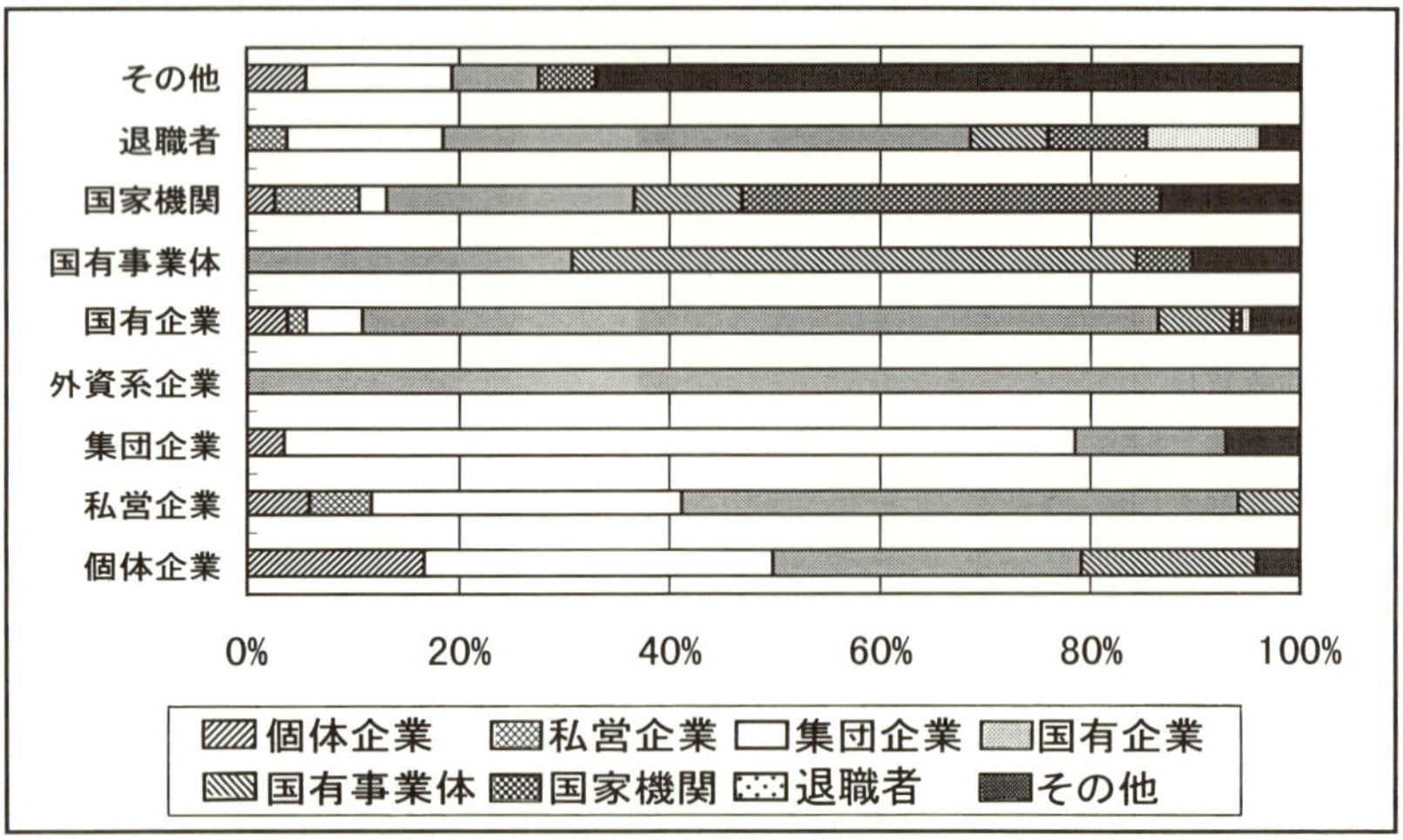

（注）　数値は現在の勤務先別にみた最初の勤務先の比率を示す。

下するにつれ、外資系企業や個体企業、私営企業といった企業が新たに台頭し、農村から都市に流入してきた農民工など、新しい職業階層が発展してきたことがわかる。これが、改革・開放後の具体的な階層構造の変動を象徴するものであることは、いうまでもない。

勤務先別にみた階層構造の変化

図6—13は、人々の社会移動のパターンから、重慶市における階層構造の変化を示したものだが、これから以下の事実を指摘することができる。

第一に、従来の国有企業は他の階層への最大の流入元となっている。たとえば、図6—13の中で、国有企業は唯一、最初の職業の欄に空白がない。それだけ国有企業から広範に人が移動しているのである。

しかも近年拡大している階層に、国有企業で働いていた者が多くいる。たとえば個体企業に流入した者の三分の一程度（一九・二%）、私営企業に流入した者の半分以上（五二・九%）、外資系企業に流入した者の一〇〇%は国有企業を最初の勤務先としていた。

その他の勤務先においても、最初の勤務先を国有企業にしていた者が少なくない。たとえば、国有事業体では三分の一弱（三一・六％）、国家機関では五分の一あまり（二三・七％）、退職者の半分が国有企業出身者である。また、国有企業を最初の勤務先にしていた者のうち、五五％が現在も国有企業で働いている。経済改革の中で国有企業の規模が縮小していることもあって、国有企業に流入してきたのは、現在国有企業に勤める者の二五％にすぎない。

第二に、国有事業体からの転出者が多くみられる。

図6―13からもわかるように、国家機関、国有企業、集団企業、国有事業体といった伝統的な職場で、改革後も元の職場に残っている者の比率は、それぞれ六二・五％、五五・〇％、三八・九％、三二・三％となっており、国有事業体の比率がもっとも低い。しかも、退職というルートを通して職場を離れた者の比率が一番少ないことから、転出者が多いことは明らかだ。(4)

第三に、国家機関の流動性が一番低く、転職者が一番少ない。図6―13によれば、国家機関を初職にした者のうち、二〇・八％の定年退職を除くと、六二・五％が現在も国家機関で働いており、両者を合わせると八三・三％に達する。

国家の管理部門では、現在、人員削減と組織の簡素化、公募による採用、試験による昇進など、一連の改革が行われている。ところが、「官本位」という伝統的な観念の影響や、社会保障制度の不備もあって、政府機関は依然として余剰人員を抱えている。

改革が始まり、「人員削減と組織の簡素化」が掲げられてきたものの、この二〇年の間で、「人員削減と組織の簡素

図6—14　勤務先別にみた規模の変化（単位：人）

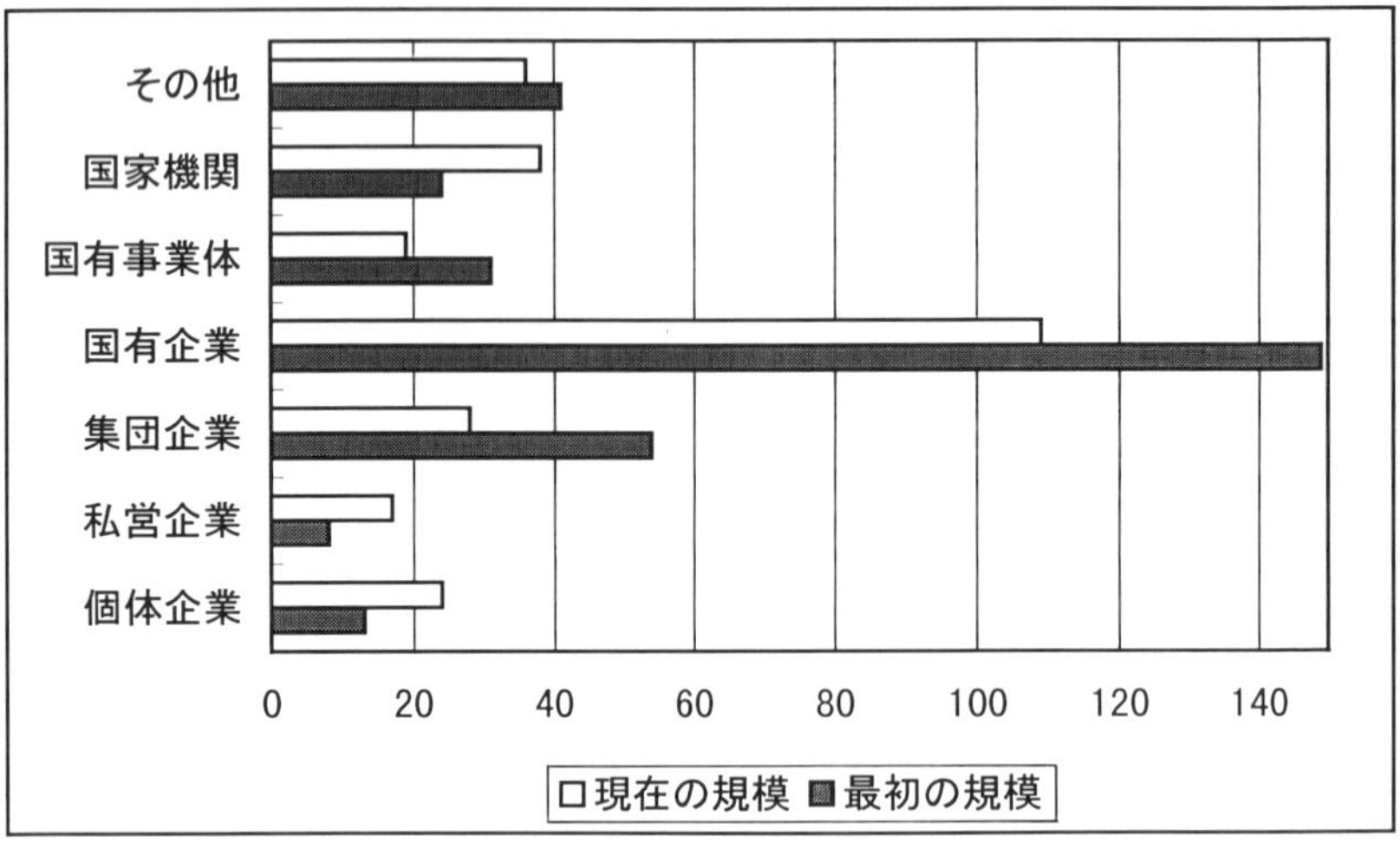

化が進めば進むほど、人が増える」という奇妙な現象がみられた。これも、以下のような変化からはっきりとみて取ることができる。

勤務先の従業員数にみられる変化

職業間の移動は、結果的に勤務先の従業員数に変化をもたらすことになる。

従来の一元的な計画経済から多元的な市場経済に転換し、市場メカニズムの導入にともなって政府機構を簡素化することが、中国における体制改革の当初の目標とされていた。そのため、職業移動のパターンを考察することによって、どの程度、当初の目標が実現したかを検討してみたい。

図6—14の結果からみると[5]、集団企業と国有企業は従業員規模が減る傾向にあるが、私営企業や個体企業の場合、逆に増えている。図に加えられていない外資系企業の台頭を考慮に入れると、経済体制改革の目標の一つは達成されたといってよい。

国有事業体の急速な縮小化は、財政負担を減らし、人的資源を活用するためにも必要なことである。その意味で、図6—14は体制改革の成功を示唆しているといえる。

もっとも、規模が縮小しているスピードをみると、もっとも速いのが集団企業で、国有企業のペースはさほど速くないことがわかる。

これは従来の階層区分で両者の位置が異なっている点と関連がある。従来の階層区分では、国有企業が集団企業の上に立っている。そのため、集団企業の従業員は、職場への未練はあまりない。しかも政府による保障も比較的少ないことから、従業員は新たなチャレンジを起こしやすい。

これに対して、「旧きよき時代」を知る国有企業の従業員は転職しようとする気概に欠け、チャンスを何度も逃している。その結果が、ここ数年深刻化している、国有企業における「失業問題」である。

厄介な問題はこれだけではない。当初の目標とは裏腹に、国家機関の人員が増大してしまい、政府の管理効率は低下し、財政的にも大きな負担となっているのだ。

その理由の一つとして、国家機関の従業員が従来の比較的高い地位にしがみつき、なかなか転職したがらない点が挙げられる。また、労働市場の競争が激しい割には社会保障制度が充実していないため、政府機関で働く人たちが将来に不安を感じている事実も、指摘しておかなければならない。

それゆえ一九九九年以降、中国政府は機構改革に力を入れ、吸収・合併や財政部門への管理強化、定年制の導入など、人材の流動化を図る施策を通じて、国家機関の更なる簡素化を目指している。

図6—15　勤務先別にみた世代間移動

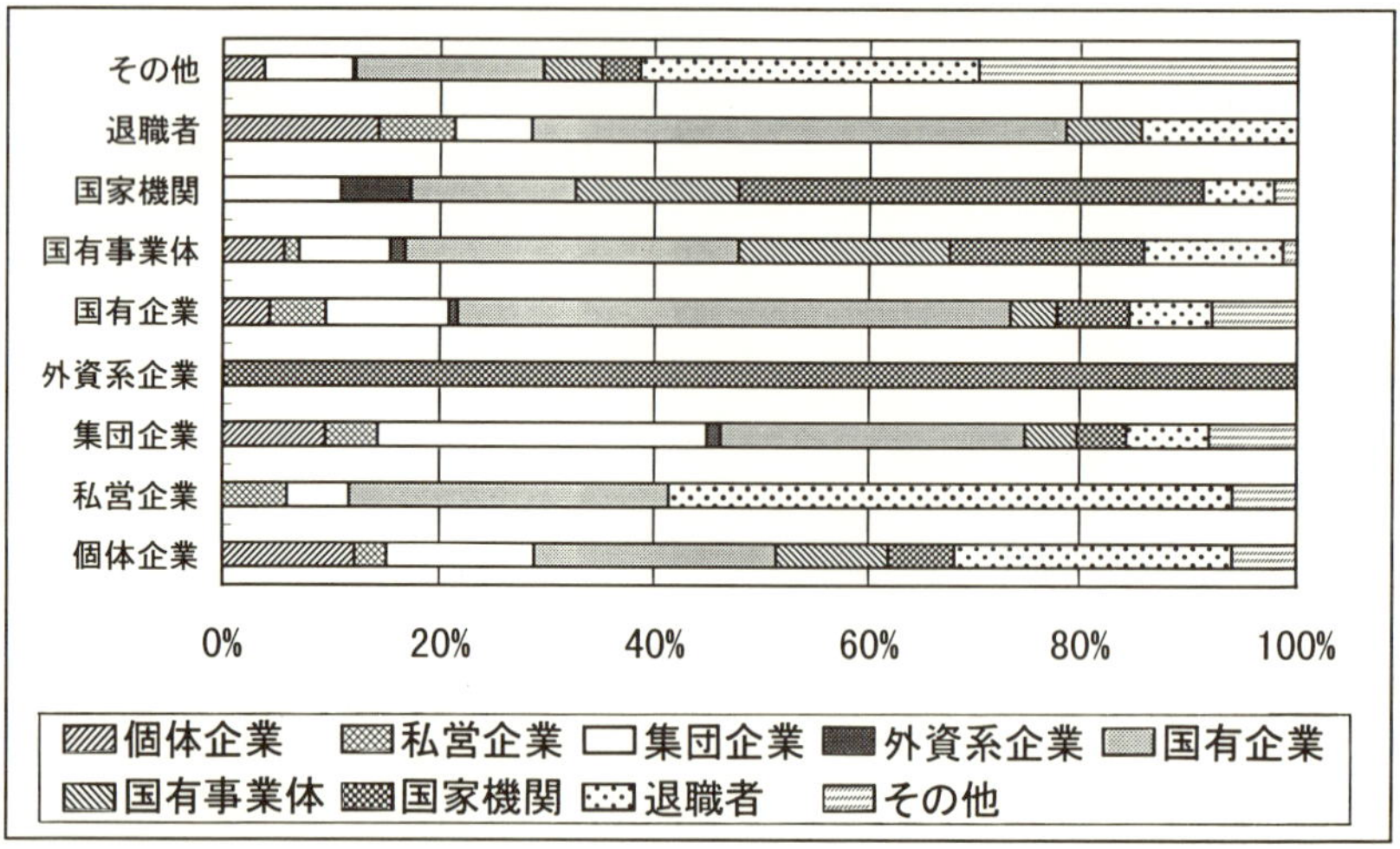

（注）　数値は父親の勤務先別にみた本人の勤務先の比率を示す。

六　社会移動の中の「世襲」問題

改革・開放以前、中国経済の大部分を公有制が占めていた。労働人事制度には流動性が乏しかったため、人々の交際範囲は相当狭く、同じ企業で一家全員、ひどい場合には数世代の大家族が一緒に働く現象も広くみられた。定年退職後、「子女頂替（親の替わり子女が就職する）」制度は、その典型的なケースである。

また両親の職位によって、子どもの昇進が大きく左右された。高い職位についている者は、権力やさまざまな人間関係を利用して、子どもの昇進機会をみつけられるからである。そのため、従来の体制にあっては、職業の「世襲」傾向が顕著にみられた。

改革・開放後、市場メカニズムの導入によって人的資源の流動性は高まったものの、歴史的な経緯もあって、国家機関や国有企業といった階層的位置が高かった勤務先での移動——とりわけ昇進——には、ある程度の「世襲」傾向がみら

表6－6　行政部門における世代間移動（単位：％）

父親の職業								
行政部門（282名）							非行政部門（600名）	
子どもの等級	科長以下	科長	処長	局長	局長以上	全体	子どもの等級	全体
科長以下	33.8	25.6	17.9	25.0	50.0	子どもの66.5％が行政部門へ	7.3	子どもの24.2％が行政部門へ
科長	21.3	28.0	32.1	8.3	25.0		9.5	
処長	8.8	12.2	17.9	8.3	25.0		6.3	
局長			3.6	25.0			1.0	
非行政部門	36.3	34.1	28.6	33.3			75.8	

れた。こうした特徴は、上の図6—15からもみて取ることができる。

この図からは、以下のような解釈が可能である。

第一に、計画経済体制のもとでは国有企業と集団企業が主流で、その他の所有制——たとえば個体企業——は衰退の憂き目にあい、私営企業は完全に根絶やしにされた。そのため、親が個体企業や私営企業で勤めていた者は、その多くが国有企業に職を求めるようになった。このように、国有企業での就職が一般的であったため、国有企業の「失業問題」が深刻化することになったのである。

第二に、国有企業、集団企業、国有事業体、国家機関といった従来の体制における主要な勤務先は、他の勤務先に比べて、親と子どもが同種の勤務先にいる比率が高い。国有事業体を除き、世代間移動がもっとも少ないのが国有企業であるが、それゆえ国有企業はなかなか発展できず、就業機会が少なくなってしまったのである。また、国家機関で働く者の約半数（四三・五％）が、自分の子どもを国家機関に入れているが、これも国家機関における人員増加と無関係ではない。

また、行政上の等級に注目すると、世代間の「世襲」問題がさらに深刻な事態に陥っていることがわかる。

表6—6のデータによると、行政部門で働く者の六六・五％が、子どもを

同じ行政部門へと送り込んでいるのに対して、行政部門以外の場合、これが二四・二％にしかならない。
しかも、子どもの職位は父親の職位と結びついている。たとえば、父が局長クラスの幹部である場合、その四分の一の子どもが同じ局長クラスの幹部である。ところが、処長クラスの幹部を父にもつ者で、当人が局長クラスに昇進しているケースはいない。親が科長クラスの幹部であっても、子どもが局長クラスにまで昇進したのは全体の三・六％にすぎない。

今回の調査サンプルには局長クラスの幹部が一〇名いたが、その中の六名は、合計六〇〇名に達する行政部門以外の家庭に生まれた人たちであった。父親が科長クラスより下の場合、子どもが局長クラスになる確率は一二五分の一であるに対して、父親が局長クラスかそれ以上の場合、子どもが局長クラスになる確率は三分の一となり、これからも後者のほうのチャンスが大きいことがわかる。

高級幹部で起こるこうした「世襲」現象は、幹部任命制の弊害を反映している。こうした事態を防ぐため、近年、中国では幹部人事制度改革が進められている。幹部選抜にあたって競争原理が導入され、「副局長クラス」の幹部を公募している部門も少なくない。

七　おわりに

以上、要約しよう。

第一に、中国の都市部における職業状態は、社会階層上の区分にもっとも直接的に影響を与えている。計画経済時代、階層構造は比較的単純で、職業間の流動性が少なかった分、社会階層上の地位も比較的安定していた。そのため、長期にわたり、労働者より幹部が上、集団企業より国有企業が上、農民より都市民が上といった階層ヒエラルキーが存続してきた。

第二に、経済体制改革は従来の国有企業を主体とした体制を打ち破り、多元的な経済モデルを作り上げることになった。これによって、社会の流動性は高まり、階層構造には大きな変化が生まれることになった。

また世代内移動も生じるようになり、大雑把にいえば、その約半数が階層間移動で、上昇移動と下降移動が約五分の一、水準移動が五％程度となっている。

市場経済体制下の階層構造は、従来に比べて複雑である。階層の数が多いだけはない。階層内での分化が激しく、この分化の大きさが階層構造を変動させ、不安定化させる原動力となっているのである。

職業ヒエラルキーに注目すると、階層区分は多くなったが、労働者より幹部が上、一般幹部より高級幹部が上といった職業間の上下関係は基本的には変わっていない。また、国家機関は依然として階層ヒエラルキーのトップにある。

変化がもっとも大きいのは国有企業で、従来の上層から現在は下層に近いレベルにまで下がっている。これは中国の体制改革が経済を中心にしたものであって、改革の代償を一般市民が支払ったことを意味している。

第三に、国家機関で働く人たちは改革の前後を問わず、依然として社会の上層にいる。そのため、転職に対しては消極的で、定年を迎えるまで移動しようとしない。長い期間にわたって、国家機関が階層ヒエラルキーのトップに位置しているということ自身、「官本位」という伝統文化の慣性力が働いていることを意味している。中国の機構改革がなかなか進まないのも、こうした事情による。

第四に、国有企業の従業員がもっとも移動の多い階層となっている。その流入先はさまざまで、新しく台頭してきた階層にも数多く吸収されている。しかし、依然として多くの人間が、国有企業に「潜在的失業者」として滞留している。彼らの出現により、中国の社会福祉制度はいっそうの進展を余儀なくされており、保険事業が発展する可能性も高まっている。

第五に、市場経済への適応力に富む農民は、経済改革の過程で地域的な枠組みを打ち破り、さまざまな階層に流入している。しかし、改革後も社会の最下層に置かれている点では変わりがなく、その地位向上にはまだ時間がかかるだろう。

農村には依然として多くの余剰労働力がある。その地域移動と職業移動を通じて、農村社会はいっそうの変貌を遂げるだろう。

そして最後に、社会移動が一般的になりつつあるといっても、一部の職業で世襲傾向がみられる。これは、伝統的に「人治」の力が強く、人事制度改革がなかなか進まない中国の風土を示唆するものである。いっそうの改革が望まれるゆえんである。

(1) この二年来、住宅制度改革の中で、住宅の商品化が加速化しており、収入面での両極分化が直接住宅条件の両極分化と結びつきつつある。

(2) 第一次産業従事者は事実上、都市に住む農民で、「責任田」や自然環境に恵まれ、彼らの住居は比較的に広いものの、その質はきわめて低い。また、分類不能な労働者の多くはここ数年のうちに農村から流入してきた人たちで、彼らの住宅条件も、従来都市が保障してきた福利厚生や社会的地位とはほとんど関係していない。そこで、この二つのカテゴリーを除いた上で、分析を行うこととする。

（3）比較をしやすくするため、ここでは農村幹部の問題を扱ってない。
（4）これには、以下の二つの事情が関係している。第一に、国有事業体には科学研究、教育、文化、衛生などの公的サービスに従事する機関が含まれているが、そこで働く人々は、多くの場合、技術を身につけている。しかも教育レベルが高いから、転職が成功しやすい。第二に、国有事業体の中には、企業の運営を通じて、今まで以上に能力を発揮できる部門がある。また、一部の公的サービス機関を民営化することで、第三次産業が発展するといった利点がある。しかも、これによって競争を通じたサービス向上が期待でき、財政負担を減らすことができる。
このように職場の管理体制が変わることによって、転職が生じることもあるのだが、国有事業体の従業員の二五・八％が国有企業の従業員に変わったのは、まさにこうした事情による。また一部のサービス事業――たとえば文化や娯楽に関連する事業――が一部の見識ある人たちによって民営化されているが、一二・九％の人が自営業者になったのは、このような民営化の波に乗ったからである。
（5）図6―14を作成するにあたり、二つの点に注意した。第一に、外資系企業は以前存在していなかったので、図から削除した。第二に、退職者については、その変化をみることは不適当なので、考察の対象としていない。

（方　明　豪訳）

第七章　上海市民の社会移動と階層意識

仇　立　平

一　はじめに

一九九〇年代以降、中国の経済体制改革は新たな段階に突入した。鄧小平の南巡講話は中国の改革に新たな方向性を示し、計画経済モデルから市場経済モデルへの転換を初めて明らかにするものであった。

市場経済システムを経済改革の目標にするということは、実質的には中国で進行していた経済改革が追認されたことを意味する。かくして改革の理念と現実が一致することになったのである。

一九八〇年代初頭に始まる一連の改革は、「経済改革」の名のもとに進んできたとはいえ、その実質は経済改革の枠を急速に超えている。経済改革が進めば進むほど、改革のかかわる内容は経済改革の枠を超え、政治、経済、社会、文化などあらゆる分野における改革となっているのである。

社会構造の変革であり、社会的資源のあらたな再分配過程であるところ、また真の意味ですべての人の利益と「魂」にふれる革命であるところに改革の意義がある。また、人々が農村から都市へ流入し、職業的地位を変えることで社会における位置を変える点に、改革の大きな特徴がある。

社会における個人の位置が変わることを、社会学の用語で「社会移動」という。この社会移動の過程において、一般に人々の価値観に変化が生じるものとされる。

そこで本章では、社会主義市場経済が確立しつつある九〇年代以降の上海にとって、重要な二つの社会学的現象、すなわち社会移動と階層意識について論じることにしたい。

二　調査方法と基本仮説

本章が依拠している上海市の調査では、多段層化抽出法がもちいられ、上海市内の街道（都市行政の最末端単位）が最初の抽出単位とされた。サンプルのばらつきを保つため、サンプリングを行う際、一つの区につき一つの街道を選びだした。

上海市内の街道の分布状況を考慮した上で、合計一一の区、一一の街道を抽出し、次にその街道の中で、居民委員会の置かれた経済的状況が高いところ、中程度のところ、低いところの三つをそれぞれ選びだし、これを第二ステップの抽出単位とした。最後に、抽出された居民委員会内でランダムサンプリングを行い、調査世帯を特定化した。

調査対象は主に各家庭の世帯主だが、世帯主の性比を考慮して、調査員には訪問時に被調査者の性別分布に注意するよう要求し、基本的に男女半々になるようにした。そのため、世帯主の配偶者やそれ以外の世帯構成員も、調査サンプル含まれている。

本研究における目標サンプル数は一、〇四五人。結果的に、各街道のサンプル数は平均九五人となり、有効サンプル数は一、〇四二人であった。

データ収集は主に上海大学社会学部の学生が担当した。調査を始める前、調査票と調査方法に関するインストラクションを行った。

調査にあたっては訪問調査法をもちい、調査員が調査票を読み上げて調査対象者の回答を記入するか、調査員の指導のもとで調査対象者が直接調査票に記入する方法をとった。調査の過程で調査済みの調査票をランダムに選びだし、調査監督が行き届いているかどうかをチェックして、調査の質を確かなものとした。

上海の社会移動と階層意識について、それまでの研究蓄積をもとに、以下のような仮説を立てた。

第一に、上海市民の社会移動は上向きの社会移動である。調査対象者の現在の職業的地位は父の世代よりも、あるいは当人の以前の職業よりも上昇しているだろう。

第二に、上海市民の社会移動は基本的に構造的な移動である。工業化と産業構造の高度化に端を発し、人々の教育水準が上昇することによって社会移動が生じるようになったのだろう。

第三に、上海市民の階層意識や価値観は、それぞれの職業によって異なっている。いずれにせよ、上海市民は何らかの階層意識をもっているだろう。

調査対象の基本特性は以下の通り。

男性が五二・五%、女性が四七・五%を占める。平均年齢は四五・二一歳、標準偏差は一一・〇四歳で、最年少は一八歳、最高齢は八六歳である。

回答者の教育程度は、小学校卒業およびそれ以下が七・四%、中学校卒業が二八・一%、高校卒業が三二・八%、専門学校卒業が一一・六%、大学本科卒業およびそれ以上が八・五%（無回答を含む）。

回答者の現在の職業については、専門職が二一・三%、管理職が八・一%、事務職一六・〇%、商業従事者六・四

%、サービス業従事者六・三%、労働者一八・〇%、第一次産業従事者〇・一%、分類不能な労働者二・〇%、離職・退職者一四・八%、無回答および非該当回答が六・九%。

当人の婚姻については未婚が八・一%、既婚が八六・二%、離婚あるいは配偶者を亡くして再婚したもの一・一%、離婚あるいは配偶者を亡くして未婚のもの四・七%。一世帯の平均人数は三・三八人で、標準偏差は一・〇二人。

調査対象者の政治信条は、中国共産党が二二・一%、共青団（共産主義青年団）が七・五%、民主党派が一・五%、無党派が六八・九%となっている。九八・八%の被調査者は漢族である。

信仰については、無宗教が八五・七%、仏教が一一・二%、カトリック・プロテスタント・イスラム教などのその他の宗教は三・二%。

総じて、教育程度や職業階層が高い調査サンプルであるといえる。

三　階層上の地位と職業

階層的地位を決めるもの

社会移動の研究にとって、まず階層的地位の高低を確定しなければならない。そうして初めて社会移動の方向を議論することができるからだ。本章では、階層上の地位を決定するのは主に職業であり、職業的地位によって階層上の地位が決まっていると考える。

社会主義国家では、社会的分業にすぎない職業には貴賤がなく、すべてが社会的需要に応えるべく存在するものとされる。しかし、人々は日常生活の中で、それぞれの職業にはランクがあり、独自のライフスタイルや価値観をもち合わせていることを経験している。

職業を社会的分業の結果と解釈する理論には、具体的な状況を説明するには明らかに物足りなさが残る。職業間の平等は、共産主義社会においては実現可能かもしれないが、社会主義の初期段階では客観的な事実として認められねばならない。生産関係における位置が異なることによって、職業間の不平等が生みだされているからである。

中国は社会主義国家であり、生産手段の公有制を主とする経済体制を採っているため、理屈の上では、人民すべてが国家の主人として生産手段を所有していることになる。国家は全人民を代表して生産手段に対する占有権を行使しているため、厳格にいえば、「国有」とは「占有」であって「所有」ではない。人民すべてが所有者なのだから、生産手段は「民有」されていることになる。

しかし実際のところ、生産関係における地位はまちまちで、人々が生産手段に対してもつ「所有権」にはかなりの差がみられる。生産手段を「民有」から「国有」へ転換するということは、人民すべてが「所有権」を国家に「譲渡」し、生産手段の所有権と占有権を分離させることを意味しているが、国家が人民の「委託」を「受けて」全人民の財産を占有しようとすれば、国家は一部の官僚にその膨大な財産を管理・経営させ、経済活動に専門に従事する組織化された官僚制グループを作らなければならなくなる。大型国有企業の工場長や社長が、企業家というよりも国家幹部か、企業家と国家幹部の中間的性格を身につけているのは、こうした理由による。

国家が人民の「委託」を「受けて」占有した資産を、このような経済活動に従事する官僚に委託・管理し、経営するよう「手渡す」ことで、生産手段をめぐる占有権と支配権、管理権、使用権が分裂するようになる。制度の「形骸化」が進行している状況にあって、生産手段の所有権や占有権が有名無実化し、全人民に属する共有の資産が個人に占有されてしまうかもしれない。「国有資産」を掌握した経済官僚が、国家から権限が与えられた後に、その支配権や管理権、使用権を手中に収めてしまう可能性もある。

権力と地位の錯綜した関係

事実、経済官僚は以下のような二つの状況で、特殊な利益を手に入れている。

第一に、彼らは権力を握っており、管轄下の企業に対して責任を負っているため労働量が多くなり、結果的に一般の労働者に比べ多くの報酬、すぐれた待遇を獲得している。その意味で、彼らの収入は合法的なものであるが、これが政府と企業との特殊な権力関係によるものであることは明らかで、こうした不均等な権力関係が彼らの地位を高める効果をもっている。

第二に、現在のところ、経済官僚を管理・監督する制度に欠け、彼らのもつ権力をチェックする権力がないため、国有資産の支配権、管理権、使用権が占有権へと容易に転化してしまい、結果的に国有資産の簒奪や大量流出が生じてしまっている。

その結果、人々の生産関係における位置を反映した形で、掌握する生産手段の「所有権」の多寡、すなわち所有権に含まれる占有権・支配権・管理権・使用権の大小によって職業が序列化されることになる。

官僚組織にあって、職業は一種の権力関係を反映したものとなる。国家が「単位（職場）」を通じて管理を行っているといっても、個々の職業に与えられている権力は一様でない。職業ヒエラルキーは、職業を通じて管理者と被管理者、政策の決定者と執行者を分ける働きがあり、そのため個々の職業によって、その政治的権力や行政的権力は異なっている。

表７—１　上海市における職業威信スコア

	総合スコア ポイント	順位	収入 ポイント	順位	権力 ポイント	順位	威信 ポイント	順位
企業・工場経営者	90.2	(1)	88.4	(2)	95.4	(2)	83.0	(5)
党・政府機関幹部	86.0	(2)	75.0	(7)	98.2	(1)	81.0	(7)
税務署幹部	77.1	(3)	73.2	(9)	89.2	(4)	60.0	(17)
公安幹部	76.8	(4)	66.0	(13)	92.2	(3)	64.8	(14)
私営企業家	74.6	(5)	87.0	(3)	68.4	(4)	65.0	(13)
企業内党支部書記	74.0	(6)	63.4	(14)	85.4	(5)	70.0	(10)
代理店経営者	71.9	(7)	87.0	(3)	61.2	(8)	66.6	(12)
弁護士	69.3	(8)	75.6	(6)	55.4	(10)	85.8	(3)
テレビ司会者	68.1	(9)	74.8	(8)	55.4	(10)	81.8	(6)
不動産屋	66.1	(10)	85.0	(4)	52.8	(11)	59.4	(18)
歌手	65.0	(11)	94.4	(1)	44.0	(15)	55.2	(21)
医者	62.3	(12)	61.6	(16)	55.4	(10)	77.2	(8)
仲買人	61.3	(13)	69.4	(12)	52.8	(11)	64.2	(15)
大学教授	60.9	(14)	61.6	(16)	44.0	(15)	93.4	(1)
管財部幹部	60.8	(15)	56.8	(19)	67.4	(7)	54.8	(22)
科学者	59.9	(16)	60.2	(17)	44.0	(15)	91.4	(2)
銀行員	59.6	(17)	70.2	(10)	48.4	(13)	63.2	(16)
外資系企業職員	58.6	(18)	69.8	(11)	48.4	(13)	59.4	(18)
俳優	58.2	(19)	77.8	(5)	44.0	(15)	52.2	(23)
音楽家	57.6	(20)	58.2	(18)	44.0	(15)	83.8	(4)
記者	57.1	(21)	49.8	(21)	57.8	(9)	68.4	(11)
商社職員	55.1	(22)	60.2	(17)	48.4	(13)	59.4	(18)
研究者	55.1	(22)	54.2	(20)	48.4	(13)	70.0	(10)
エンジニア	53.0	(23)	45.4	(22)	48.4	(14)	75.4	(9)
機関職員	50.3	(24)	45.4	(22)	51.0	(12)	57.4	(19)
会計	49.3	(25)	49.8	(21)	48.4	(13)	50.4	(19)
個体戸	48.4	(26)	69.4	(12)	36.6	(20)	35.0	(30)
販売員	48.1	(27)	56.8	(19)	39.4	(17)	50.4	(24)
民生委員	47.9	(28)	49.8	(21)	41.4	(16)	57.4	(19)
遠洋航海士	47.7	(29)	62.2	(15)	38.0	(19)	41.4	(28)
秘書	47.6	(30)	49.8	(21)	48.4	(13)	42.0	(27)
家電修理工	47.4	(31)	49.8	(21)	48.4	(13)	41.4	(28)
小中学校教諭	44.1	(32)	38.0	(25)	39.4	(17)	64.2	(15)
コック	41.7	(33)	49.8	(21)	34.6	(21)	41.4	(28)
タクシー運転手	41.4	(34)	49.8	(21)	33.0	(22)	43.4	(26)
職業軍人	40.2	(35)	33.0	(27)	39.0	(18)	55.4	(20)
公共交通運転手	36.6	(36)	31.2	(30)	36.6	(20)	46.0	(25)
技術労働者	36.5	(37)	35.2	(26)	33.0	(22)	46.0	(25)
郵便配達人	34.1	(38)	32.4	(28)	32.2	(23)	41.4	(28)
ホテル従業員	33.1	(39)	39.4	(24)	29.4	(25)	29.4	(32)
理髪師	32.5	(40)	42.8	(23)	26.4	(27)	26.6	(34)
電気工	31.0	(41)	31.8	(29)	27.4	(26)	36.6	(29)
保育士	31.0	(42)	28.4	(31)	31.6	(24)	34.2	(31)
営業マン	27.4	(42)	23.2	(33)	27.4	(26)	35.0	(30)
建築労働者	26.7	(43)	27.8	(32)	24.6	(28)	28.8	(33)
農民	13.0	(44)	17.4	(34)	7.2	(30)	16.8	(36)
紡績労働者	12.3	(45)	6.4	(37)	11.6	(29)	24.2	(35)
お手伝い	7.6	(46)	10.0	(35)	6.8	(31)	5.0	(37)
清掃員	6.8	(47)	9.2	(36)	6.6	(32)	2.8	(38)
用務員	2.0	(48)	2.0	(38)	2.0	(33)	2.0	(39)

表7—2　職業カテゴリー別にみた職業威信スコア

職業カテゴリー	具体的な職業	スコア
管理職	企業・工場経営者（90.2）、党・政府機関幹部（86.0）、私営企業家（76.4）、企業内党支部書記（74.0）、代理店経営者（71.9）、不動産屋（66.1）	77.1
事務職	税務署幹部（77.1）、公安幹部（76.8）、銀行員（59.6）、外資系企業職員（58.6）、機関職員（50.3）、民生委員（47.9）、秘書（47.6）	59.1
専門職	弁護士（69.3）、テレビ司会者（68.1）、歌手（65.0）、医者（62.3）、大学教授（60.9）、科学者（59.9）、俳優（58.2）、音楽家（57.6）、記者（57.1）、研究者（55.1）、エンジニア（53.0）、会計（49.3）、小中学校教諭（44.1）	58.5
商業従事者	仲買人（61.3）、管財部幹部（60.8）、個体戸（48.4）、販売員（48.1）、営業マン（27.4）	49.2
労働者	遠洋航海士（47.4）、タクシー運転手（41.4）、公共交通運転手（36.6）、技術労働者（36.5）、電気工（31.0）、建築労働者（26.7）、紡績労働者（12.3）	33.2
サービス業従事者	家電修理工（47.4）、コック（41.7）、郵便配達人（31.4）、ホテル従業員（33.1）、理髪師（32.5）、保育士（31.0）、お手伝い（7.6）、清掃員（6.8）、用務員（2.0）	26.2
第一次産業従事者	農民（13.0）	13.0

一九九九年に実施された「上海社会の構造転換と社会階層」プロジェクトの調査[1]では、五〇種の職業に対する権力、収入、威信に対する評価スコア、ならびにこれらを加点した総合スコアを算出したが（表7—1参照）、本章ではこれをもとに、八つの職業カテゴリーごとに総合スコアを計算してみた（表7—2参照）。その結果、上海における職業ヒエラルキーは、管理職（七七・一点）、事務職（五九・一点）、専門職（五八・五点）、商業従事者（四九・二点）、労働者（三三・二点）、サービス業従事者（二六・二

図7―1　年齢コーホート別にみた15歳時の居住地（単位：%）

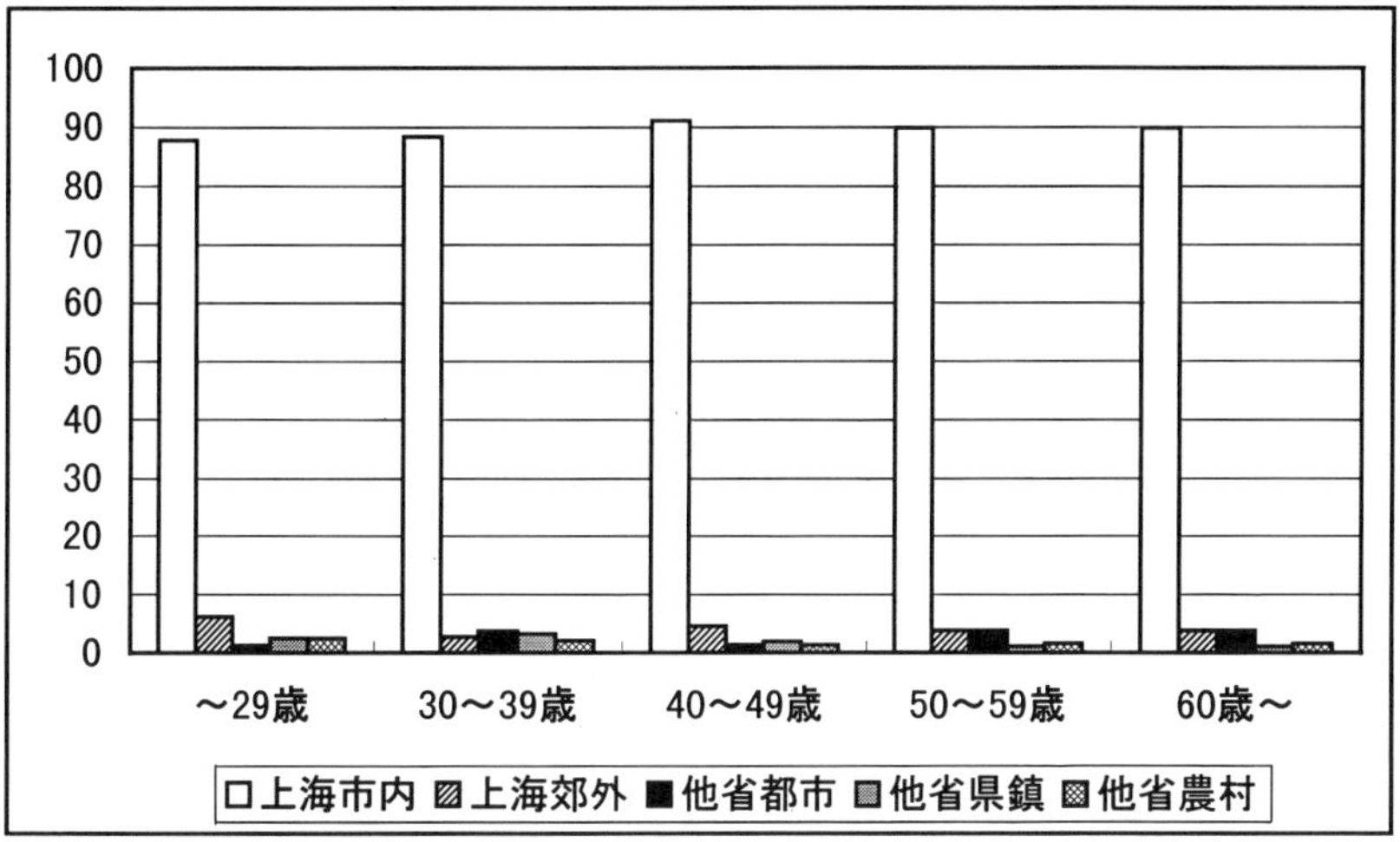

点）、第一次産業従事者（一三・〇点）という順番になった。

以下では、上記の基準に基づき、分析する職業移動や社会移動に具体的な説明を与えてゆくことにしよう。

四　社会移動の現状

地域移動にみる中国の特殊性

一五歳時点での居住地が上海市区であった者は全回答者の八六・二%を占め、上海の郊区（県）の者は四・〇%、他省の都市の者は三・二%、他省の県鎮のものは三・〇%、他省の郷村のものは二・七%であった。

年齢別にみると、若年層と高齢層で一五歳時に上海市区に住んでいた者の比率が低い。一九五〇年代以前と八〇年代以降に地域移動が活発であるという事実は、一九四九年以降の人口移動のコントロール史と符合している（図7―1参照）。

また父母の出生地と当人の一五歳時における居住地を比較してみると、人口が都市部に流入しつつある状況が理解できる。事実、両親の出生地が上海市区で、当人の一五歳時の居住地が上海

図７－２　父出身地別にみた本人15歳時の居住地

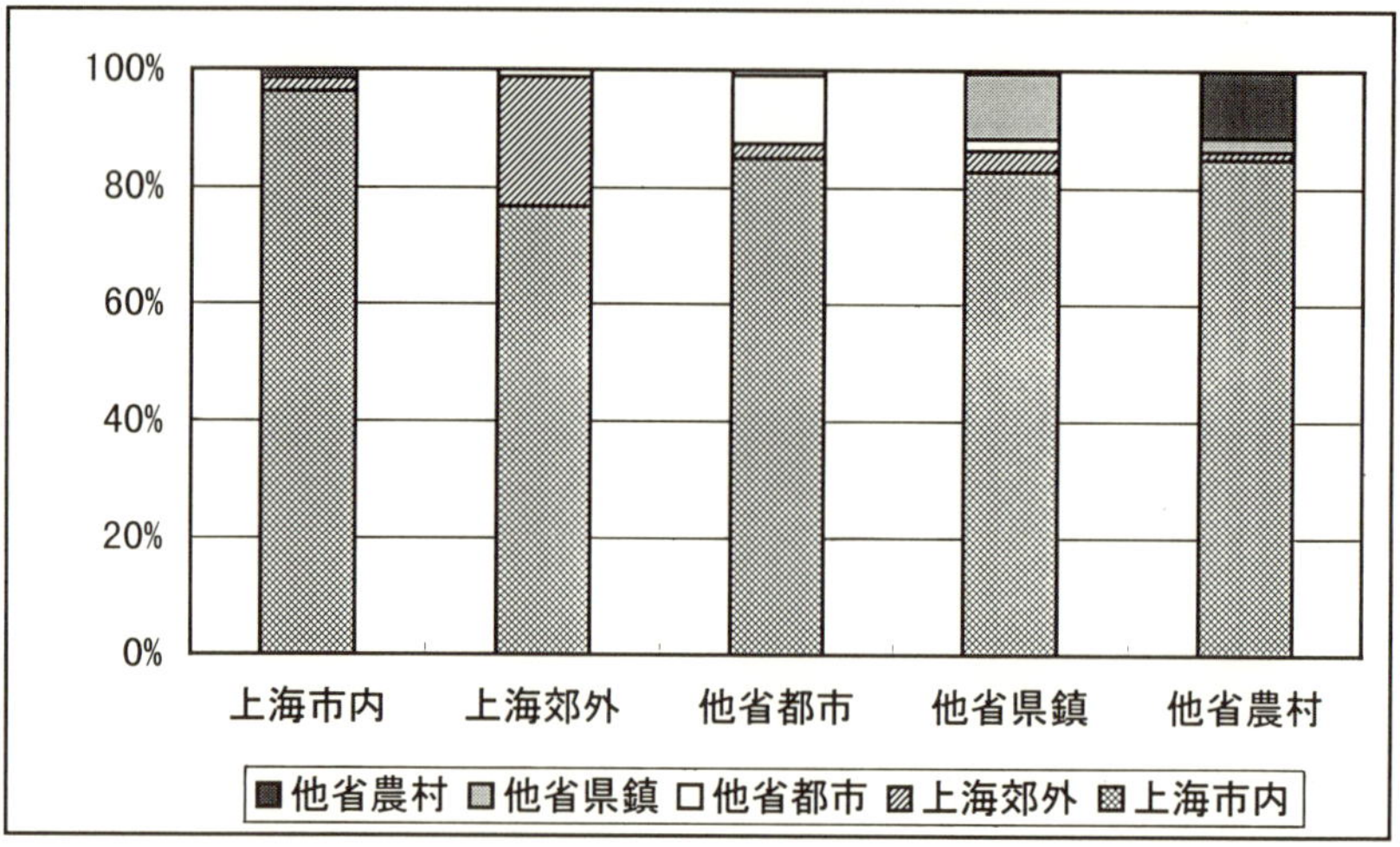

図７－３　母出身地別にみた本人15歳時の居住地

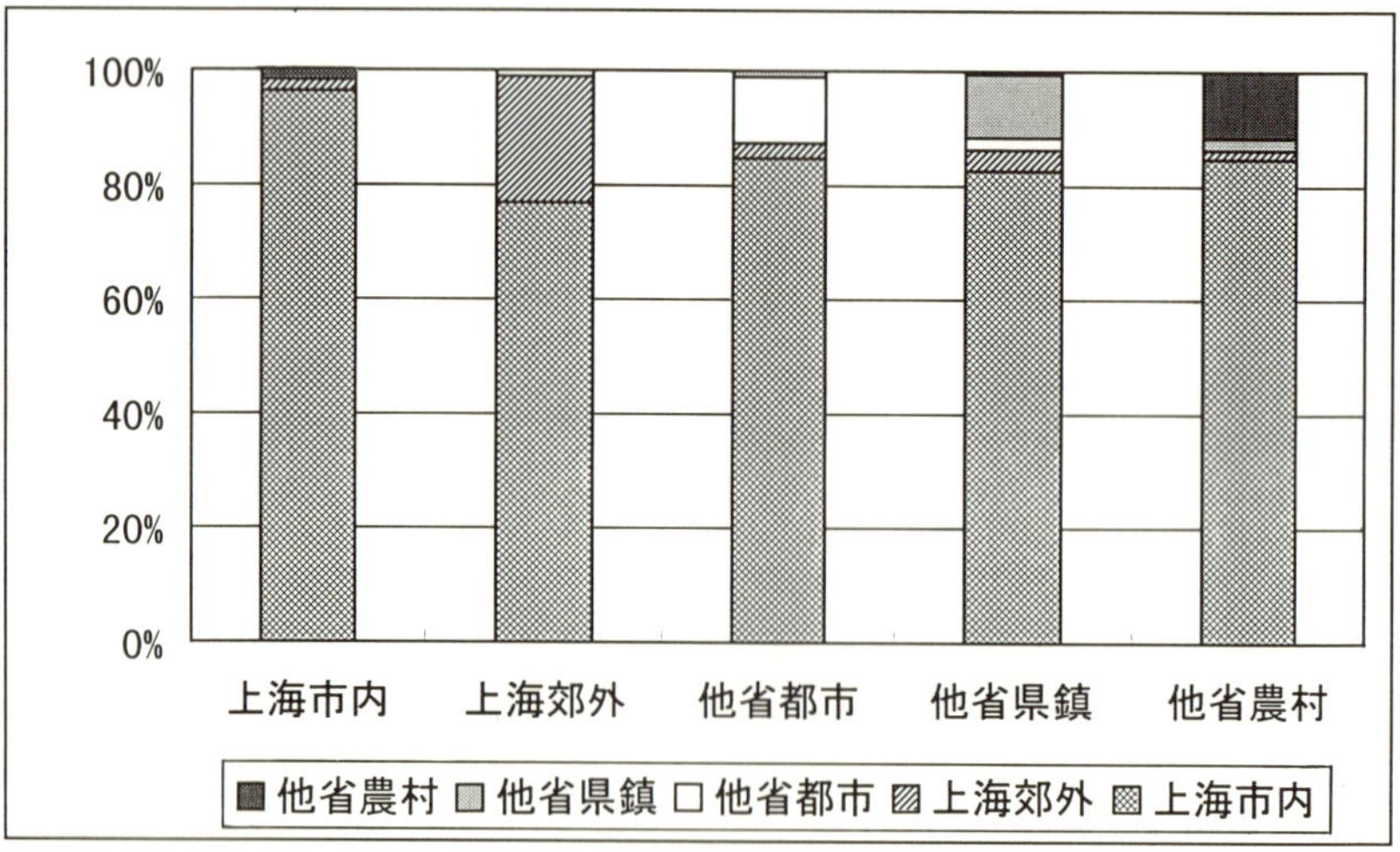

市区以外である者は四％に満たないのに対して、両親の出生地が上海市区以外で、当人の一五歳時の居住地が上海市区であった者は七五％強に達している（図7—2、図7—3参照）。

このように、世代間で都市部へと人口が移動する傾向がみられるが、これは世界的な趨勢とも一致している。しかし、中国の特殊な戸籍管理制度のもとでは、戸籍を都市へ移すことは依然として社会的地位の上昇を意味している。

世代内の職業移動

今回の調査において、現在従事している職業と最初に従事した職業（かっこ内は最初に従事した職業の比率）が管理職であるものは一〇・六％（八・〇％）、事務職は二一・〇％（一五・八％）で、専門職は二七・九％（二九・五％）、以下商業従事者八・四％（六・三％）、労働者二三・六％（二九・七％）、サービス業従事者八・三％（七・三％）、第一次産業従事者〇・一％（三・四％）となっている。

現在従事する職業と最初に従事した職業に中程度の相関があり（有意水準〇・〇〇一以下）、λは〇・七二、Gは〇・七七。初職と現職の間には一定の結びつきがあり、もともとの職業的地位が高ければ高いほど、現在の職業的地位も高くなっている。そのうち上昇移動率が一四・七％、下降移動率が六・三％。(2) 職業安定率が七九・四％で、構造移動率は一九・九％であった。(3) それゆえ、職業移動率は前述の調査（一九九九年）ほどに大きくはない（表7—3参照）。

年齢をコントロールし、各年齢コーホート（二九歳以下、三〇～三九歳、四〇～四九歳、五〇～五九歳、六〇歳以上）で現在の職業と最初の職業の相関統計値（λ）を調べてみると、〇・六八、〇・七七、〇・六九、〇・六六、〇・八二となる。これからも、二九歳以下と四〇～五九歳の層で職業移動率が相対的に高くなっていることがわかる。

表７―３　本人の初職と現職の結びつき（単位：%）

現職	初職 管理職	事務職	専門職	商　業	労働者	サービス業	第一次産業	合計
管理職	72.0 89.4 7.5	4.9 3.1 0.5	7.3 2.7 0.8	2.4 4.0 0.3	7.3 2.6 0.8		6.1 19.2 0.6	10.5
事務職	3.6 9.1 0.8	68.7 87.7 14.5	8.4 6.2 1.8		13.3 9.5 2.8	2.4 7.4 0.5	3.6 23.1 0.8	21.2
専門職	0.5 1.5 0.1	2.7 4.6 0.8	87.7 85.4 24.6	0.9 4.0 0.3	5.5 5.2 1.5	0.9 3.7 0.3	1.8 15.4 0.5	28.1
商　業		4.6 2.3 0.4	6.2 1.8 0.5	67.7 88.0 5.6	12.3 3.4 1.0	4.6 5.6 0.4	4.6 11.5 0.4	8.3
労働者		1.1 1.5 0.3	1.6 1.3 0.4	0.1 4.0 0.3	91.9 73.3 21.7	1.1 3.7 0.3	3.2 23.1 0.8	23.6
サービス業		1.5 0.8 0.1	9.2 2.7 0.8		20.0 5.6 1.7	66.2 79.6 5.5	3.1 7.7 0.3	8.3
第一次産業					100.0 0.4 0.1			0.1
合　計	8.4	16.6	28.8	6.4	29.6	6.9	3.3	100.0

（注）　各数値の一行目が列に占める割合，二行目が行に占める割合，三行目が全体に占める割合をそれぞれ示す。

また教育程度をコントロールすると、小学校以下、中学、高校および専門学校以上では、現在の職業と最初の職業との相関統計値（λ）は〇・六三、〇・六三、〇・七四と〇・五九となる。このように、専門学校以上の教育程度で移動率がもっとも高くなっているのである。

調査対象のうち転職経験をもつ者は四一・三%で、平均転職回数は一・九回、標準偏差は一・二三である。各年齢コーホートでは、転職比率が最

表７－４　本人の前職と現職の結びつき（単位：%）

現職＼初職	管理職	事務職	専門職	商　業	労働者	サービス業	第一次産業	合計
管理職	32.4 61.1 3.3	11.8 6.9 1.2	17.6 6.7 1.8	5.9 13.3 0.6	17.6 6.1 1.8		14.7 19.2 1.5	10.3
事務職	6.5 33.3 1.8	45.2 72.4 12.7	15.1 15.6 4.2		23.7 22.2 6.6	3.2 12.0 0.9	6.5 23.1 1.8	28.1
専門職	1.2 5.6 0.3	7.1 10.3 1.8	67.9 63.3 17.2	2.4 13.3 0.6	14.3 12.1 3.6	2.4 8.0 0.6	4.8 15.4 1.2	25.4
商　業		10.0 5.2 0.9	13.3 4.4 1.2	30.0 60.0 2.7	26.7 8.1 2.4	10.0 12.0 0.9	10.0 11.5 0.9	9.1
労働者		3.8 3.4 0.6	5.8 3.3 0.9	3.8 13.3 0.6	71.2 37.4 11.2	3.8 8.0 0.6	11.5 23.1 1.8	15.7
サービス業		2.7 1.7 0.3	16.2 6.7 1.8		35.1 13.1 3.9	40.5 60.0 4.5	5.4 7.7 0.6	11.2
第一次産業					100.0 1.0 0.3			0.3
合　計	5.4	17.5	27.2	4.5	29.9	7.6	7.9	100.0

（注）　各数値の一行目が列に占める割合，二行目が行に占める割合，三行目が全体に占める割合をそれぞれ示す。

高なのは四〇～四九歳で四二・九%、次に五〇～五九歳の四一・七%、三〇～三九歳が四〇・五%、その他はすべて三八%前後であった。

教育程度が高ければ高いほど、転職の比率も高い。小学校以下から専門学校以上では、転職の比率は二四・一%、三八・〇%、四三・〇%、四六・二%となっている。

転職経験のある調査対象のうち、上昇移動率は三三・七%、下降移動率は一四・四%、構造移動率は四七・三%、職業安

表７―５　現職と15歳時の父職との結びつき（単位：％）

現職＼15歳時の父職	管理職	事務職	専門職	商　業	労働者	サービス業	第一次産業	合計
管理職	22.2 16.2 2.3	11.1 8.7 1.2	16.7 8.0 1.7	9.7 11.9 1.0	33.3 10.1 3.5	2.8 4.7 0.3	4.2 21.4 0.4	10.4
事務職	17.0 26.3 3.7	25.5 42.4 5.6	16.3 16.7 3.6	5.2 13.6 1.2	28.8 18.6 6.3	7.2 25.6 1.6		22.0
専門職	15.6 30.3 4.3	12.5 26.1 3.5	39.6 50.7 11.0	5.2 16.9 1.4	20.8 16.9 5.8	2.6 11.6 0.7	3.6 50.0 1.0	27.7
商　業	10.0 6.1 0.9	15.0 9.8 1.3	15.0 6.0 1.3	26.7 27.1 2.3	23.3 5.9 2.0	10.0 14.0 0.9		8.6
労働者	8.0 13.1 1.9	7.4 13.0 1.7	9.2 10.0 2.2	9.2 25.4 2.2	56.4 38.8 13.3	7.4 27.9 1.7	2.5 28.6 0.6	23.5
サービス業	15.1 8.1 1.2		24.5 8.7 1.9	5.7 5.1 0.4	41.5 9.3 3.2	13.2 16.3 1.0		7.6
第一次産業					100.0 0.4 0.1			0.1
合　計	14.3	13.3	21.6	8.5	34.1	6.2	2.0	100.0

（注）　各数値の一行目が列に占める割合，二行目が行に占める割合，三行目が全体に占める割合をそれぞれ示す。

定率は五一・九％であった。このように、多くの人々にとって、転職は職業的地位や階層的地位を高めることを意味している（表7―4参照）。相関統計値λは〇・三三、Gは〇・四八である。

世代間の職業移動

次に、世代間の職業移動を論じよう。その際、調査対象者が一五歳時の父親の職業と当人の現在の職業を比較することとする。

父親の職業が管理職であったものは一四・〇

表７―６　性別でコントロールした場合の本人の現職と15歳時の父職との結びつき

（単位：%）

現職		15歳時の父職 管理職	事務職	専門職	商　業	労働者	サービス業	第一次産業	合計
男性	管理職	24.5 27.1 3.4	9.4 9.8 1.3	18.9 12.5 2.6	9.4 15.6 1.3	34.0 13.0 4.7	1.9 3.7 0.3	1.9 16.7 0.3	13.9
	事務職	17.5 29.2 3.7	27.5 43.1 5.8	13.8 13.8 2.9	5.0 12.5 1.0	28.8 16.7 6.0	7.5 22.2 1.6		20.9
	専門職	12.2 25.0 3.1	13.3 25.5 3.4	40.8 50.0 10.5	5.1 15.6 1.3	23.5 16.7 6.0	2.0 7.4 0.5	3.1 50.0 0.8	25.7
	商　業	3.6 2.1 0.3	10.7 5.9 0.8	14.3 5.0 1.0	21.4 18.8 1.6	28.6 5.8 2.1	21.4 22.2 1.6		7.3
	労働者	5.4 10.4 1.3	8.7 15.7 2.1	5.4 6.3 1.3	10.9 31.3 2.6	57.6 38.4 13.9	9.8 33.3 2.4	2.2 33.3 0.5	24.1
	サービス業	9.7 6.3 0.8		32.3 12.5 2.6	6.5 6.3 0.5	41.9 9.4 3.4	9.7 11.1 0.8		8.1
	合計	12.6	13.4	20.9	8.4	36.1	7.1	1.6	100.0
女性	管理職	15.8 5.9 1.0	15.8 7.3 1.0	10.5 2.9 0.6	10.5 7.4 0.6	31.6 6.1 1.9	5.3 6.3 0.3	10.5 25.0 0.6	6.1
	事務職	16.4 23.5 3.8	23.3 41.5 5.4	19.2 20.0 4.5	5.5 14.8 1.3	28.8 21.2 6.7	6.8 31.3 1.6		23.4
	専門職	19.1 35.3 5.8	11.7 26.8 3.5	38.3 51.4 11.5	5.3 18.5 1.6	18.1 17.2 5.4	3.2 18.8 1.0	4.3 50.0 1.3	30.1
	商　業	15.6 9.8 1.6	18.8 14.6 1.9	15.6 7.1 1.6	31.3 37.0 3.2	18.8 6.1 1.9			10.3
	労働者	11.3 15.7 2.6	5.6 9.8 1.3	14.1 14.3 3.2	7.0 18.5 1.6	54.9 39.4 12.5	4.2 18.8 1.0	2.8 25.0 0.6	22.8
	サービス業	22.7 9.8 1.6		13.6 4.3 1.0	4.5 3.7 0.3	40.9 9.1 2.9	18.2 25.0 1.3		7.1
	第一次産業					100.0 1.0 0.3			0.3
	合　計	16.3	13.1	22.4	8.7	31.7	5.1	2.6	100.0

（注）　各数値の一行目が列に占める割合，二行目が行に占める割合，三行目が全体に占める割合をそれぞれ示す。

％、事務職であったのは一三・四％、専門職であったものは二〇・七％、商業従事者九・〇％、労働者二三・五％、サービス業従業員六・一％、第一次産業従事者三・四％。

当人の職業と比較してみると、両者の相関統計値λが〇・一二で、Gは〇・二三。これから、世代間では職業に違いがみられるものの、父親の職業的地位が当人にとって一定の影響を与えていることがわかる。

当人の職業的地位が父親のそれに対して高い、いわゆる上昇移動をしている者の割合は全体の三四・九％で、父親のそれに対して低い下降移動を経験した者は二九・八％、安定率は三五・三％、構造移動率は三二・七％であった。総体的にみて、子の世代の職業的地位は親世代のそれよりも高くなっている（表7―5参照）。

性別でコントロールとすると、当人が男性の場合、相関統計値λは〇・一三でGは〇・二七、当人が女性の場合、相関統計値λは〇・一四でGは〇・一七となる。これは、世代間の職業の違いに性別は影響を与えていないものの、父親の職業的地位が与える影響は女児より男児の方が大きいことを意味している。

男性サンプルについてみると、上昇移動率は三七・二％で下降移動率は二六・九％、職業安定率は三五・九％、構造移動率は二九・三％。これに対して女性の場合、上昇移動率は三二・一％、下降移動率は三二・九％、職業安定率は三五・〇％、構造移動率は四三・〇％であった。このように、男性の上昇移動率は女性のそれよりも高いものの、女性の構造移動率は男性よりも高く、女性の職業移動が男性より広くみられている（表7―6参照）。

五　階層帰属意識と社会的公平感

社会階層の成長と成熟は、人々の階層意識を強化することになる。

図７—４　職業別にみた階層帰属意識

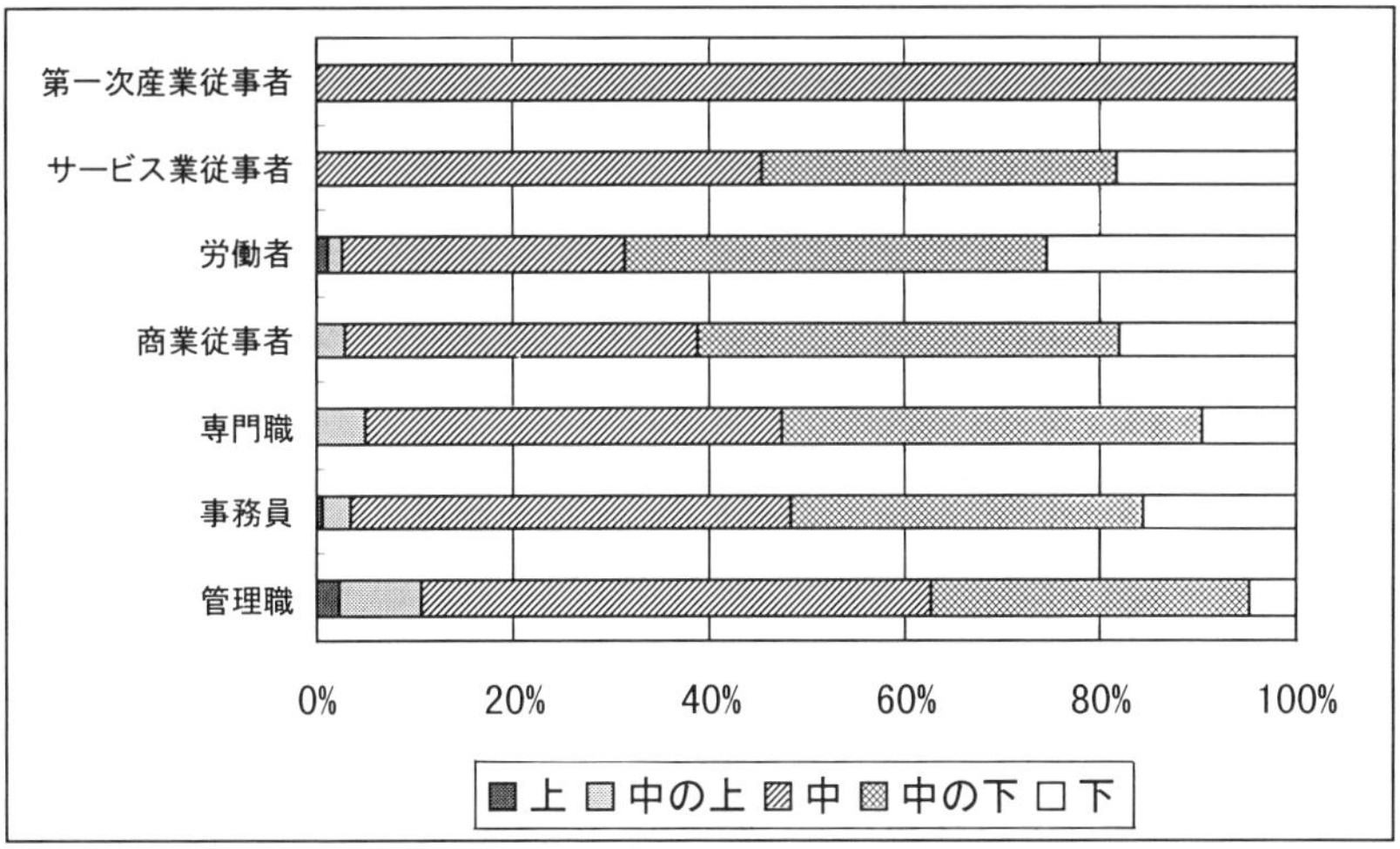

調査対象のうち自分を「上」に属すると考えているものは〇・五％、「中の上」は三・六％、「中」は三八・二％、「中の下」は四〇・三％、「下」は一七・四％で、実に多くの人が「中」ないし「中の下」に属していると考えている。

当人が一五歳時の家庭がどのような階層的地位にあったかに関する調査対象自身の評価も、基本的にこれと似ている（「上」一・〇％、「中の上」七・四％、「中」三五・六％、「中の下」三七・一％、「下」一九・〇％）。当人の職業的地位と階層的地位についての評価をクロスすると、両者の相関統計値はλが〇・〇六、Gが〇・二一となっている。

統計値λは職業的地位の高低と階層帰属意識は関連していないことを表しており、統計値Gは当人の職業的地位が高ければ高いほど、その階層帰属についての評価も高くなるということを表しているが、相関は弱い。

回答者の大多数の人は、自分が「中」か「中の下」に属していると考えている。そのうち自分の階層的地位を中あるいはそれ以上であると考えているものは、管理職では六二・六％、事務職では四八・五％、専門職では四七・五％、商業従事者では三八・八

図７—５　15歳時の帰属階層と現在の帰属階層との結びつき

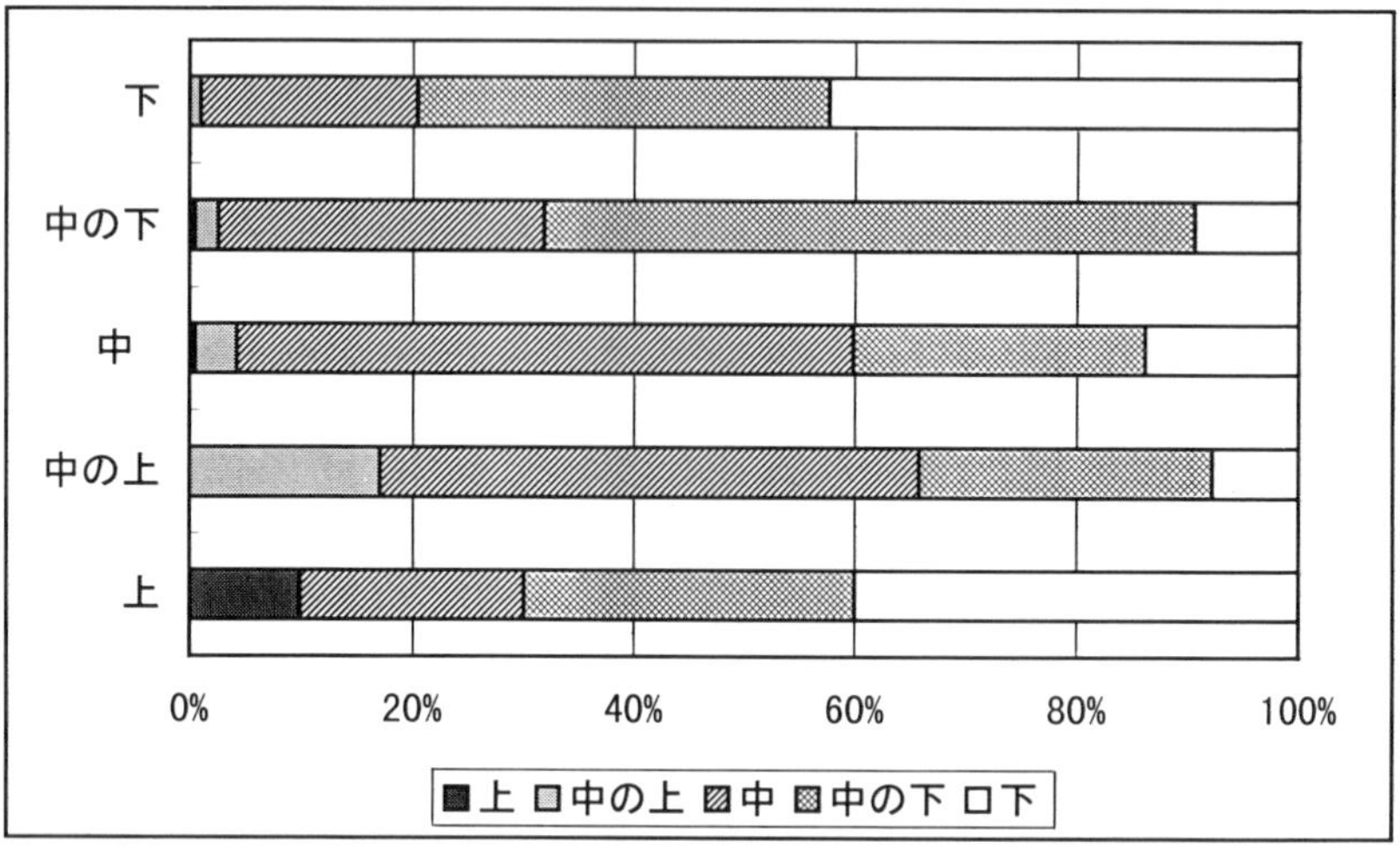

（注）　数値は、15歳時における帰属階層に占める現在の帰属階層の割合を示している。

図７—６　職業別にみた階層決定の要因

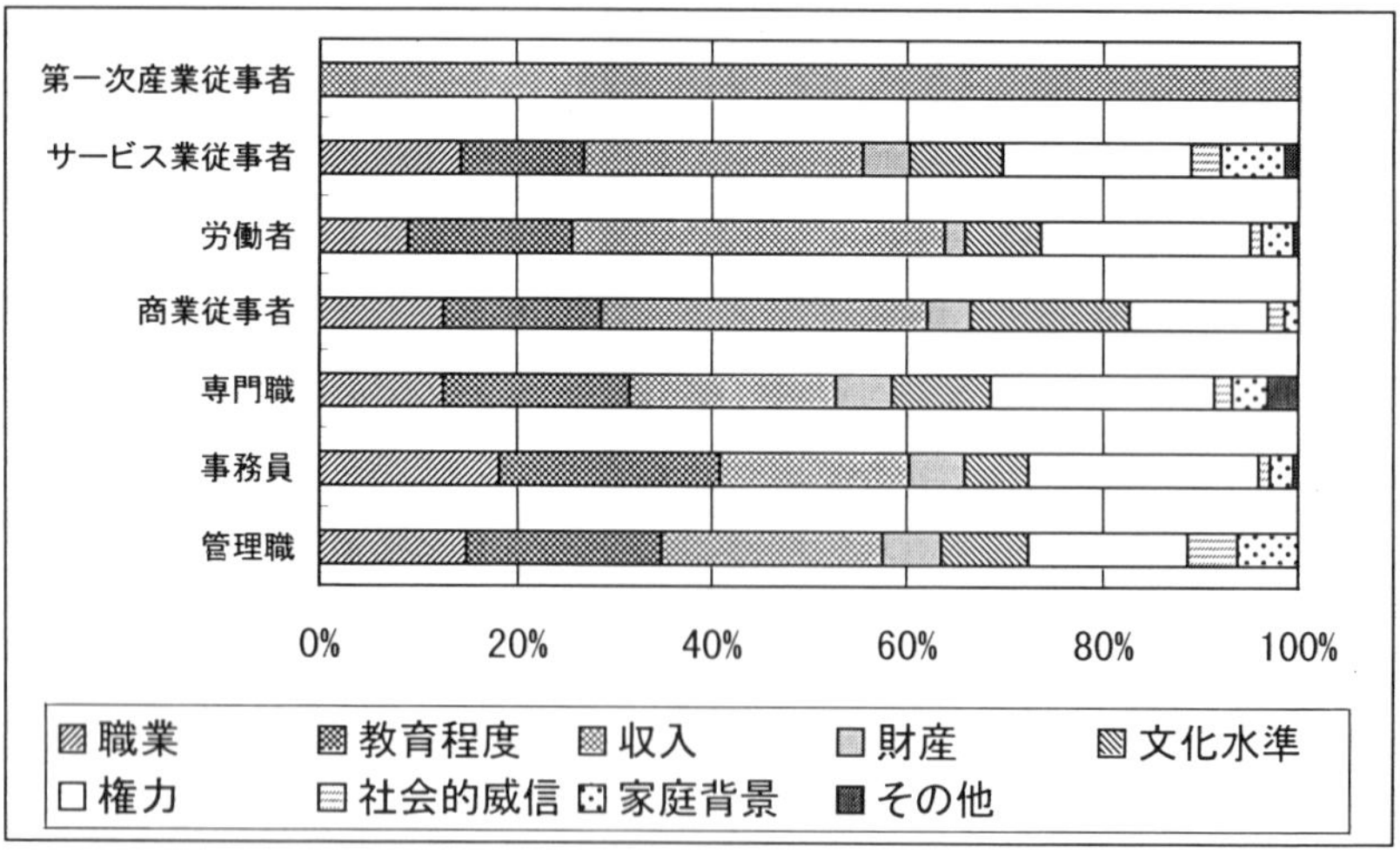

図７－７　職業別にみた社会的公平感

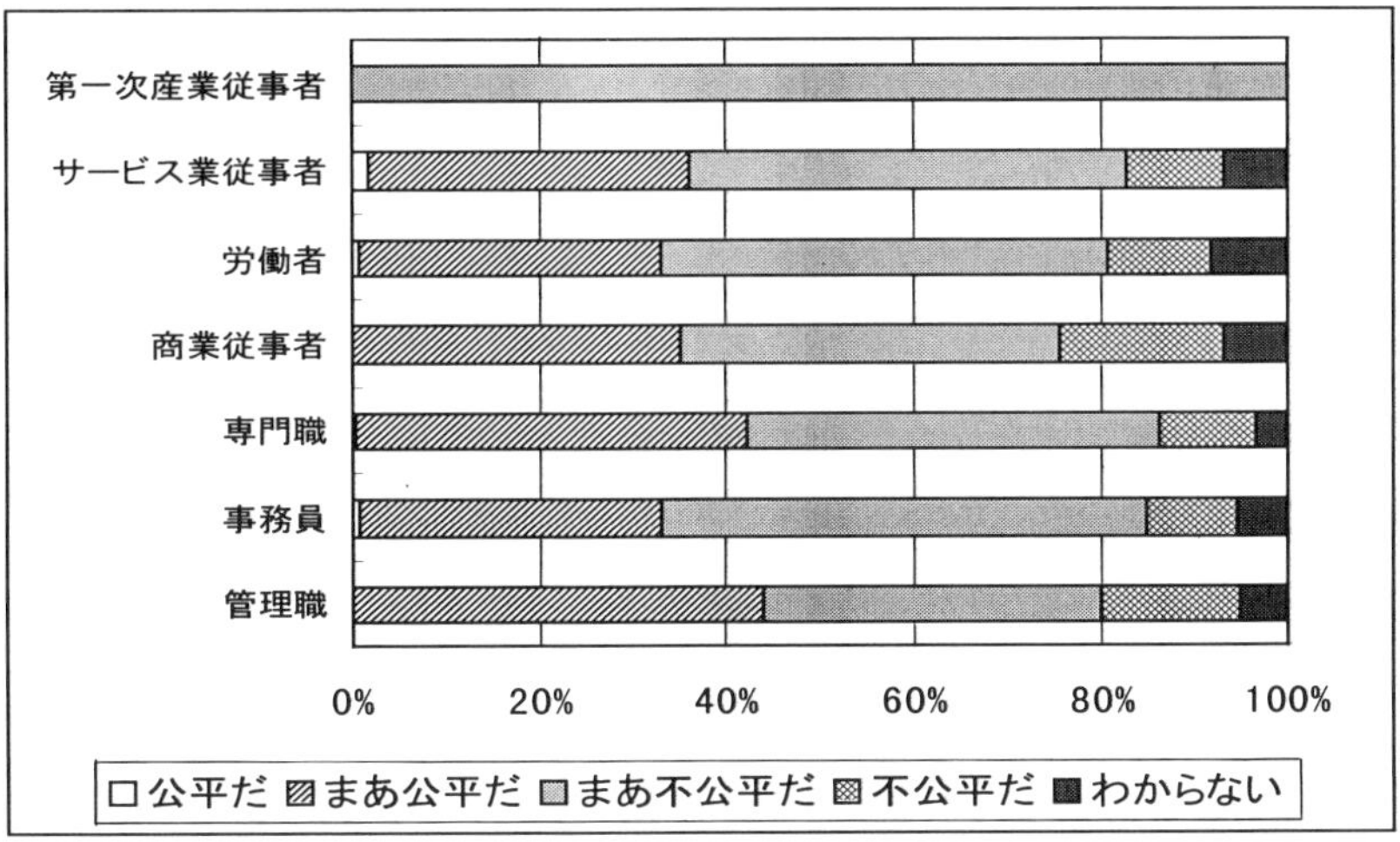

図７－８　職業別にみた個別の問題に対する公平感（単位：％）

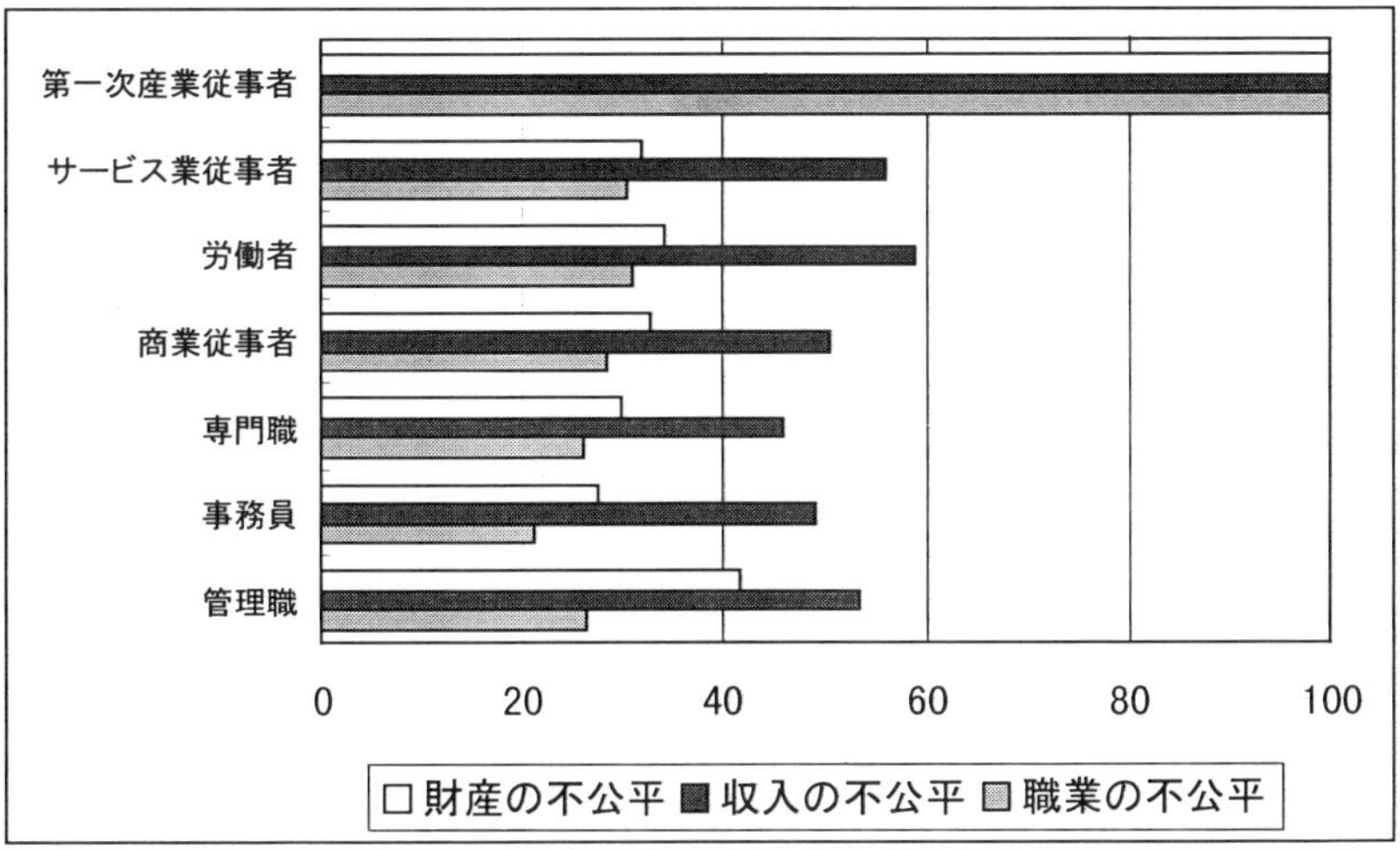

％、労働者・サービス業従業者・第一次産業従事者では三八・八％で、自分が「上」に属していると考える者は、ごくわずかしかいない（図7―4参照）。

また、一五歳時と現在の階層帰属をクロスしてみると、λは〇・二二、Gは〇・四三で、両者の間には一定の対応関係が存在しており、一五歳時の帰属階層が高ければ高いほど、現在の帰属階層が高いことがわかる。現在の帰属階層が一五歳時より高いのは二四・三％、逆に低いのは二四・八％で、構造移動率は一一・七％である（図7―5参照）。

階層的地位に影響する要素の評価の中では、選択率が高い順に、収入（二五・九％）、権力（一九・〇％）、教育程度（一八・〇％）、職業（一三・五％）、文化水準（九・二％）、財産（四・六％）、家族背景（三・七％）、社会的名声（一・九％）となる。

個別要素の選択と現在の職業とでは、相関統計値λが〇・〇三で相関はない。しかし、上位三位までに選択される要素は職業によって異なっている。管理職では収入・教育、権力の順番だが、事務職と専門職ではともに権力が第一位、商業従事者や労働者などはすべて収入が第一位で、比率はきわめて高い（図7―6参照）。

社会的公平感については、不公平であると考えているのは五七・八％、公平であると考えているのは三六・八％であった。管理職で不公平であると考えている者の比率が五〇・七％であるのを除けば、その他の職業は不公平であると考えている比率はすべて五五％以上である（図7―7参照）。

不公平をもっとも強く感じているのは収入（五一・三％）で、以下、財産（三二・一％）と職業（一六・四％）の順となっている。職業的地位が低い者ほど、職業の不公平を強く意識する傾向がある。

収入と財産に対しては、職業的地位が高い者と低い者が不公平を感じている。すなわち管理職と商業従事者以下の職業で、収入と財産に対する不公平感がより高く現れているのである（図7―8参照）。

六　おわりに

以上、上海市で行った調査データをもとに、三つの仮説を検討してきた。

第一の仮説、すなわち、世代間や世代内での社会移動で上昇移動が多いとする仮説については、ほぼ実証されたといえる。世代内移動では上昇移動率が一四・七％、下降移動率が六・三％と前者が八ポイント強多く、世代間移動では上昇移動率が三四・九％で、下降移動率は二九・七％と、やはり前者が五ポイント近く高い。上昇移動が圧倒的に多いというわけではないが、特に転職経験者に絞ってみた場合、その上昇移動率がずいぶんと高くなっていることからも、その相対的な多さについては確認されたといってよい。

第二の仮説、すなわち上海市の社会移動が基本的に構造移動であるとする仮説も、ほぼ実証された。世代内移動における構造移動率は四七・三％、世代間移動における構造移動率は三二・七％と、相当に高い(4)。もっとも、世代間移動に関しては父職との関係でみた場合、男性より女性の方で構造移動率が高いといった結果が得られている。今後、社会移動を論じる場合、特に中国では性別に注目して分析を進める必要があるかもしれない。

そして第三の仮説、すなわち上海市民の階層意識や価値観は、それぞれの職業によって異なっているとする仮設は、部分的に支持されたというべきだろう。

階層に影響を及ぼしている要素の評価については、職業別の違いはみられないものの、第三位までに選ばれる要素には若干の違いがみられる。事務職と専門職は権力を第一の要素に挙げているのに対して、他の職業は収入を第一の要素に挙げているのは、その証拠である。

また、社会的公平感については、職業的地位が高いか低いグループで収入と財産に関する不公平感が強くみられたり、また職業的地位が低い者ほど職業の不公平を強く意識する傾向があるなど、明らかに職業別の意識の違いが存在しているかと思えば、階層帰属意識については、職業別の違いはほとんどみられない。

西洋では、階層構造の変化とともに市民社会が誕生するといった議論がよく行われる。しかし、市場経済は市民社会を生みだす必要条件ではあっても、十分条件とはいえない。中国の市場経済は国家指導のもとに進められており、国家権力が強大なために、多くの人々はこれを崇拝し、みずから権力を獲得しようと努力している。しかも契約的関係が強くないため、こうした状況で、平等な個人が自治を行う市民社会の誕生を予測することはむずかしい。

現在、市場経済化のもとで、さまざまな階層が誕生しつつある。しかし、これが市民社会の誕生を示唆するものとは必ずしもいえない。企業家階層や知識人を中心にした、独立した中産階級が形成されるとは考えられないからである。「中国的特徴のある」市場経済のもとで、われわれは市民社会が誕生すると安易に考えてはならないのである。

（1）この調査のプロセスや結果の詳細については、仇立平（2001）を参照されたい。

（2）現在の職業的地位が最初の職業的地位に比べて高い場合に「上昇移動」と呼び、低い場合に「下降移動」という。

（3）構造安定率とは、クロス表における対角線上のセルが全セルに占める割合のことを示す。また構造移動率とは、行のパーセントと列のパーセントの差をとり、その絶対値の総和を意味している。

（4）日本で高度経済成長があった一九六〇年代に行われた第二回のSSM調査（一九六五年）の結果では、世代間の構造移動率は二八・四％、第三回のSSM調査（一九七五年）の結果は、同様に三〇・一％であることからも、その数値の大きさが推測されよう。

（加納彩子訳）

第八章　広州市民の階層帰属意識

鄭　晨

一　はじめに

多くの研究者は、中国の社会階層を「収入階層」や「経済階層」「政治階層」「職業威信階層」「消費階層」などから分析している（李強 1996、蔡禾・趙釗卿 1995）。こうした客観的な社会指標をもって分析を進めることも重要であるし、必要なことだ。今後、こうした研究から中国の社会階層を把握する重要な知見も出てこよう。

しかし、社会階層は社会的事実の一つであると同時に、一種の心理的事実でもある。いいかえれば、社会階層は収入や財産、権力、威信、教育機会といった社会指標によって、客観的に評価される対象であるとともに、自己認識を通じ、主観的に評価される対象でもあるのだ。本章の扱う階層帰属意識も、こうした主観的評価の一つである。

社会階層の中で、本人は「上」に属していると考えているのか、「中」に属していると考えているのか、それとも「下」に属していると考えているのか。この問いに対する答えは、回答者自身がそれぞれに異なる社会指標をもちいて社会階層を理解し、そこに自分を位置づけてみた結果であると同時に、階層帰属意識そのものが相対的に独立した心理的存在であることも、また確かである。

本章では、一九九九年に広州市で実施された調査データをもちい、階層帰属意識に注目することで、中国都市部の階層構造に関する分析を行っていきたい。

二　調査の概要と調査対象者の基本属性

広州市調査は一九九九年の三月から四月にかけて実施され、調査員が各世帯まで訪問する形態をとった。調査対象者は一八歳以上の有職者（以前職業についていた者を含む）。調査範囲は広州市の八つの区（東山区、越秀区、茘湾区、海珠区、天河区、芳村区、黄浦区、白雲区）で、有効サンプル数は一、〇一三であった。

回答者の属性を眺めてみると、性別は男性が四二・二%、女性が五七・八%。年齢は一八歳から二五歳が全体の八%を占め、以下、二六歳から三〇歳が六・四%、三一歳から四〇歳が三〇・八%、四一歳から五〇歳が三二・七%、五一歳から六〇歳が一一・五%、六〇歳以上が六・四%と続く。

学歴構成は、小学校卒業以下が全体の七・五%、中学卒が一五・五%、高卒が四三・三%、大専卒が二一・三%、大卒以上が一二・一%であった。職業内容としては、専門職が一五%、管理職が一二・二%、事務職が三四・一%、サービス業従事者が一五・八%、労働者が八・五%、分類不能な労働者が七・二%、退職者が六・九%、第一次産業従事者が〇・三%。婚姻状況は、未婚者が一四・一%、既婚者が八五・九%。何らかの宗教を信じている者が七・三%、無宗教者が九二・七%であった。

図８―１　15歳時と現在における帰属階層の推移

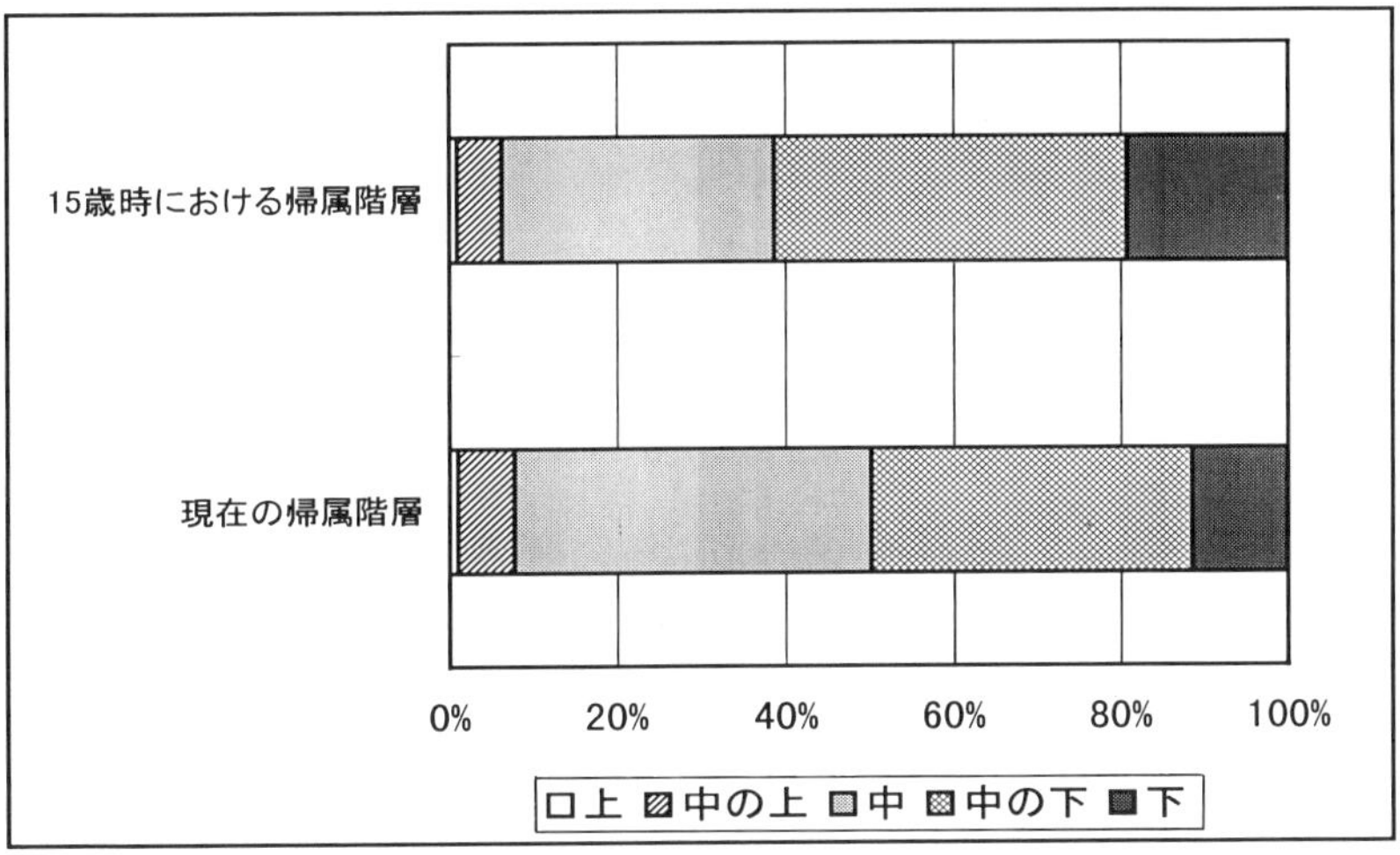

三　分析結果

階層帰属意識の現状

われわれの質問票の中には、階層帰属意識に関する設問が二つある。一つは、「もし今日の社会が上層、中上層、中層、中下層、下層の五つに分けられたとしたら、あなたは自分がどの層に入ると思いますか」というものであり、もう一つは、「一五歳の時、あなたのご家族はどの層に属していたと思いますか」というものだが、回答者はそれぞれ別々に、この質問に対して回答することが求められている。

調査の結果、八〇・八％が自分は中層か中下層に属していると考えており、一五歳時だと、これが七四・五％になり、六ポイント近く低いことがわかる（図8―1参照）。一九九二年に行われた同種の調査結果と対比してみても（郭凡 1995）、中層か中下層と回答している者の比率が高まっていることから、階層帰属意識が上昇しているようにも思える。

図8—2　帰属階層別にみた階層決定の要因の違い

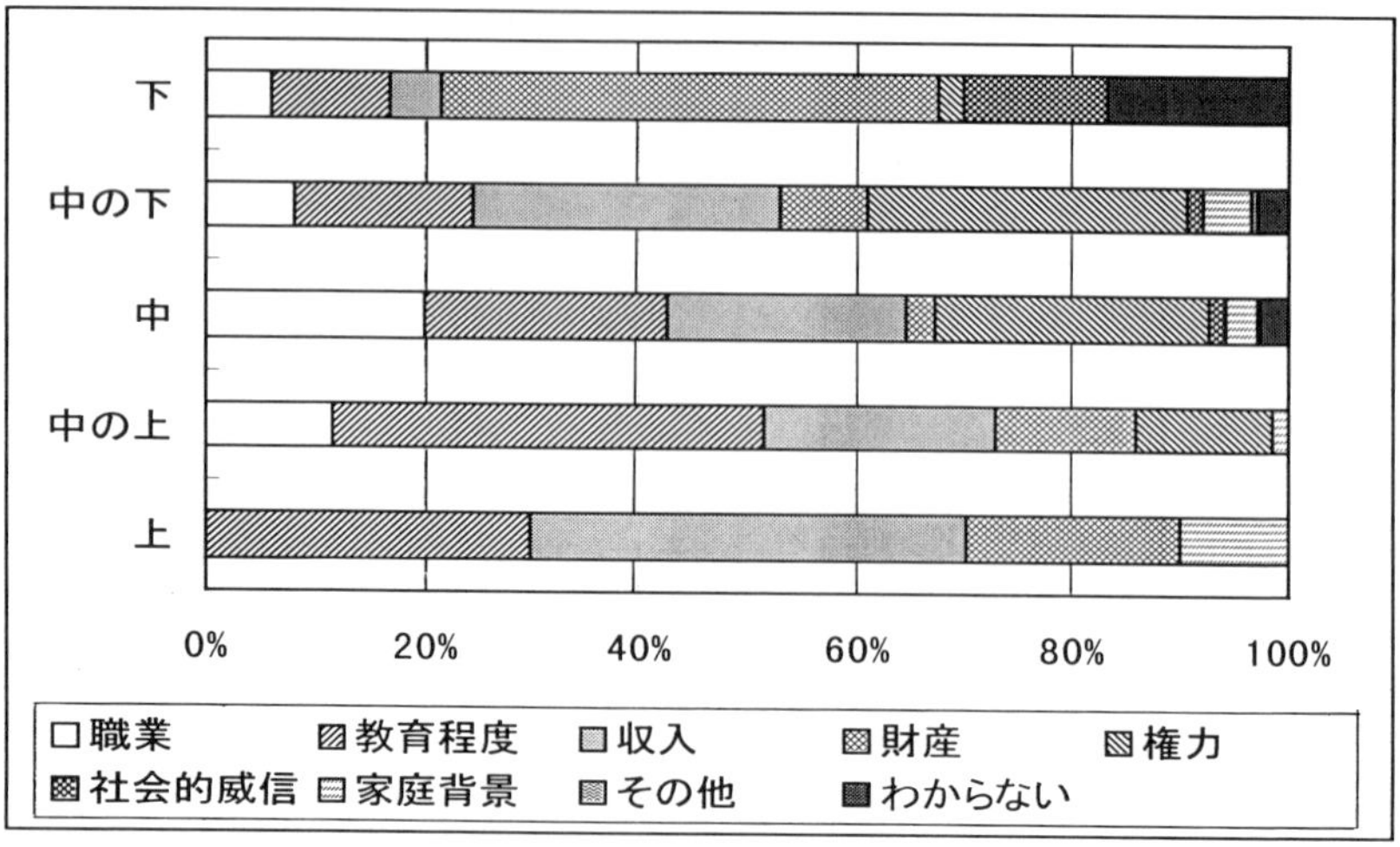

階層決定の要因

ある人物が特定の階層に属するのはどのような理由によるのか。いくつかの原因の中で、もっとも重要だと思われているのは何か。調査の結果、人々はまず「権力（二六・三％）」を選択し、次に「収入（二四・九％）」、「教育程度や文化水準（二〇％）」、「職業（一三・一％）」、「財産（五・八％）」、「家庭背景（四・二％）」、「社会的威信（一・四％）」、「その他（〇・四％）」と続き、「わからない」と回答した者は四・一％にすぎないことがわかる。

もっとも、階層帰属意識によって、階層決定の要因に対する判断は異なっている（図8—2参照）高い階層に属していると回答している者ほど、階層決定の要因として「教育」程度を重視し、低い階層に属していると回答している者ほど、「権力」「家庭背景」「収入」を重視する傾向があるのだ。

個々人の階層帰属意識は、みずからが帰属する階層がどのように出来上がっているかについての意識に直接影響を与える。しかし、総じてみると、中上層と回答した者は「教育程度」がもっとも重要な要素であると考えているのに対して、中層以下と回答した者は「権力」を階層形成の重要な要因とみなしがちである。こうした権力に対する異なる見解は、権力が現実社会で果たしている作用を反映したものでもある。

階層帰属意識を決定する要因

今まで、個人が属する階層がどのように出来上がっているかの判断を、本人の主観的な意見表明に任せていたのだが、次に階層帰属意識と他の変数との相関関係を調べることによって、背後に潜む客観的な構造を明らかにしてゆこう。

質問票に盛り込まれていた二八の変数と、階層帰属意識との相関分析を行ってみると、有意な結びつきをもっているのが、「本人一五歳時における家族の階層帰属評価（〇・五五二二**）」、「本人の所得水準（－〇・四五五九**）」、「配偶者の所得水準（－〇・四五五九**）」、「本人の教育水準（－〇・四二〇八**）」、「住宅の部屋数（－〇・三八二九**）」、「配偶者の教育程度（－〇・三五九四**）」、「初職（〇・三一五二**）」、「直前の職業（〇・三〇六〇**）」、「本人の貯蓄額（－〇・三〇五三**）」、「本人一五歳時における母親の職業（〇・三〇〇五**）」、「社会的公平性に対する評価（〇・二八四八**）」、「暮し向きに対する評価（〇・二四二五**）」、「配偶者の職業（〇・二二七六*）」、「本人一五歳時における父親の職業（〇・二二五二*）」、「父親の教育程度（－〇・一八八六*）」、および「政治に対する関心度（〇・一八六〇*）」であった。

階層帰属意識との以上の相関分析をもとに、階層帰属意識を従属変数とした多変量解析を行ってみることにした。「初職」を除く一五の説明変数のうち、もっとも解釈力が強いのが「本人一五歳時における家族の階層帰属評価」で、標準回帰係数（ベータ係数）は〇・四一五であった。これに「本人の所得水準（－〇・一九三）」、「住宅の部屋数（〇・一四四）」、「暮し向きに対する評価（〇・一一四）」、「本人一五歳時における父親の職業（－〇・一一四）」が続き、それ以外の「本人の教育水準」などの変数は解釈力が弱く、有意性を生みだしていない。一五の説明変数すべてで従属変数の階層帰属意識を説明しうる力（決定係数）は〇・四五九である。つまり、これら一五の変数で階層帰属意識の変動を四五・九％しか説明しえないのだ。

いいかえると、広州市民の階層帰属意識については、上記の一五の変数以外によって説明される部分が五四・一％あることになる。

四　おわりに

以上、広州市民の階層帰属意識について、その現状と形成原因について考察してきた。本章で得られた知見を、これと関連するデータとつき合わせながらまとめてみると、以下のようになる。

第一に、中国で改革・開放が進展し、近代化がもたらされるにつれ、人々の生活水準は広く向上し、階層帰属意識の「レベル」がこれに相応して高くなった。一九七〇年代末から八〇年代初めにかけての改革・開放初期、多くの人（六二・三％）が自分の家庭は「中下層」か「下層」に属していたと回答しているのに対して、現時点では半数以上の人間（五〇・二％）が、自分の家庭は「中層」以上だと考えている。つまり「中」意識はこの間一〇ポイント程度上昇したのであり、これからも今後中国で「中間層」が大きな勢力たりうると予想できる。

第二に、社会階層形成の原因として、階層帰属意識の「レベル」が低い者ほど権力や家庭背景に原因を求める傾向があり、逆に「レベル」が高い者ほど教育を指摘する声が強くみられる。

今回の調査データから、本人の教育程度が父親・母親の教育程度と強く結びついており（ガンマ係数はそれぞれ〇・

四六一三〇と〇・四七九一九）、配偶者の教育程度とも強く結びついていることがわかっている（ガンマ係数は〇・七七二六四）。また、本人の教育と初職、転職する前の職業も有意な結びつきをもっている（ガンマ係数はそれぞれ－〇・五七三五六と－〇六〇二二五）。

もちろん、本人の教育程度には達成的要因と先天的要因とが関係しており、当人の階層帰属意識や地位達成に大きな影響——時に間接的な影響——を及ぼしている。しかし収入に関しては、階層帰属意識の「レベル」の高低にかかわりなく、階層決定に大きな影響を与えていると思われている。

第三に、多変量解析の結果、階層帰属意識をもっともよく説明するのは「本人一五歳時における家族の階層帰属評価」であることがわかった。

第四に、社会的公平性に対する判断は、回答者の階層帰属意識の重要な指標であることがわかった。具体的にいえば、階層帰属意識の「レベル」が低い者ほど、社会的不公正や不平等に対して強い反発を感じているのだが、これは社会階層が実際には社会的資源の分配に関わっていることを意味している。

第五に、回答者の所得水準と階層帰属意識とが有意に結びついている。これは具体的に、回答者をめぐる物質的条件が階層帰属意識に影響を与えていることを意味しているが、階層帰属意識はまた、配偶者の所得水準とも関連があることがわかっている。

これは少なくとも二つの事態を説明する。第一に、個人の階層帰属意識は、単に個人的な要素だけでなく、当人の配偶者の状況を含めた社会的資源の配置状態によって決定されているということ、第二に、現在の男性中心主義的な風潮にあって、多くの女性は「夫貴妻栄（夫が貴ければ、妻も栄える）」といった伝統的な心理を抱き、彼女らの階層帰属意識が多くの程度、夫の社会的地位によって決定されているということがこれである。

第六に、暮し向きに関する評価も直接個人の階層帰属意識に影響を与えている。調査の結果をみれば、改革・開放以降の広州市民が「暮し向きがよくなった」と判断していることがわかる。すなわち、「あなたの生活は五年前に比べてどのような変化がありましたか」という質問に対して、「よくなった」が二七・三％、「まあよくなった」が四四・七％、「変化なし」が一五・五％で、「まあ悪くなった」と「悪くなった」はそれぞれ七・三％と三・二％であった（「わからない」が二・〇％）。このような暮し向きの向上が、回答者の階層帰属意識の「レベル」を押し上げている点についてはいうまでもない。

最後に、われわれが行った多変量解析では、階層帰属意識を従属変数にした場合、その解釈力が必ずしも高くない点を指摘しなければならない。説明力を上げるには、他の変数を取り入れるなど工夫する必要がある。

われわれにとって意外だったのは、現在の職業が個人の階層帰属意識に有意な影響を与えていないことだ。今後、その原因を追求してみる必要があるだろう。

（園田茂人訳）

参考文献一覧

（日本語はアルファベット順、中国語はピンイン順に並べてある）

（日本語）

電機連合，1995，『調査時報277　日本・韓国・中国電機労働者の共同意識調査結果報告』。

電通総研，1996，『日韓中ビジネスリーダー調査（結果報告書）』。

原純輔編，1990，『現代日本の階層構造②――階層意識の動態』，東京大学出版会。

石田浩編，1998，『社会階層・移動の基礎分析と国際比較』，1995年 SSM 調査研究会。

岩崎育夫，1998，「アジア市民社会論」岩崎育夫編『アジアと市民社会――国家と社会の政治力学――』，アジア経済研究所。

菊池城司編，1990，『現代日本の階層構造③――教育と社会移動』，東京大学出版会。

李路路（園田茂人訳），1997，「私営企業家の出身背景とキャリア」『中国研究月報』590号。

呂大樂（園田茂人訳），1995，「香港――中国返還と激化する『出国熱』」『世界』12月号。

中嶋嶺雄・渡辺利夫・浜下武志・坪井善明・園田茂人，1995，「座談会――アジア文明のリンケージ」『世界』12月号。

直井優・原純輔・小林甫編，1986，『社会階層・社会移動』，東京大学出版会。

直井優・盛山和夫編，1990，『現代日本の階層構造①――社会階層の構造と過程』，東京大学出版会。

ニッセイ基礎研究所，1997，『東アジアの中間所得層のライフスタイルと生活意識（報告書）』。

岡本英雄・直井道子編，1990，『現代日本の階層構造④――女性と社会移動』，東京大学出版会。

園田茂人，1989，「中国の階層研究」『理論と方法』第５号。

園田茂人，1993，「フィールドとしてのアジア」溝口雄三他編『アジアから考えるⅠ　交錯するアジア』，東京大学出版会。

園田茂人，1995，「台頭するアジアの中間層」『世界』12月号。

園田茂人，1996a，「続・中国の『中間階級』問題によせて」『中国研究月報』4月号。

園田茂人，1996b，「国際学術研究海外調査報告・都市調査班」『シリーズ中国領域研究』第2号。

園田茂人，1998a，「社会階層の構造変容――台頭するアジアの中間層」天児慧編『アジアの21世紀』，紀伊國屋書店。

園田茂人，1998b，「職業威信の日中比較――SSMデータとハルピンデータの対比からの知見」園田茂人編『東アジアの階層比較』，1995年SSM調査研究会。

園田茂人，2001，『中国人の心理と行動』，NHKブックス。

富永健一，1964，「日本社会と労働移動」尾高邦雄編『技術革新と人間の問題』，ダイヤモンド社。

富永健一・安藤文四郎，1977，「階層的地位達成過程の分析」『現代社会学』第8巻第2号。

富永健一編，1979，『日本の階層構造』，東京大学出版会。

内田治，1997，『SPSSによるアンケートの調査・集計・解析』，東京図書。

蕭新煌（園田茂人訳），1995，「台湾――『新しい社会運動』を支える人々」『世界』12月号。

安田三郎，1971，『社会移動の研究』，東京大学出版会。

張厚義（園田茂人訳），1997，「私営企業家台頭の社会的背景」『中国研究月報』4月号。


（中国語）

編集委員会編，1994，『跨世紀的中国人口・天津巻』，中国統計出版社。

蔡禾・趙釗卿，1995，「社会分層研究：職業声望与職業価値」『管理世界』第4期。

陳吉元・庾徳昌，1993，『中国農業労働力転移』，人民出版社。

戴建中，1994，「中国現代化過程中的社会流動」中国社会科学院社会学研究所編『中国社会学年鑑：1989～1993年』，中国大百科全書出版社。

郭凡，1995，「当前広州社会的代際流動」『社会学研究』第6期。

李春玲，1997a，『中国城鎮社会流動』，社会科学文献出版社。

李春玲，1997b，「社会結構変遷中的城鎮社会流動」『社会学研究』第 5 期。
李競能編，1987，『中国人口・天津分冊』，中国財政経済出版社。
李路路，1995，「社会資本与私営企業家：中国社会結構転型的特殊動力」『社会学研究』第 6 期。
李路路，1998，「向市場過渡中的私営経済」『社会学研究』第 6 期。
李明堃，1996，「香港社会階層的研究」蕭新煌・章英華『両岸三地社会学的発展与交流（報告書）』。
李明堃・李江濤編，1993，『中国社会分層：改革中的巨変』，商務印書館。
李培林編，1995，『中国新時期階級階層報告』，遼寧人民出版社。
李強，1993，『社会分層与流動』，中国経済出版社。
李強，1996，「現代化与中国社会分層結構之変遷」中国社会科学院社会学研究所編『中国社会科学年鑑：1992.7～1995.6』，中国大百科全書出版社。
李若建，1995，「当代中国的職業流動研究」，『人口研究』第 2 期。
李若建，1997，「広東職業流動分析」，『社会学研究』第 3 期。
梁暁声，1997，『中国社会各階層分析』，経済日報社。
遼寧社会科学院社会学研究所編，1989，『階級・階層及社会流動』，瀋陽出版社。
劉小明等，1995，『中国知青大事典』，四川人民出版社。
劉中陸編，1995，『青春方程式：五十北京女知青的自述』，北京大学出版社。
林南，1989，「社会資源和社会流動：一種地位獲致的理論」南開大学社会学系編『社会学論文集』，雲南出版社。
路風，1989，「単位：一種特殊的社会組織形式」『中国社会科学』第 1 期。
盧漢龍，1996，「城市居民社会地位認同研究」中国社会科学院社会学研究所編『中国社会科学年鑑：1992.7～1995.6』，中国大百科全書出版社。
陸学芸，1992，『当代中国農村与当代中国農民』，知識出版社。
陸学芸・張厚義，1992，「転型時期農民的階層分化」『中国社会科学』第 4 期。
呂大樂・黄偉邦，1988＝1998，『階級分析與香港』，青文書屋。
彭希哲・任遠，1998，「従『知青一代』的職種流動看社会変遷」『社会学研究』第 1 期。
瞿海源，1996，「台湾社会階層研究叙介」蕭新煌・章英華編前掲報告書所収。
仇立平，2001，「職業地位：社会分層的指示器」『社会学研究』第 2 期。
汝信・陸学芸・単天倫編，2000，『社会藍皮書・2000年：中国社会形勢分析与

預測』社会科学文献出版社。

呉忠民・林聚任, 1998,「城市居民的社会流動：来自山東省五城市的調查」『中国社会科学』第 2 期。

蕭新煌編, 1989,『変遷中台湾社会的中産階級』, 巨流図書公司。

許欣欣, 2000,『当代中国社会結構変遷与流動』, 社会科学文献出版社。

殷志静・郁奇虹, 1996,『中国戸籍制度改革』, 中国政法大学出版社。

張厚義・劉文璞, 1995,『中国的私営経済与私営企業主』, 知識出版社。

張宛麗, 1996,「非制度因素与地位獲得：兼論現段階中国社会分層結構」『社会学研究』第 1 期。

周怡, 1997,「城郷比較：不同的利益結構変遷導致不同的代際地位差異」『社会学研究』第 5 期。

朱光磊編, 1994,『大分化新結合』, 天津人民出版社。

(英語)

Bian, Y.J., 1990, "Work Unit Structure and Status Attainment : A Study of Work-Unit Status in Urban China," Doctoral dissertation, State University of New York at Albany.

Bian, Y.J., 1994, *Work and Inequality in Urban China*, State University of New York Press.

Blau,P.M. and O.D. Duncan,1967, *The American Occupational Structure*, John & Sons.

Chan, T.W., Lui T.L. and T.W.P. Wong, 1995, "A Comparative Analysis of Social Mobility in Hong Kong," *European Sociological Review*. Vol. 11, No. 2.

Djilas, M., 1957, *The New Class*, Frederick A. Praeger, Publisher.

Eyal, G., Szelenyi, I., and E. Townsley, 1988, *Making Capitalism Without Capitalist*, Verso.

Kim, K. D., 1994, "Social Attitudes and Political Orientations of the Korean Middle Class" Paper presented for the International Conference on East Asian Middle Class and National Development in Comparative Perspective, Institute of Ethnology, Academia Sinica, Taiwan.

Kraus, R.C., 1977, "Class Conflict and the Vocabulary of Social Analysis of

China," *The China Quarterly*, No. 69.

Lau, S.K., 1982, *Society and Politics in Hong Kong*, The Chinese University Press.

Leung, B.K.P., 1996, *Perspectives on Hong Kong Society*, Oxford University Press.

Li, L.L., 1999, "Changes in Structure of Social Stratification in China," *Twenty-first Century Bi-monthly*, No. 53.

Lin, N. and Y.J. Bian, 1991, "Getting Ahead in Urban China," *American Journal of Sociology*, Vol. 97.

Littlejohn, G., 1984, *A Sociology of Soviet Union*, Macmillan.

Lui, T.L., 1994. "Personal Trouble or Public Issue : The Service Class in the Process of, Decolonization" Paper presented for the International Conference on East Asian Middle Classes and National Development in Comparative Perspective, Institute of Ethnology, Academia Sinica, Taiwan.

Nee, V., 1989, "Theory of Market Transition : From Redistribution to Market in State Socialism," *American Sociological Review*, Vol. 54, No. 4.

Nee, V., 1991, "Social Inequalities in Reforming State Socialism : Between Redistribution and Markets in China," *American Sociological Review*, Vol. 56. (June)

Nee, V., 1996, "The Emergence of Market Society : Changing Mechanisms of Stratification in China," *American Journal of Sociology*, Vol. 101, No. 4.

Nee, V. and C. Yang, 2000, "Path Dependent Societal Transformation," *Theory and Society*, Vol. 28.

Parsons, T., 1951, *The Social System*, Free Press.

Pearson, M. M., 1997, *China's New Business Elite : The Political Consequences of Economic Reform*, California University Press.

Shirk, S., 1982, *Competitive Comrades : Career Incentives and Student Strategies in China*, University of California Press.

Shirk, S., 1993, *The Political Logic of Economic Reform in China*, University of California Press.

So, Alvin Y. and H.H.M.Hsiao, 1994, "The Making of the Middle Classes in East Asia", Paper presented for the International Conference on East

Asian Middle Classes and National Development in Comparative Perspective, Institute of Ethnology, Academia Sinica, Taiwan.

Sonoda, S., 1997, "The Taiwanization of China?: The Rise of Joint Ventures and Its Impact on 'State Capacity' in Contemporary China". 中央大学文学部『紀要』第169号.

Szelenyi, I., 1986-87, "Prospects and Limits of the East European New Class Project," *Politics and Sociology*, Vol. 15, No. 2.

Szelenyi, I., 1987, "Theories and the New Class: From Bakunin to Gouldner," Working Paper published by the Centre of Urban Studies and Urban Planning, University of Hong Kong.

Walder, A. G., 1986, *Communist Neo-Traditionalism: Work and Authority in Chinese Industry*, University of California Press.

Walder, A.G., 1995, "China's Transition Economy: Interpreting Its Significance," *China Quarterly*, No. 144.

Walder, A.G., Li B., and D. J. Treiman, 2000, "Politics and Life Chance in a State Socialist Regime," *American Sociological Review*, Vol. 65, No. 2.

Wong, T.W.P., 1993, "The New Middle Class in Hong Kong," in Hsiao, H. H. M. ed., *Discovery of the Middle Classes in East Asia*, Institute of Ethnology, Academia Sinica.

執筆者紹介（執筆順）

園《その》　田《だ》　茂《しげ》　人《と》　中央大学文学部教授（まえがき，第一章，第四章）

潘《パン》　允《ユン》　康《カン》　天津社会科学院社会学研究所所長（第二章）

呂《ルイ》　大《タイ》　樂《ラック》　香港中文大学社会学系高級講師（第三章）

厳《イエン》　善《シャン》　平《ピン》　桃山学院大学経済学部助教授（第五章）

兪《イー》　萍《ピン》　重慶社会科学院社会学研究所所長（第六章）

仇《チュー》　立《リー》　平《ピン》　上海大学社会学系副教授・副主任（第七章）

鄭《ジェン》　晨《チェン》　広州《家庭》雑誌　家庭研究中心主任（第八章）

訳者紹介

園《その》　田《だ》　茂《しげ》　人《と》　中央大学文学部教授（第二章，第三章，第八章）

加《か》　納《のう》　彩《あや》　子《こ》　中央大学大学院文学研究科社会学専攻博士課程（第七章）

黄《ホァン》　麗《リー》　花《ホァ》　中央大学大学院文学研究科社会学専攻博士課程（第三章）

方《ファン》　明《ミン》　豪《ハオ》　中央大学大学院文学研究科社会学専攻博士課程（第六章）

現代中国の階層変動　　研究叢書11

2001年11月20日　発行

編　者　園　田　茂　人
発行者　中央大学出版部
代表者　辰　川　弘　敬

192-0393　東京都八王子市東中野742-1
発行所　中央大学出版部
電話 0426（74）2351　FAX 0426（74）2354

十一房印刷工業㈱・東京製本

ISBN4-8057-1311-9

中央大学社会科学研究所編

7 現代アメリカ外交の研究

A 5 判264頁・価2900円

冷戦終結後のアメリカ外交に焦点を当て，21世紀，アメリカはパクス・アメリカーナIIを享受できるのか，それとも「黄昏の帝国」になっていくのかを多面的に検討。

中央大学社会科学研究所編

8 グローバル化のなかの現代国家

A 5 判316頁・価3500円

情報や金融におけるグローバル化が現代国家の社会システムに矛盾や軋轢を生じさせている。諸分野の専門家が変容を遂げようとする現代国家像の核心に迫る。

中央大学社会科学研究所編

9 日本の地方CATV

A 5 判256頁・価2900円

自主製作番組を核として地域住民の連帯やコミュニティ意識の醸成さらには地域の活性化に結び付けている地域情報化の実態を地方のCATVシステムを通して実証的に解明。

中央大学社会科学研究所編

10 体制擁護と変革の思想

A 5 判520頁・価5800円

A.スミス，E.バーク，J.S.ミル，J.J.ルソー，P.J.プルードン，Ф.И.チュッチェフ，安藤昌益，中江兆民，梯明秀，P.ゴベッティなどの思想と体制との関わりを究明。

中央大学社会科学研究所編

11 現代中国の階層変動

A 5 判216頁・価2500円

改革・開放後の中国社会の変貌を、中間層、階層移動、階層意識などのキーワードから読み解く試み。大規模サンプル調査をもとにした、本格的な中国階層研究の誕生。